Angsttraum

Carolin Hagebölling

Angsttraum

SAGA Egmont

Originalausgabe

im Vertrieb bei Egmont Verlagsgesellschaften mbH

Dieses Buch wurde vermittelt von der Literaturagentur erzähl:perspektive, München (www.erzaehlperspektive.de).

Covergestaltung: Nele Schütz
Coverabbildungen: Shutterstock, AdobeStock
Satz aus der Minion Pro: Karol Kinal
Druck und Bindung Mazowieckie Centrum Poligrafii, Marki

ISBN 978-3-98750-065-7

SAGA Egmont www.saga-books.com

Dieser Titel erscheint auch als E-Book und Hörbuch.

Kapitel 1

Laufen. Ich muss laufen.

Die Schritte, die sich erbarmungslos in meinen Kopf hämmern.

Laufen. Ich muss laufen.

Der Luftzug, der mit Eisfingern nach mir greift.

Laufen. Ich muss laufen.

Der Atem, der geifernd nach meinem Nacken schnappt.

Laufen. Ich kann nicht laufen.

Wie im Leerlauf rotieren meine Beine über dem schlüpfrigen Untergrund. Je mehr ich mich bemühe, Halt zu finden, desto schneller scheint mir der Boden unter den Füßen zu entgleiten. Ich laufe, ich renne, ich rase – und komme dennoch nicht vom Fleck.

Ein Kichern fährt mir durch Mark und Bein. Boshaft, triumphierend, direkt hinter mir. Ich schreie, aber kein Laut dringt aus meinen zum Bersten gefüllten Lungen. Panik kriecht mir durch die Brust, schnürt die Kehle zu und malt blitzende Sterne auf die Netzhaut.

Ich will – muss hier weg! Und spüre zugleich, wie mein Geist erlahmt und meine Gliedmaßen erschlaffen. Ein

schwarzes Nichts öffnet sich vor meinen Augen und saugt mich in die Dunkelheit.

Ich falle …

„Marla! Schatz!"

Seine Stimme an ihrem Ohr, seine Hand an ihrer Wange. Langsam kommt sie zu sich. Luft, endlich Luft! Das rasende Herz beruhigt sich, der bebende Brustkorb hebt und senkt sich gleichmäßiger. Feucht klebt der Pyjama an ihrem Körper. Sie wird ihn wieder wechseln müssen, wie fast jede Nacht. Wie immer nach diesem Traum. Kann er sie nicht in Frieden lassen? Er streicht ihr die Haarsträhne aus der Stirn. Das diffuse Licht der Straßenlaternen hinter den Bäumen im Garten dringt durch die Gardinen. Einatmen, ausatmen. Gleich wird es besser.

Ein paar Stunden später sitzen sie am Küchentisch. Die sonntägliche Melange aus Kaffee, gekochten Eiern und frisch gepresstem Orangensaft liegt in der Luft. Gedämpfte Jazzmusik dringt aus dem holzverkleideten Röhrenradio aus den Fünfzigern. Tinus liebt diese alten Schätzchen. Dazu zählt auch die italienische Vintage-Espressomaschine, die er jeden Morgen in einem hingebungsvollen Ritual mit frisch gemahlenem Kaffee befüllt, selbst wenn er es eilig hat.

Marla hat ihn deshalb von Tinus Dahlmann in Tinus Mahlmann umgetauft und zieht ihn manchmal damit auf. Ein Insider, den sonst niemand verstehen würde. Er nennt sie dafür häufig Sternchen – in Anlehnung an ihren Nachnamen Sternberg. Sie findet das furchtbar kitschig, hat es aber als spielerische Neckerei akzeptiert.

Auf Marla haben diese Dinge und Rituale eine beruhigende, manchmal geradezu komatöse Wirkung. Gerade nach einer Nacht wie dieser könnte sie sich nach dem Frühstücksei, dem Marmeladenbrötchen und dem Koffeinkick direkt wieder aufs Sofa kuscheln, zumal sie weiß, dass sie während eines Nickerchens am Tag von ihren nächtlichen Verfolgern verschont bleibt. Trotzdem versucht sie, sich ihre Müdigkeit nicht anmerken zu lassen. Denn sie ahnt, dass Tinus das Thema wieder ansprechen wird.

„Hast du mit Kirsten noch mal über deine Albträume gesprochen?"

„Ja, natürlich."

„Und was sagt sie dazu?"

„Na ja, eigentlich ist es nur ein einziger, immer wiederkehrender Traum. Sie meint, es hat mit Stress zu tun. Dass ich mich vielleicht beruflich in einer verzwickten Lage befinde, aus der ich nicht entrinnen kann. Oder das Gefühl habe, einer Situation ausgeliefert zu sein."

„Und, hast du das?"

„Klar habe ich ab und zu Stress. Wer hat das nicht? Aber ich arbeite jetzt seit fast zwölf Jahren in meinem Beruf und seit drei Jahren Teilzeit. So schlimm ist es nicht."

„Du weißt, dass du gar nicht arbeiten müsstest."

„Ach, Tinus, das Thema hatten wir doch schon. Du weißt, dass ich nicht der Typ dafür bin, zu Hause zu bleiben und Unterwäsche zu bügeln."

„Du übertreibst. Was ist so schlimm daran, sich um sich selbst und die eigenen vier Wände zu kümmern? Care-Arbeit ist auch Arbeit, eine sehr wichtige sogar. Vielleicht solltest du dir eingestehen, dass du eine Pause brauchst. Es sagt ja niemand, dass du nicht wieder einsteigen könntest, wenn es dir besser geht."

Sie seufzt. Es ist süß, wie er sich sorgt. Und überhaupt, wer würde sich keinen Partner wünschen, der so liebevoll ist? Manchmal wird ihr seine Beharrlichkeit zu viel. Sie umrundet den Frühstückstisch und setzt sich auf seinen Schoß. Mit den Fingern fährt sie ihm durch die frisch gewaschenen dunkelbraunen Haare. An den Schläfen sind sie bereits grau meliert, was ihn nicht weniger attraktiv erscheinen lässt. Sie streicht ihm über den Nacken und die sehnige Schulterpartie.

„Ich weiß ja, dass du es gut meinst, Tinus."

„Hm."

„Deshalb will ich dich ja auch heiraten."

„Nur deshalb?"

„Lass mich überlegen … Vielleicht auch noch wegen der einen oder anderen Sache."

„Soso."

Tinus zieht sie näher an sich heran. Er riecht nach Kaffee und Aftershave. Marla lässt die Zungenspitze über seine Ohrmuschel gleiten und beißt ihm spielerisch ins Ohrläppchen. Sie spürt, wie sich sein Atem beschleunigt.

„Bist du etwa schon fertig mit dem Frühstück?", flüstert sie ihm ins Ohr.

Statt einer Antwort hebt er sie hoch und trägt sie ins Schlafzimmer.

Marla springt am nächsten Morgen aus der U-Bahn und eilt zu den Rolltreppen. Im Gespräch mit ihrer Kollegin hat sie mal wieder die Zeit vergessen. Das passiert ihr neuerdings öfter, obwohl sie immer so stolz auf ihr Zeitmanagement war. Sie hastet an Gestalten vorbei, die sich mit lethargischen Gesichtsausdrücken nach oben transportieren lassen. Wahrscheinlich die Frühjahrsmüdigkeit. Wobei: Ist man nicht irgendwie immer müde?

Außer Atem öffnet sie die Praxistür. *Dr. Kirsten Selinger*, steht in dezenten Lettern an der Klingel. Fünf nach vier, also beinahe pünktlich. So gut Tinus und ihre Therapeutin auch befreundet sind, nach einer Stunde ist Schluss, denn Kirsten ist gut gebucht. Und da sie sich ihre Sitzungen – zu Recht – teuer bezahlen lässt, möchte Marla keine wertvollen Minuten verstreichen lassen.

„Tut mir leid, im Büro war viel los heute."

„Kein Problem, mach's dir bequem."

Marla lässt sich auf den Sessel sinken, der sie in Empfang nimmt wie ein guter Freund. Die perfekte Mischung aus Unterstützung und Geborgenheit. Mit der Handfläche streicht sie über das weiche Nubukleder der Armlehne.

„Gibt's den im freien Handel?", fragt sie.

„Den Sessel? Ja. Allerdings dürfte es schwierig sein, ihn zu bekommen. Limitierte Spezialedition. Ich hatte das Glück, einen der letzten zu ergattern."

Das wundert Marla nicht. Wie Tinus hat Kirsten einen Hang zu Dingen, die durch ein gezieltes Understatement auf ihren Wert hinweisen. Wie die fast unscheinbaren Radierungen, die ihr Behandlungszimmer zieren, oder die wahlweise cremefarbenen oder hellblauen Kaschmirpullover, die sie im Wechsel mit schlichten weißen Seidenblusen trägt. Old Money Style nennt man so was, hat Marla neulich in einem Artikel gelesen.

„Wie schläfst du zurzeit?", kommt Kirsten ohne Umschweife zur Sache und streift sich eine dezent blondierte Haarsträhne ihres wie immer perfekt gestylten Bobs hinters Ohr.

„Ehrlich gesagt, unverändert. Mindestens dreimal pro Woche habe ich diesen Traum und wache danach schweißgebadet auf."

„Hast du die Dinge ausprobiert, die wir beim letzten Mal besprochen haben?"

„Ja, alle. Jeden Tag. Ich habe vorm Einschlafen feste Rituale eingehalten, Entspannungsübungen gemacht und Schlafmeditationen versucht. Plus hochdosierten Baldrian, Melatonin et cetera. Und hier", Marla kramt in ihrer Tasche und zieht ein Notizbuch hervor, „ist mein Schlaftagebuch. Ich habe jeden Morgen meine Träume notiert. Es war fast immer der gleiche."

„An unterschiedlichen Tagen in der Woche?"

„Ja. Es scheinen keine bestimmten Tage betroffen zu sein. Der Albtraum kommt, wann er will."

Kirsten nimmt das Tagebuch und blättert es kurz durch. „Hast du dir die neue Traumgeschichte, die wir zusammen entwickelt haben, regelmäßig vorgestellt?"

„Das auch. Ich spiele die neue Handlung jeden Tag mehrmals im Kopf durch und habe sie Tinus bis ins kleinste Detail erzählt. Den Albtraum beeinflusst das nicht im Geringsten."

„Und die Übungen zum Wachträumen haben ebenfalls keinen Erfolg gebracht?"

„Leider nein."

„Das tut mir leid. Nicht alle Menschen können sich das luzide Träumen antrainieren. Belastet der schlechte Schlaf deinen Alltag?"

„Extrem. Im Büro hält mich zwar meistens die Arbeit wach. Sobald ich zu Hause bin, falle ich regelrecht in ein Loch. Ich fühle mich ständig erschöpft und habe kaum noch Lust, etwas zu unternehmen. Das tut mir für Tinus leid. Ich möchte nicht, dass unsere Beziehung darunter leidet."

„Darüber mach dir mal keine Gedanken. Er vergöttert dich." Kirsten zwinkert ihr zu.

„Außerdem habe ich zunehmend Angst davor einzuschlafen. Das führt dazu, dass ich jetzt auch noch Einschlafprobleme kriege. Es ist wie ein Teufelskreis, aus dem ich nicht herauskomme."

Beim letzten Satz versagt Marla die Stimme. Tränen rinnen ihr über die Wangen. Mit einem Schluchzen lässt sie ihrer Erschöpfung freien Lauf. Diese tiefe, manchmal geradezu erdrückende Erschöpfung.

Kirsten reicht ihr eine Packung Taschentücher. Marla nimmt sie dankbar an. Sie putzt sich die Nase und braucht eine Weile, bis sie sich beruhigt hat. Dann kann sie Kirsten wieder in die Augen schauen. Der Gefühlsausbruch ist ihr peinlich, obwohl sie weiß, dass er das nicht sein müsste.

Die Therapeutin wartet einen Moment, bevor sie weiterspricht. „Wie du bereits weißt, sind wiederkehrende intensive Albträume meist auf traumatische Erlebnisse, große Ängste oder besonders starke Belastungen zurückzuführen. Diese müssen den Betroffenen nicht einmal bewusst sein."

„Ich wüsste tatsächlich nicht, welche das sein sollten. Auf der Arbeit fühle ich mich – abgesehen von der ein oder anderen stressigen Situation – wohl. Und meine Kindheit haben wir ja schon während der Anamnese zu Beginn durchgekaut. Bis auf die Trennung meiner Eltern kann ich mich an keine schlimme Erfahrung erinnern, zumal das Ganze ohne Rosenkrieg ablief. Ich habe zu beiden ein gutes Verhältnis."

„Vielleicht lief es zu glatt?"

„Wie meinst du das?"

„Vielleicht hast du dich und deine Gefühle bewusst zurückgehalten, damit die Trennung für alle Beteiligten glimpflich verläuft. Kinder, die eine Scheidung miterleben, sitzen immer zwischen den Stühlen. Damit die Situation nicht noch schmerzhafter wird, neigen einige dazu, sich möglichst unauffällig zu verhalten."

„Es allen recht zu machen, meinst du?"

„So könnte man es bezeichnen."

Marla runzelt die Stirn. „Ich habe tatsächlich ein großes Harmoniebedürfnis. Eine Kollegin hat mir sogar mal gesagt, ich sei ein People Pleaser. Erst habe ich mich darüber geärgert, im Zweiten bin ich nachdenklich geworden. Vielleicht stelle ich meine eigenen Bedürfnisse manchmal wirklich zu sehr zurück."

„Zum Beispiel in deiner Beziehung zu Tinus?"

„Hm, ich weiß nicht. Darüber müsste ich länger nachdenken."

„Wie läuft es denn mit euch beiden?"

„Na, du kennst ihn ja. Er ist einfühlsam, bisweilen fast zu sensibel. Ständig sorgt er sich um mich."

„Du weißt, warum?"

„Ja, ich kenne die Geschichte von seiner Ex-Frau. Gerade deshalb möchte ich ihn ja so ungern mit alldem hier belasten."

Marla putzt sich noch einmal die Nase, während Kirsten einen Schluck Wasser trinkt. Als sie das Glas wieder abgesetzt hat, fährt sie fort.

„Hast du schon mal etwas von Traumdeutung gehört, Marla?“

„Freud und Jung und so? Klar, das hatten wir in der Schule. Ist ja nicht mal zwanzig Jahre her.“ Sie versucht ein schiefes Lächeln.

„Traumdeutung wird oft in die Esoterikecke geschoben. Dazu tragen leider auch all die verschwurbelten Deutungsversuche selbst ernannter Heiler und Gurus bei. Zu Unrecht. Für bestimmte Therapien kann eine professionelle Analyse von großem Nutzen sein, vor allem wenn man mit anderen Mitteln nicht weiterkommt.“

„Wie bei mir?“

„Einen Versuch wäre es wert. Eine Traumdeutung könnte uns auf die Spur verdrängter Erlebnisse oder Ängste bringen, die den Albtraum hervorrufen. Haben wir den möglichen Auslöser erst einmal entdeckt, können wir an seiner Bewältigung arbeiten.“

„Bietest du so etwas an?“

„Dafür gibt es Spezialisten beziehungsweise eine Spezialistin, die ich dir besonders empfehlen würde. Sie führt eine sogenannte neuronale Traumanalyse durch. Dabei wird die betroffene Traumsequenz mit technologischer Unterstützung analysiert, die auf selbstlernender künstlicher Intelligenz beruht. Diese Szene gleicht die KI mit unzähligen weiteren Traumbildern ab, auf die sie Zugriff hat und mit denen sie trainiert wurde. Dadurch erkennt sie Muster, auf deren Basis eine erstaunlich präzise Deutung vorgenommen werden kann.“

„Das klingt ja spannend.“

„Ist es auch. Es mutet ein wenig wie Science-Fiction an, obwohl es schlicht auf neuesten technologischen Erkenntnissen beruht. Warum sollte man sich die wissenschaftlichen Errungenschaften auf diesem Gebiet nicht auch in der Psychotherapie zunutze machen?"

„Muss ich mir dafür einen Chip einpflanzen lassen?"

„Ach komm, an den Quatsch glaubst du doch nicht. Soweit ich es verstanden habe, misst das Gerät deine neuronalen Strömungen und ist in der Lage, daraus Bilder zusammenzusetzen. Die genaue Funktionsweise wird dir die Spezialistin besser erläutern können. Ich erhalte nur die Analysen, nach denen ich eine Therapie erstelle. Die sind viel genauer als die meisten psychoanalytischen Deutungen. Der Erfolg spricht für sich."

„Nenn mal ein konkretes Beispiel."

„Die Methode hat bei einem meiner Patienten ein verdrängtes traumatisches Ereignis aus der Kindheit zum Vorschein gebracht. Daran konnten wir anschließend arbeiten."

„Lass mich raten, es ging um die Unterdrückung frühkindlicher Triebe, die ein schweres Trauma ausgelöst haben." Die Ironie in Marlas Stimme ist nicht zu überhören.

„Ah, der Schulunterricht hat Spuren hinterlassen. Freud lässt grüßen. Ich kann verstehen, dass du skeptisch bist. Ich war es anfangs auch. Allerdings konnten wir auf diese Weise innerhalb weniger Wochen Erfolge erzielen, die in den Monaten davor nicht möglich gewesen waren. Und das ist nur ein Beispiel von vielen."

„Traumdeutung 4.0 sozusagen." Marla mustert ihre Therapeutin. Kirsten ist nicht der Typ, der sich auf Hokuspokus einlässt. Außerdem hat sie einen guten Ruf, der Terminkalender ihrer Praxis ist voll. Vielleicht sollte sie ihr einfach vertrauen.

„Wenn du möchtest, vereinbare ich für dich einen Termin bei der Spezialistin, und du schaust dir das Ganze erst mal in

Ruhe an. Solltest du weiterhin Zweifel haben, können wir es mit einer konventionellen Traumdeutung versuchen."

Marla zögert und nickt schließlich. Da wird Tinus Augen machen, wenn sie ihm das erzählt.

*

Nachdem sie Marla zur Tür begleitet hat, lässt sich Kirsten Selinger auf ihren Stuhl fallen. Das Gespräch hat sie viel mehr angestrengt, als es nach außen vermutlich gewirkt hat. Für einen Moment gestattet sie sich, die sorgsam gepflegte Fassade fallen zu lassen.

Distanz! Du musst die berufliche Distanz bewahren! So etwas wie damals darf dir nicht noch einmal passieren.

Sie schließt die Augen und atmet tief durch. Bilderfetzen schießen ihr durch den Kopf: eine tiefe Grube im Nebel, ein Sturz, ein lebloser Körper. Ist das ein Röcheln oder bloß ihr keuchender Atem? Beeil dich!

Es braucht eine Weile, bis die Bilder verfliegen und sich ihr Pulsschlag wieder beruhigt. Einatmen, ausatmen. Das hat sie gelernt, darin ist sie gut.

Ein zaghaftes Klopfen an der Tür, wahrscheinlich die Sprechstundenhilfe. Als Kirsten öffnet, ist ihr professionelles Lächeln längst zurückgekehrt.

LIZ' TAGEBUCH, *23. Juni 2012*

Heute habe ich Chest kennengelernt. Wir haben uns über Bonnie und Clyde unterhalten. Ich meine, wer redet denn in unserem Alter über so was? Auf einer Studiparty? Er hat angefangen, und ich fand's so schräg, dass ich eine ganze Stunde mit ihm auf dem Balkon stand. Unter den Rauchern, was ich eigentlich furchtbar finde. Aber er war so witzig, na ja, sagen wir mal, gewitzt. Zumindest dafür, dass er BWL-Student ist. Achtes Semester, nächstes Jahr will er seinen Master machen.

Danach haben wir getanzt. Und was soll ich sagen? Er hat sich geschickter angestellt als ich. Trotz meiner fünf Jahre Ballettunterricht, die ich als Kind genießen durfte. Okay, besonders viel Talent hatte ich nie. Er hat mir Discofox gezeigt, das war ein großer Spaß.

Und wie ich so bin, habe ich es natürlich gleich rausgehauen: Wir könnten ja mal zusammen einen Tanzkurs besuchen. Keine Ahnung, wie ich auf die Idee gekommen bin. Mit zwei linken Füßen. Da war mein Mund mal wieder schneller als mein Kopf. Er hat genauso schnell geantwortet: Klar, warum nicht? Dann hat er mich an den Hüften gepackt, hochgehoben und durch die Luft gewirbelt.

Bei jedem anderen hätte ich das als übergriffig empfunden. Bei Chest nicht. Ich weiß nicht, was genau er an sich hat. Irgendwie hat er das Talent, im richtigen Augenblick das Richtige zu sagen und zu tun. Soweit ich das jetzt schon beurteilen kann. Ich werde es herausfinden. Denn am Samstag haben wir ein Date. Ob ich mir schon mal Tanzschuhe kaufen soll?

Kapitel 2

„Eine KI-Technologie, die auf Traumdeutungen spezialisiert ist?"

Wie erwartet, reagiert Tinus genauso perplex wie Marla. Er trinkt einen Schluck Rotwein, von dem er sich jeden Abend ein Glas gönnt. Marla hatte es ihm eine Zeit lang gleichgetan, in der Hoffnung, besser schlafen zu können. Aber der Alkohol erreichte genau das Gegenteil. Nachdem sie angenehm benebelt eingenickt war, hatte sie der Traum umso heftiger aus dem Schlaf gerissen. Den Rest dieser Nächte hatte sie verschwitzt und aufgewühlt wach gelegen. Ähnlich war es ihr mit Tabletten ergangen, die Kirsten ihr probehalber verschrieben hatte. Mit der zusätzlichen Nebenwirkung, dass sie am folgenden Tag vollkommen neben sich stand und Herzrasen hatte.

„Klingt spooky, nicht wahr? Andererseits würde es nicht zu Kirsten passen, ihre Patientinnen und Patienten zu Versuchskaninchen zu machen. Ich denke, das Ganze muss Hand und Fuß haben."

„Vielleicht bist du ein hoffnungsloser Fall. Nachdem alles andere nicht geholfen hat, wirst du jetzt ins Labor gesteckt."

„Pass bloß auf!“ Marla droht ihm mit dem Buttermesser, während Tinus lacht.

„Probier's aus“, sagt er schließlich, „wenn du möchtest. Du kannst die Therapie jederzeit abbrechen. Oder gar nicht erst anfangen, sollte dir irgendetwas dubios erscheinen.“

„Wahrscheinlich hast du recht. Ich kann mir die Gehirnwäsche ja mal genauer anschauen. Wobei … wer weiß, was die so alles zum Vorschein bringt?“

Am Abend darauf sind sie mit Jaron und Erik zum Klettern verabredet. Marla ist müde, sie hat trotzdem eingewilligt. Wenn sie jetzt auch noch ihre Hobbys und Freunde vernachlässigt, nimmt ihr die Schlaflosigkeit am Ende alles Wichtige. Außerdem hat die Atmosphäre in der Kletterhalle eine belebende Wirkung auf sie. Ein Blick nach oben, und die Energie kehrt zurück.

„Bist du dir sicher, dass du noch in deinen Gurt passt?“ Tinus grinst Erik breit an. Der hat über die Osterfeiertage tatsächlich ordentlich zugelegt.

„Pass du mal besser auf, dass du mit deinen Spaghettiärmchen nicht von der Wand fällst“, kontert Erik.

Tinus lacht. Die Behauptung ist zwar maßlos übertrieben, aber er ist in der Tat ziemlich schlank, was nicht über seine Kraft hinwegtäuschen sollte. Marla ist immer wieder erstaunt, wie mühelos er selbst schwierigste Passagen überwindet.

Jaron drückt seinem Freund einen Kuss auf die Lippen. „Du bist nahezu perfekt, Schatz.“

„Was heißt denn hier *nahezu*?“ Erik schnaubt entrüstet und zieht seinen Gurt noch etwas enger.

Jetzt muss auch Marla lachen.

„Möchtest du zuerst klettern?“, fragt Tinus.

„Von mir aus gern. Zu Höchstleistungen werde ich heute sowieso nicht auflaufen."

„Du siehst müde aus", bemerkt Jaron.

„Sie schläft seit einiger Zeit schlecht", antwortet Tinus an Marlas Stelle.

Die mitfühlenden Blicke ihrer Freunde ignorierend, knotet sich Marla schnell ins Seil ein. „Los geht's! Ich klettere als Erstes diese Route hier."

Nach einem Partnercheck und einem flüchtigen Kuss auf den Mund steigt Marla in die Route ein. Es tut gut, die raue Oberfläche der Griffe unter den Fingern zu spüren. Sie schiebt sich Tritt für Tritt nach oben und genießt die Dehnung und Spannung ihres Körpers.

Da, die erste schwierige Stelle! Sie muss sich weit strecken und leicht abstoßen, um den nächsten Griff zu erreichen. Dabei lösen sich ihre Füße kurz von der Wand, und das Adrenalin schießt ihr durch die Adern. Das erste Mal an diesem Tag fühlt sie sich hellwach.

Als Tinus sie vor drei Jahren zum Klettern brachte, wusste sie gleich, dass sie ihren Sport gefunden hat. Mit fokussierter Beharrlichkeit wagte sie sich schnell an die komplizierteren Routen heran und klettert mittlerweile nur einen Schwierigkeitsgrad niedriger als Tinus. Eine Weile waren sie bis zu dreimal wöchentlich in der Halle. Dann fingen die Albträume an, und Marla fehlte immer öfter die Energie.

Mit einem Kraftakt erreicht sie den letzten Griff, gibt Tinus ein Zeichen und lässt sich erleichtert ins Seil fallen. Er lässt sie langsam ab. Auf dem Weg nach unten stößt sich Marla in gleichmäßigen Bewegungen von der Wand ab und lässt den Blick durch die Halle schweifen.

Sie mag die zugleich ge- und entspannte Stimmung, den Kreidegeruch in der Luft und das Klackern der Karabiner, wenn das Seil eingehängt wird. Fast alle hier haben ein „Projekt“, an dem sie arbeiten. Eine Route mit einer besonderen Schwierigkeit, die sie nach und nach zu meistern lernen. Wären doch alle Projekte im Leben so klar definiert wie eine Kletterroute.

Unten angekommen, ist Marla immer noch außer Atem. Trotzdem spürt sie bereits jetzt, wie ihr die altbekannte Müdigkeit zurück in die Glieder kriecht.

„Gut gemacht“, sagt Tinus und küsst sie. „Aber musstest du gleich die schwierige Route zum Einstieg wählen? Eigentlich hättest du dich erst mal warmklettern sollen.“

„Ja, ich weiß, Onkel Tinus.“ Marla verdreht die Augen. „Dann darfst du mir jetzt gern zeigen, wie es richtig geht.“

Zweieinhalb Stunden später sitzen sie im Bistro der Kletterhalle. Marla fallen fast die Augen zu, während sie an einem Panino knabbert.

„Was ist mit euren Kletterplänen im Sommer?“, fragt Erik. „Habt ihr noch vor, die große Bergtour in den Alpen zu machen?“

„Hm, wir müssen schauen, wie es Marla geht.“

„Was soll das denn heißen?“, fährt Marla ihren Freund an und verschluckt sich fast an einem Stück Brot.

„Wenn du weiterhin so schlecht schläfst, wird dir die Kraft dafür fehlen.“

„Ich lass mir doch davon nicht unseren Urlaub verderben! Und überhaupt, können wir da erst mal drüber reden, bevor du es gleich aller Welt erzählst? Das geht mir total auf die Nerven.“

Betretenes Schweigen am Tisch. Erik räuspert sich und trinkt einen Schluck von seiner Apfelschorle.

„Okay, Entschuldigung, war nicht so gemeint." Marla ärgert sich über ihre Impulsivität. Das passiert ihr in letzter Zeit öfter. Gereiztheit ist ein typisches Symptom von Schlafmangel, hat Kirsten ihr erklärt. „Ich weiß ja, dass du es gut meinst. Aber ich bin erwachsen und kann selbst Entscheidungen treffen."

„Schon gut, wir reden später darüber", erwidert Tinus. „Irgendjemand einen Muffin zum Nachtisch?"

Erik und Jaron schütteln die Köpfe, und Marla murmelt ein „Nein danke".

Tinus steht auf, um sich selbst einen zu holen. Marla weicht den Blicken ihrer Freunde aus.

„Du musst ihn verstehen", sagt Jaron. „Die Sache mit Yamira damals hat ihn total aus der Bahn geworfen. Er macht sich Sorgen."

Marla nickt verlegen. Immer wieder diese Geschichte mit seiner Ex-Frau. Wie kommen bloß alle darauf, Yamira könnte etwas mit ihr zu tun haben? „Das ist deine Wahrnehmung", hört sie Kirstens Stimme in ihrem Kopf. „Niemand vergleicht dich mit ihr." Andererseits wäre das nicht verwunderlich bei dem Verhalten, das sie manchmal zeigt. Sie muss lernen, sich besser im Griff zu haben. Entschuldigend lächelt sie Tinus an, als er an den Tisch zurückkehrt.

„Ich werde mir die Therapie anschauen", sagt Marla später im Auto zu ihm.

In dieser Nacht ist der Albtraum besonders schlimm.

LIZ' TAGEBUCH, *26. Juni 2012*

Herrje, es ist passiert. Ich habe mich Hals über Kopf verliebt. Das letzte Mal habe ich mich mit sechzehn so gefühlt, als ich meinen ersten Freund hatte. Also einen ernst zu nehmenden. Auch Chest scheint es ernst zu meinen. Die meisten Kommilitonen wollen bloß ihren Spaß haben, was ja irgendwie verständlich ist. Wer will sich mit Anfang zwanzig schon festlegen, wenn einem die Welt offensteht?

Er hat mich zum Italiener eingeladen und mir dabei zugesehen, wie ich eine Vorspeise, eine riesige Pizza und ein Tiramisu verschlungen habe. Wenn ich nervös bin, esse ich viel, was soll ich machen? Er hat gegrinst und meinte, endlich mal jemand, dessen Reste er nicht am Ende verzehren müsste. Was immer er mir damit sagen wollte.

Er ist – wie würde meine Oma sagen? – charmant. Und so interessiert an allem, was ich tue. Mein Studium, meine Familie, mein Lieblingsessen … Ich hatte das Gefühl, dass er mich nach den zwei Stunden besser kennt als ich mich selbst. Über sich hat er nur geredet, wenn ich ihn danach gefragt habe. Mal eine angenehme Abwechslung, meistens ist es nämlich umgekehrt.

Dabei muss er sich nicht verstecken. Viel gereist, viel erlebt, sogar einen Job hat er schon in Aussicht. In der Firma, in der er gerade ein Praktikum absolviert. Und dann riecht er auch noch so gut! Ich wäre am liebsten um den Tisch herum in seinen Hemdausschnitt gekrochen.

Was ich zwei Stunden später auch mehr oder weniger tatsächlich getan habe. Natürlich bin ich mit zu ihm. Ich konnte gar nicht anders. Als ich sein übertrieben ordentliches Einzimmerapartment betreten habe, wusste ich zwar erst nicht so recht, ob das passen würde, aber es hat gepasst – und wie.

Rate, was er als Allererstes getan hat! Richtig, einen Verdauungstee. Hochromantisch, wie ich finde. Irgendwie lag mir die Pizza nämlich schwer im Magen. Danach hat er mich massiert, und dann kam eines zum anderen. Wir haben uns geküsst, berührt und schließlich miteinander geschlafen.

Es klingt so lapidar, wie ich das hier schreibe. Aber das war es ganz und gar nicht. Es war unglaublich zärtlich, sexy und erregend zugleich. Er schien genau zu wissen, was mir gefällt. Oder er hat sich bloß wahnsinnig geschickt angestellt. Ich weiß gar nicht, ob ich mich überhaupt schon mal so fallen lassen konnte wie bei ihm. Und das direkt beim ersten Date!

Natürlich habe ich ihm das nicht gesagt. Nicht dass er sich etwas darauf einbildet. Ich habe zwar ein gutes Gefühl, nur so gut kenne ich ihn ja nicht. Erst mal abwarten, wie das nächste Treffen wird. In zwei Tagen, obwohl er sich auf eine Klausur vorbereiten muss. Mensch, bin ich aufgeregt. Ich glaube, ich brauche jetzt erst mal eine Pizza.

Kapitel 3

„Dr. Amal Jaziri, ich grüße Sie." Die Leiterin des Traumforschungsinstituts streckt Marla die Hand entgegen. Ihr kurzer, fester Händedruck strahlt Ruhe aus, genauso wie ihr gesamtes Erscheinungsbild. Von weißem Kittel keine Spur, sie trägt Jeans und eine Bluse. Sie ist ungefähr so groß wie Marla und hat ihre glatten dunklen Haare zu einem unprätentiösen Pferdeschwanz zusammengebunden. Vielleicht ist es gerade das, was ihrem schmalen, markanten Gesicht einen besonderen Reiz verleiht. Mit ihrer Stupsnase und ihren kaum zu bändigenden Locken im undefinierbaren Rotbraunblondton kommt sich Marla regelrecht tollpatschig vor.

Sie begleitet die Wissenschaftlerin in einen Raum, der eher an ein Wohnzimmer erinnert als an eine medizinische Forschungseinrichtung. Wo sind die vielen Kabel, Scanner und Elektroden, die Marla erwartet hat?

Dr. Jaziri lächelt, als sie Marlas erstaunten Blick bemerkt. „Unsere Patient*innen sollen sich bei uns wohlfühlen. Wer möchte schon in einer Umgebung schlafen, die an eine Schaltzentrale erinnert?"

„Müsste hier denn nicht irgendwo ein Tomograf oder Ähnliches herumstehen? Ich hatte es mir futuristischer vorgestellt."

Die Wissenschaftlerin lacht, wobei ein Grübchen auf ihrer Wange sichtbar wird. „Keine Sorge, technisch sind wir gut aufgestellt. Unsere kleine Raumstation werden wir erst später betreten. Zunächst sollten wir uns über Sie unterhalten."

Sie deutet auf einen Sessel, in den sich Marla aufatmend niedersinken lässt. Sie fühlt sich an das bequeme Designerstück bei Kirsten erinnert. Ob sie in diesen Kreisen nicht nur Patientenakten, sondern auch Dekotipps tauschen?

Statt einer Akte zieht Dr. Jaziri ein Tablet aus ihrer Tasche und tippt darauf herum. War ja klar, dass hier niemand mehr analog unterwegs ist.

„Frau Selinger hat mir die wichtigsten Informationen über Ihren Therapieverlauf zur Verfügung gestellt. Ich fasse mal zusammen: Sie leiden seit rund fünf Monaten an chronischen Schlafstörungen und sind seit neun Wochen bei ihr in Behandlung. Auslöser ist ein wiederkehrender Albtraum, der Sie vier- bis fünfmal pro Woche aus dem Schlaf reißt und empfindlich in Ihrem Schlaf-Wach-Rhythmus stört. Konventionelle Therapieansätze inklusive einer medikamentösen Behandlung haben wenig bis keinen Erfolg gebracht. Ebenso wenig geholfen hat eine Imagery-Rehearsal-Therapie, also der Versuch, das Traumgeschehen mittels Imagination umzuschreiben. Die Folge sind Erschöpfung, Reizbarkeit und depressive Verstimmungen. Ist das so weit richtig?"

„Ja, das stimmt im Großen und Ganzen. In der vergangenen Nacht bin ich verschont geblieben, aber die Nacht davor war schlimm."

„Können Sie bestimmte Trigger in Ihrem Alltag ausmachen, die den Albtraum auslösen könnten?"

„Das hat mich Frau Selinger auch gefragt. Der Traum kommt, wann er will. Manchmal nach stressigen Tagen, manchmal nach rundum schönen und entspannten. Selbst wenn ich mit einem sehr guten Gefühl einschlafe, ist das keine Garantie, dass ich auch so wieder aufwache. An einem Wellnesswochenende mit meinem Verlobten in einem traumhaften Berghotel hat es mich beispielsweise gleich drei Nächte hintereinander erwischt. Ohne erkennbaren Grund."

„Verstehe. Schildern Sie doch bitte noch einmal in Ihren eigenen Worten, wie dieser Albtraum aussieht."

Marla räuspert sich und knetet ihre Hände.

„Ich bin in einer dunklen Umgebung, es ist kalt und nass. Etwas verfolgt mich und nähert sich unaufhaltsam. Ich höre ein diabolisches Kichern und spüre einen eisigen Luftzug im Nacken. Ich will fliehen, komme aber nicht vom Fleck. Je schneller ich renne, desto weniger bewege ich mich vorwärts. Ich keuche und habe wahnsinnige Angst. Kurz bevor ich erschöpft aufgebe, öffnet sich vor mir ein schwarzes Loch. Ich stürze, nein, ich werde regelrecht hineingesogen. Einen winzigen Moment vor dem Aufprall wache ich auf. Schweißgebadet und mit Herzrasen. Oft schreie ich dabei so laut, dass mein Verlobter davon wach wird." Sie schluckt und schiebt die Hände unter die Oberschenkel. Sie sind eiskalt.

„Verstehe", sagt die Wissenschaftlerin, diesmal in einem deutlich sanfteren Tonfall. „Haben Sie eine Vorstellung, wer oder was Sie verfolgt?"

„Nein, ich kann den Verfolger nicht sehen und drehe mich auch nicht nach ihm um."

„Berührt er Sie, oder fügt er Ihnen in anderer Weise Schmerz zu?"

„Nicht wirklich. Aber ich spüre, dass es jeden Augenblick so weit sein könnte. Die Angst schnürt mir förmlich die Kehle zu."

„Danke für die Schilderung. Laufen und nicht vorwärtskommen ist ein Traumbild, das häufig auftritt. Oberflächlich interpretiert, kann es ein Zeichen dafür sein, dass man im wahren Leben Probleme hat, denen man sich ausgeliefert fühlt. Die Symbolik trifft es recht gut. Man versucht, vor der Situation zu fliehen, und kann sich ihr nicht entziehen."

„Die Erklärung kenne ich. Doch ich weiß beim besten Willen nicht, worin diese Belastungen bestehen sollen. Klar habe ich wie alle anderen meine Alltagsproblemchen. Objektiv betrachtet, geht es mir sehr gut. Beruflich wie privat. Ich kann mit der Gesamtsituation mehr als zufrieden sein. Was will mir der Traum also sagen?"

„Genau deshalb sind Sie hier." Dr. Jaziri legt das Tablet beiseite und steht auf. „Kommen Sie mit. Ich weihe Sie jetzt in die Geheimnisse der neuronalen Traumanalyse ein. Das ist besser, als nur in der Theorie darüber zu sprechen."

Marla folgt ihr neugierig und etwas angespannt in den nächsten Raum. Er entspricht schon eher ihren Vorstellungen von einem wissenschaftlichen Institut, in dem Hirnaktivitäten gemessen werden. Trotzdem hat es nichts von der sterilen Atmosphäre des Labors, in dem sie vor Jahren mal ein MRT hatte, damals allerdings aus gänzlich anderen Gründen.

Abgesehen von ein paar technischen Apparaturen ist der Raum ähnlich eingerichtet wie ein Hotelzimmer. Es gibt einen

Sessel, einen Tisch mit ein paar Zeitschriften, einen offenen Kleiderschrank und einen Flachbildschirm an der Wand.

Den größten Unterschied macht das Bett. Es ist schmal und besteht am Kopfende aus einer Miniaturröhre. Die unterscheidet sich stark von dem riesigen röhrenförmigen Gerät, in das sie für ihren MRT geschoben wurde.

„Ist das der Tomograf?“, fragt Marla.

„Die neueste Generation eines funktionellen, hochauflösenden Magnetresonanztomografen, richtig. Angepasst an die Anforderungen unseres Arbeits- und Forschungsfelds. Deshalb ist er deutlich kleiner als die MRTs, die Sie vielleicht kennen. Wir müssen eine möglichst natürliche Schlafatmosphäre schaffen. Die Patient*innen verbringen in diesem Gerät ja nicht nur ein paar Minuten, sondern eine ganze Nacht.“

„Ist das nicht schädlich?“

„Überhaupt nicht. Im Gegensatz zu einer Computertomografie oder Röntgenaufnahme ist der Körper bei einer Kernspin- beziehungsweise Magnetresonanztomografie keiner Strahlung ausgesetzt. Das bildgebende Verfahren funktioniert mithilfe eines starken Magnetfelds, das unbedenklich für die Gesundheit ist. Und da kein Kontrastmittel benötigt wird, fallen mögliche allergische Reaktionen komplett weg.“

„Was ist mit den lauten Klopfgeräuschen während der Untersuchung?“

„Ich merke, Sie sind gut informiert“, erwidert die Wissenschaftlerin. „Bei dieser Ausführung des fMRT sind die Geräusche auf ein Minimum reduziert. Außerdem erhalten Sie spezielle, kaum spürbare Ohrstöpsel, die sämtliche Störgeräusche herausfiltern. Und damit Sie sich wie im eigenen Bett fühlen, können Sie sich bewegen, drehen und herumwälzen, so viel, wie Sie wollen. Im Unterschied zum klassischen MRT kann dieser feine Zauberkasten auch bewegte Bilder analysieren."

„Wahnsinn. Was ist, wenn ich hier besser schlafe als zu Hause und gar keine Albträume bekomme?"

Die Wissenschaftlerin lacht. „Dann brauchen Sie nur noch einen Tomografen für das heimische Schlafzimmer, und Ihre Probleme sind gelöst. Ich befürchte nur, dass das keine Kassenleistung ist."

Marla lacht befreit auf. Bislang macht das alles hier einen seriösen, geradezu harmlosen Eindruck. Dieser unscheinbare Apparat soll tatsächlich in ihren Kopf schauen können?

„Das Prinzip eines MRTs habe ich einigermaßen verstanden. Aber wie kann es sein, dass er meine Träume beziehungsweise Gedanken erkennt?"

„Das ist die Frage aller Fragen, an der die Wissenschaft seit Jahrzehnten forscht. Bereits bei einem 2011 an der Berkeley University durchgeführten Experiment gelang es mithilfe eines hochauflösenden fMRT, eine Filmszene zu rekonstruieren, die sich die Versuchsperson gerade ansah. Damals steckte die Technologie noch in den Kinderschuhen. Der richtige Durchbruch gelang erst vor ein paar Jahren."

„Wie?"

„Unter anderem mit künstlicher Intelligenz. Stark vereinfacht ausgedrückt, handelt es sich dabei um ein lernendes System, das sich selbst weiterentwickelt. Irgendwann wurde es so gut, dass wir es für medizinische Zwecke einsetzen konnten. Mittlerweile stellt die neuronale Traumdeutung einen Therapieansatz dar, der die Psychotherapie komplett umkrempeln wird. Ich würde von nicht weniger als einer technologischen Revolution in der Traum- und Schlafforschung sprechen."

Dr. Jaziris Augen leuchten. Marla kann ihre Begeisterung spüren. Trotzdem hat sie immer noch ein großes Fragezeichen im Kopf.

„Wie funktioniert das genau?", fragt sie. „Wie kann das Gerät Traumbilder erkennen, die selbst ich nur undeutlich wahrnehme?"

„Das Prinzip ist folgendermaßen: Die lernfähige Technologie – nennen wir sie der Einfachheit halber KI – verknüpft die Signale beziehungsweise dreidimensionalen Muster aus Ihrem Sehzentrum mit Bildern. Dafür greift sie auf einen riesigen Datenpool zu, der sorgfältig gepflegt und ständig erweitert wird. Die Bildsequenzen, die Ihrem Traum am ähnlichsten sind, werden ausgewählt. Jetzt – hier kommt die zweite herausragende Innovation – verbindet die KI diese Bilder mit Ursachen und Diagnosen, auf die sie ebenfalls in ihrer Datenbank zugreifen kann. Diese werden als Grundlage für den weiteren klassischen Therapieverlauf genutzt. Die Diagnose, die das Programm für wahrscheinlich hält, ist für Ihre Therapeutin ein wichtiger, wenn nicht sogar *der* zentrale Baustein für die folgende Behandlung."

„Das Programm oder besser die KI kann also quasi zwei Dinge. Zum einen rekonstruiert sie die Traumbilder, die sich während des Schlafens in meinem Kopf abspielen. Zum anderen wertet sie diese auch noch aus. Sie kann also mit hoher Wahrscheinlichkeit beurteilen, wodurch der Albtraum hervorgerufen wird?"

„Stark vereinfacht, ja."

„Wow." Marla betrachtet den fMRT. „Wenn die KI wirklich so präzise Auswertungen und Diagnosen erstellt, wäre es dann nicht eine logische Konsequenz, dass sie auch Therapieansätze empfiehlt? Wofür braucht es den Menschen überhaupt noch?"

„Das ist eine interessante Frage." Dr. Jaziri mustert Marla eine Weile.

Sie kann den Blick der Wissenschaftlerin nicht deuten und weicht ihm aus. Irgendetwas verunsichert sie an der Frau.

„Wenn Sie unser Angebot nutzen möchten, könnten wir schon jetzt einen Termin für Ihre erste Übernachtung vereinbaren", erklärt Dr. Jaziri, nachdem sie wieder im Vorraum Platz genommen haben.

„Die erste? Würden denn noch viele weitere folgen?"

„Das hängt davon ab, wie lange es dauert, bis dem fMRT ausreichend Daten zur Verfügung stehen, die es auswerten kann."

„Also abhängig davon, wann und wie intensiv der Albtraum eintritt."

„Richtig. Da das ein sehr aufwendiges und teures Verfahren ist, übernimmt die Krankenkasse maximal fünf Sitzungen. In besonders schweren Fällen mehr. Bei chronischen Schlafstörungen mit wiederkehrenden Traummustern ist die Wahrscheinlichkeit aber hoch, dass Sie bereits in den ersten Nächten die gewohnten Symptome zeigen."

„Was passiert, wenn ich nachts Panik bekomme?"

„Sie werden selbstverständlich lückenlos überwacht. Unauffällig, damit Sie ungestört schlafen. Sollten Komplikationen auftreten, ist sofort jemand von unseren Mitarbeitenden zur Stelle."

„Wie eine Art Babyfon?"

„Mit Kamera sogar, ja. Allerdings ohne Ton." Die Wissenschaftlerin lächelt. „Und, möchten Sie sich auf das Abenteuer einlassen? Oder sind Sie sich noch unsicher? Sie können sich das Ganze natürlich erst mal durch den Kopf gehen lassen. Ich würde Ihnen im Anschluss Informationsmaterial zu dem Verfahren mitgeben. Und Sie müssten uns eine Einverständniserklärung unterschreiben. Das können Sie auch beim nächsten Mal machen, wenn Sie sich die Sache überlegt haben."

Marla zögert. „Ich bin tatsächlich noch ein wenig skeptisch. Wahrscheinlich muss ich mich erst mal daran gewöhnen, dass ein Computer in der Lage ist, meine Gedanken zu ‚lesen'." Sie malt Gänsefüßchen in die Luft. „Irgendwie klingt das für mich immer noch wie Science-Fiction."

„Das hören wir oft. Es ist eben ein sehr neues Verfahren, das noch nicht den Weg ins öffentliche Bewusstsein gefunden hat. Das liegt daran, dass sich Menschen gern an Vertrautes klammern und Veränderungen zunächst kritisch gegenüberstehen. Ich denke, es ist nur eine Frage der Zeit, bis der Medizin klar wird, welche faszinierenden Möglichkeiten ihr dieses mächtige Instrument eröffnet – und allen anderen auch." Dr. Jaziri zieht ein paar Unterlagen aus einem Ordner. „Lesen Sie sich das zu Hause in Ruhe durch, und melden Sie sich, wenn Sie sich entschieden haben."

„Danke. Ich denke darüber nach."

„Gut."

LIZ' TAGEBUCH, *10. Juli 2012*

Eigentlich wollte ich direkt nach unserem dritten Date aufschreiben, wie es war. Ich bin nicht dazu gekommen. Aus dem dritten ist nämlich bereits ein viertes, fünftes und sechstes Date geworden. Sprich, wir sind zusammen. So hat Chest es formuliert. Als Frage, ganz vorsichtig. Als Antwort habe ich ihn bloß geküsst.

Er ist so ... wow. Es stimmt wirklich alles. Wir sind auf einer Wellenlänge, haben Spaß miteinander, und der Sex ist großartig. Das letzte Mal hat er den Orgasmus so lange hinausgezögert, dass ich ihm in die Schulter gebissen habe. Die Spuren waren am nächsten Tag noch zu sehen. Zum Glück war das Wetter zu schlecht für den Badesee.

Kurz gesagt, ich bin süchtig nach ihm. Am liebsten würde ich ihn ständig an und in mir spüren. Ob das irgendwann nachlässt? Wahrscheinlich, aber momentan schwer vorstellbar.

Außerdem versteht er sich gut mit meinen Freundinnen und Freunden. Chest ist jemand, den du mitten in der Großstadt eines unbekannten Landes mit einer unbekannten Sprache aussetzen könntest, und er hätte innerhalb von vierundzwanzig Stunden Freunde, eine Wohnung und einen Job.

Ich frage mich, wie er es schafft, einerseits top organisiert zu sein und es andererseits ganz ungezwungen aussehen zu lassen. Er wirkt wie jemand, der einen Plan hat. Und das ist nicht selbstverständlich. Zumindest wenn ich von mir selbst ausgehe. Noch zwei Semester studieren bis zum Abschluss? Oder werden es eher drei oder vier? Wenn ich konkret wüsste, was ich danach machen möchte, wäre vieles einfacher.

Chest gibt mir das Gefühl, dass alles an mir wichtig und richtig ist. Meine Ansichten, meine Wünsche, Dinge, die ich so dahinsage, selbst meine Macken findet er irgendwie gut. Wenigstens vermittelt er mir das.

Ich kann's kaum abwarten, ihn das nächste Mal zu sehen. In drei Tagen, denn morgen und übermorgen schreibt er Klausuren. Und dann sind auch schon Semesterferien. Er hat gesagt, ich solle mir in der ersten Woche nichts vornehmen, er hätte eine Überraschung für mich. Na, da bin ich ja mal gespannt …

Kapitel 4

„Minou!"

Marla winkt ihrer Freundin zu, die außer Atem das Café betreten hat. Mit ihrer Umhängetasche in der einen und einer Jacke in der anderen Hand bahnt sich Minou einen Weg zwischen den minimalistischen Holztischen und den Sesseln im Retrodesign hindurch. Die frei liegenden Backsteinwände und rostfarbenen Hängelampen sorgen für eine beinahe gemütliche Industrie-Ästhetik.

„Tut mir leid", schnauft sie, als sie Platz nimmt. „Henrys Vater hatte mal wieder Verspätung, und danach habe ich die Bahn verpasst." Sie verdreht die Augen.

„Ist er immer noch so unzuverlässig?"

„Nach unserer letzten Aussprache hatte es sich ein bisschen gebessert, doch das hat nicht lange vorgehalten. Du kennst ja die Gründe, warum wir uns getrennt haben."

„Tut mir leid für dich."

„Ach, man gewöhnt sich daran. Für Henry tut's mir leid. Langsam ist er alt genug, um zu merken, dass er sich nicht auf seinen Vater verlassen kann. Letzten Monat sind sie so spät zur Kindervorstellung gekommen, dass es sich nicht mehr gelohnt hat, den Film anzuschauen. Dabei hatte Papa hoch und heilig versprochen, mit ihm ins Kino zu gehen."

„Oh Mann."

„Tja. Ich bin nur froh, dass wir nie geheiratet haben. Dadurch ist mir der ganze Scheidungshickhack erspart geblieben."

„Jag mir keine Angst ein."

Minou lacht. „So war das gar nicht gemeint. Aber jetzt, wo du es sagst, dass du mal heiraten würdest, damit hätte ich nie gerechnet. Ich weiß noch, wie du vor Jahren auf die Ehe geschimpft hast. Dieser romantische Kitsch und wieso sich der Staat überhaupt in die Liebe von Erwachsenen einmischt."

„So ändern sich die Zeiten."

„Und wahrscheinlich auch die Männer."

„Vor Tinus hätte ich das nicht in Betracht gezogen. Aber er ist so …"

„Perfekt? Sag's nicht."

„Ja, irgendwie schon."

„Das klingt furchtbar langweilig."

„Überhaupt nicht. Er tut nur immer irgendwie genau das Richtige."

„Es wird nicht besser."

„Als ob er ganz genau weiß, was ich gerade brauche."

Minou verdreht die Augen. „Meinst du nicht, dass da irgendwann die Luft raus ist?"

„Och, bislang habe ich keinen Grund zu klagen."

„Erzähl mir mehr!"

„Auf keinen Fall."

„Ist er gut?"

„Sei nicht so neugierig.“

„Na komm, was macht er anders? Gute Ausdauer? Perfekte Technik? Dirty Talk?“

„Du bist unmöglich!“

Minou grinst den Kellner an, der an ihren Tisch tritt. „Ich hätte gern einen Café Latte, einen Muffin und Ihre Telefonnummer.“

Der Kellner zieht irritiert die Brauen nach oben.

„Na gut, geht auch ohne den Muffin.“

„Das ist übergriffig“, tadelt Marla ihre Freundin, als der Kellner wieder weg ist. „Wie hättest du reagiert, wenn das ein Mann zu dir gesagt hätte?“

„Okay, okay, du hast ja recht.“ Minou seufzt und kramt in ihrer Handtasche. Sie zieht einen Lippenstift hervor und trägt ihn gedankenverloren auf. „Meine Hormone spielen gerade verrückt. Nachdem sich in den letzten Jahren fast alles um den Kleinen gedreht hat, fühle ich mich seit ein paar Wochen endlich mal wieder wie eine Frau mit Bedürfnissen. Und die sind nicht zimperlich, das sag ich dir. Letzte Woche hätte ich beinahe den Postboten in die Wohnung gezerrt. Und der ist überhaupt nicht mein Typ.“

„Ich liebe deine Übertreibungen. Was ist mit Tinder?“

„Im letzten Monat habe ich drei Typen gedatet und mit zweien davon geschlafen. Trotzdem bin ich …“

„… unausgelastet?“

„Sexuell maßlos unterfordert. Ich weiß auch nicht … Ob's am Nachholbedarf liegt?“

Bevor Marla etwas erwidern kann, ist der Kellner auch schon mit der Bestellung zurück.

„Sorry wegen gerade“, sagt Minou zu ihm.

„Kein Ding. Mit meiner Nummer kann ich nicht dienen, aber die von meiner Kollegin wäre zu haben." Er zeigt Richtung Tresen, hinter dem eine große Brünette steht und anzüglich mit den Brauen wackelt.

„Warum nicht?", erwidert Minou. „Ich denke, darauf komme ich bei Gelegenheit zurück."

Marla lacht.

„Jetzt mal Spaß beiseite, Herzchen", sagt Minou, als der Kellner außer Hörweite ist. „Du siehst müde aus. Was machen die Schlafprobleme?"

„Unverändert."

„Immer noch der Albtraum?"

„Ja. Mittlerweile fast fünfmal in der Woche."

„Hat die Therapie etwas gebracht?"

„Leider nicht. Obwohl wir von Adam und Eva bis heute meine komplette Biografie durchgegangen sind."

„Wären Schlaftabletten eine Option?"

„Es gibt Medikamente, die speziell die REM-, also die Traumphase beeinflussen können. Die helfen bei mir bloß nicht besonders gut und machen mich außerdem total fertig. Nachdem ich zweimal am Tag danach eine krasse Panikattacke hatte, habe ich sie abgesetzt."

„Shit. Es muss doch eine Lösung geben."

„Nun ja, da gäbe es eventuell was. Das ist allerdings ein bisschen spooky."

„Erzähl!"

„Du hast sicherlich schon mal etwas von Traumdeutung gehört."

„Klar. War früher meine Leidenschaft, die Träume meiner Freundinnen zu analysieren. Einer habe ich empfohlen, ihren

Freund zu verlassen, weil sie geträumt hat, dass ihre Zähne zerbröckeln. Hat sie dann aber nicht getan."

„Jedenfalls gibt es das Ganze mittlerweile in professionalisierter Form. Mithilfe künstlicher Intelligenz."

„Ui, das hört sich spannend an."

Marla berichtet von ihrem Erlebnis in dem Traumforschungsinstitut. Minou hört gebannt zu und unterbricht sie kein einziges Mal.

„Irre", sagt sie schließlich, als Marla geendet hat. „Wenn mir die Geschichte jemand anders aufgetischt hätte als du, hätte ich sie nicht geglaubt."

„Es klingt unglaublich. Manchmal frage ich mich, ob meine kleine analoge Welt mit den wissenschaftlichen Fortschritten überhaupt mithalten kann. Und ob ich das will."

„Also ich würde das sofort ausprobieren."

„Das wundert mich nicht."

„Ich meine, diese Maschine kann deine Träume visualisieren. Das ist doch der Wahnsinn! Du erhältst einen exklusiven Einblick in deinen Kopf."

„Und alle anderen auch. Findest du es nicht gruselig, dass deine Träume gehackt werden könnten? Damit sind wir ja nur noch eine Haaresbreite vom Gedankenlesen entfernt, falls es das nicht sowieso schon gibt."

„Ich verstehe deine Bedenken. Mal ehrlich, können wir uns dem überhaupt entziehen? Ich glaube, dass wir uns von dem Begriff Privatsphäre, wie wir ihn kannten, verabschieden müssen. Die Portale und Suchmaschinen dieser Welt wissen eh schon mehr über uns als wir selbst."

„Aber es ist immer noch ein riesiger Unterschied, ob mir ein Algorithmus auf Basis meiner Daten Werbeanzeigen einblendet oder ob eine künstliche Intelligenz meiner Therapeutin eine Diagnoseempfehlung gibt."

„Ich weiß nicht, ob das so weit voneinander entfernt ist."

„Ach, komm."

Marla trinkt einen Schluck Kaffee, während Minou nachdenklich auf ihrem Muffin herumkaut.

„Welchen Eindruck hattest du von der Leiterin des Instituts?", fragt ihre Freundin schließlich.

„Eigentlich recht sympathisch. Das Ambiente war ziemlich vertrauenerweckend. Das muss es auch sein, sonst würde sich ja niemand darauf einlassen. Trotzdem hat mich irgendetwas an ihr verunsichert."

„Vielleicht ist sie ein Android."

Marla lacht. „Du liest zu viele Science-Fiction-Romane."

„Was sagt Tinus denn zu dem Ganzen?"

„Er findet das ebenfalls merkwürdig. Da die Behandlungsempfehlung von Kirsten stammt, ist er für die Sache grundsätzlich aufgeschlossen. Immerhin kennen sie sich seit Ewigkeiten."

„Kirsten hat damals auch seine Ex-Frau behandelt, nicht wahr?"

„Ja, leider, denke ich manchmal. Irgendwie habe ich dadurch das Gefühl, ständig mit ihr verglichen zu werden."

„Das ist Quatsch. Du hast nichts mit ihr gemeinsam. Du neigst weder zu starken Depressionen noch zu Suizidgedanken. Hoffe ich doch, oder?"

„Nein, Gott sei Dank. Egal wie müde und erschöpft ich bin, auf solche Gedanken komme ich nicht. Aber ich merke, dass Tinus Angst hat. Dieses Trauma sitzt so tief, dass er gar nicht anders kann, als Parallelen zu ziehen."

„Ich finde, *er* sollte eine Therapie machen. Und zwar bei jemandem, den oder die er nicht seit Ewigkeiten kennt."

„Tja, das wäre vielleicht nicht verkehrt … Jetzt reicht's mit dem Thema. Lass uns über was Schönes reden!"

„Gern." Minou grinst und linst zu der Kellnerin hinüber. „Meinst du, das könnte klappen?"

Marla seufzt ergeben und muss lachen. „Du wirst es mir bestimmt erzählen."

Auf dem Rückweg in der Straßenbahn betrachtet Marla die vorbeiziehenden Häuserfronten in der Dämmerung. Es ruckelt und quietscht, wenn die betagten Waggons eine Kurve durchfahren. Der typische muffige Geruch nach alten Kunstledersitzen, Staub und schlecht gereinigten Böden steigt ihr in die Nase, stört sie jedoch nicht.

Warum hat sie ausgerechnet mit Tinus ihre Einstellung zum Thema Ehe geändert? Ist er wirklich der eine oder keine? Es hat sich ganz selbstverständlich angefühlt, Ja zu sagen, als er sie gefragt hat. Ohne die tränengeschwängerten Emotionen romantischer Liebesfilme, aber auch ohne ein Zögern. Wäre ein Nein denkbar gewesen? Darüber hat sie noch nie nachgedacht. Oder nicht nachdenken wollen? Für ihre Beziehung hätte es mit Sicherheit eine große Krise, wenn nicht sogar das Ende bedeutet. Das hätte sie Tinus nicht antun können. Er versucht es ihr immer recht zu machen. Oder ist es umgekehrt?

Sie betrachtet ihr Spiegelbild im zerkratzten Fenster der Bahn. Sieht es glücklich aus? People Pleaser …

Zu Hause berichtet sie Tinus von ihrem Treffen – unter Auslassung der Details, die seine Ex-Frau und ihn betreffen.

Er runzelt bloß die Stirn. Mit Marlas bester Freundin wird er nicht so richtig warm, was auf Gegenseitigkeit beruht.

„Minou meinte, sie würde die neuronale Traumanalyse ausprobieren."

„Und zu welchem Schluss bist du selbst gekommen?"

„Ich denke, mir bleibt nichts anderes übrig. Die Hoffnung, dass der Albtraum irgendwann von allein verschwindet, habe ich mittlerweile aufgegeben. Und welche Möglichkeiten gibt es sonst noch? Medikamente haben nichts gebracht und der Versuch, den Traum imaginativ zu beeinflussen, auch nicht. Ich kann mich ja schlecht jeden Abend unter Narkose setzen lassen."

„Du könntest beruflich kürzertreten und den fehlenden Schlaf tagsüber nachholen."

„Ach, Tinus, darüber haben wir doch schon so oft geredet. Ich kann und möchte mich deswegen nicht in meiner Selbstständigkeit einschränken lassen. Außerdem verliere ich nach und nach mein soziales Umfeld, wenn ich tagsüber schlafe oder herumlaufe wie ein Zombie."

„Es gibt viele Menschen, die nachts arbeiten oder Schichtdienst haben und trotzdem ein normales Leben führen. Was glaubst du, wann der Bäcker von gegenüber morgens aufsteht?"

„Der wird sich wahrscheinlich nicht so fühlen wie ich. Hoffe ich für ihn. Der Albtraum jagt mir Angst ein und verringert meine Lebensqualität. Und da die REM-Phase nun mal zum Schlafen dazugehört, würde er so oder so wieder auftreten."

„Ich will's dir ja gar nicht ausreden. Du sollst nur wissen, dass es immer eine Alternative gibt. Ich bin schließlich auch noch da."

„Und das weiß ich sehr zu schätzen. Falls die neue Therapieform am Ende nichts bringen sollte, kann ich ja immer noch überlegen, ob ich meine Stunden im Büro weiter reduziere. Einverstanden?“

„Okay.“

„Ich liebe dich.“

„Ich dich auch.“

LIZ' TAGEBUCH, *24. Juli 2012*

Die Überraschung ist ihm gelungen. Chest hat mich für fünf Tage in ein Wellnesshotel eingeladen. An einem kleinen See gelegen und fast schon übertrieben romantisch. Ich habe ernsthaft überlegt, ob ich die Einladung überhaupt annehmen kann. Wir kennen uns ja noch gar nicht lange, und für einen Studenten war das bestimmt eine große Investition. Dann habe ich an meine Oma gedacht, die immer sagt: „Kind, Geschenke wie Komplimente muss man annehmen können. Geben tun wir jeden Tag genug."

Also gut, Oma, ich habe mich darauf eingelassen. Und habe es nicht bereut. Wahrscheinlich wirst du Chest sogar irgendwann kennenlernen, denn es scheint etwas Ernstes daraus zu werden.

Neben der All-inclusive-Verpflegung und dem tollen Spa-Angebot des Hotels sind wir jeden Tag spazieren gegangen. Meistens haben wir uns irgendwo in einer kleinen Bucht am See ein ruhiges Plätzchen gesucht, sind geschwommen und haben uns danach in die Sonne gefläzt und gefaulenzt. Und noch einige andere Dinge gemacht, aber das muss Oma nun wirklich nicht wissen.

Am Anfang haben wir die ganze Zeit geredet, am Ende gar nicht mehr so viel. Es hat sich trotzdem gut angefühlt. Mit jemandem schweigen zu können, ist oft ein größeres Zeichen der Vertrautheit, als permanent im Austausch zu sein.

Am letzten Tag habe ich nach der Badesession den Kopf auf seine Brust gelegt und seinem Herzschlag gelauscht. Er war so ruhig und gleichmäßig, dass ich irgendwann eingeschlafen bin. Ich hätte ewig dort mit ihm liegen können. Mit der warmen Sonne auf der Haut, dem leichten Wind im feuchten Haar und den Geräuschen des Sommers im Ohr. Ich glaube, so fühlt sich Glück an.

Kapitel 5

„Schön, Sie zu sehen. Wie fühlen Sie sich?"

Dr. Jaziri lächelt sie freundlich an, als Marla das Institut betritt. Hinter ihr eilt Tinus herbei, der eine große Sporttasche trägt.

„Danke, mir geht es so weit gut. Ich bin natürlich angemessen aufgeregt. Das ist mein Verlobter Tinus Dahlmann."

„Guten Tag."

Die beiden schütteln sich die Hände.

„Er hat darauf bestanden, mich zur Tür zu begleiten und meine Sachen zu tragen", sagt Marla und verdreht die Augen.

„Ich wollte bloß sichergehen, dass sie auf dem Weg hierher nicht einschläft", kontert Tinus mit einem Grinsen.

„Nett, dass Sie Ihre Verlobte begleiten. In einem Schlaflabor wie diesem übernachtet man ja auch nicht alle Tage. Kommen Sie gern kurz mit herein."

Die Wissenschaftlerin führt sie in das Vorzimmer, in dem sie mit Marla beim Erstgespräch saß. Sie bietet ihnen einen Platz an.

„Frau Sternberg, ich freue mich, dass Sie hier sind und die Chance nutzen möchten, die unsere neuartige Analysemethode bietet. Alles Wichtige haben wir ja bereits telefonisch besprochen. Haben Sie Fragen zu den Details?"

„Ich fasse noch mal den Ablauf zusammen, damit ich das auch alles richtig verstanden habe."

„Nur zu."

„Ich checke hier im Prinzip ein wie in einem Hotel und kann kommen und gehen, wann ich möchte."

„Richtig. Mit dem Unterschied, dass Sie keinen Schlüssel erhalten, sondern von unseren Mitarbeitenden hineingelassen werden. Ansonsten können Sie bis zu fünf Tage beziehungsweise Nächte am Stück Ihrem gewohnten Tagesablauf nachgehen. Bis auf die Ortsänderung soll alles so normal wie möglich für Sie sein, damit es beim Schlafverhalten keine großen Veränderungen gibt."

„Falls der Albtraum bereits in der ersten Nacht zuschlägt, könnte ich morgen im Prinzip schon wieder auschecken."

„Natürlich. Oder jederzeit, wenn Sie sich unwohl fühlen. Grundsätzlich raten wir dazu, mehrere Nächte bei uns zu verbringen. Je öfter der Tomograf Ihren Traum analysieren kann, desto treffsicherer ist hinterher die Auswertung. Dann können selbst kleine Abweichungen berücksichtigt werden."

„Was passiert, wenn sie nachts eine Panikattacke kriegt?", fragt Tinus.

„Ihre wichtigsten Körperfunktionen werden während des gesamten Schlafs überwacht."

„Von einem Menschen?"

„Von unseren Mitarbeitenden mit technischen Geräten, die auch in Krankenhäusern eingesetzt werden. Sollte irgendetwas sein, ist sofort jemand bei ihr."

„Kann ich meine Verlobte besuchen?"

„Um die nötige Ruhe zu gewährleisten, die dieser Prozess bedarf, ist innerhalb des Gebäudes kein Besuch erlaubt. Aber Sie können sich selbstverständlich außerhalb jederzeit treffen. Gleich nebenan befindet sich ein Park, und Restaurants und Cafés gibt's auch jede Menge."

„Wie geht es nach meinem Aufenthalt bei Ihnen weiter? Braucht die Technologie lange für die Auswertung?"

„Die ersten Daten haben wir bereits nach vierundzwanzig Stunden, Frau Sternberg. Um diese in verwertbare und sichtbare Ergebnisse umzuwandeln, dauert es noch einmal rund achtundvierzig Stunden. Dann führen wir ein persönliches Nachgespräch. Wenn Sie damit einverstanden sind, leiten wir die Auswertung danach an Frau Selinger weiter, um auf dieser Grundlage die Therapie fortzusetzen."

„Das heißt, nach drei Tagen kann ich mir anschauen, was sich nachts in meinem Kopf abspielt?"

„Sicherlich nicht in High Definition und Dolby Surround. Stellen Sie es sich eher wie ein stummes Daumenkino vor – eine etwas holprige Aneinanderreihung einzelner Bilder. An den Feinheiten des Outputs arbeiten wir noch."

„Unglaublich."

„Beim ersten Mal ja. Unheimlich ist daran allerdings nichts, Frau Sternberg. Es sind schlicht die Errungenschaften der Technik."

„Darf ich bei dem Abschlussgespräch dabei sein?", fragt Tinus.

„Aus datenschutzrechtlichen und therapeutischen Gründen ist das nicht möglich. Aber Ihre Verlobte wird Ihnen sicherlich alles erzählen, was sie Ihnen erzählen möchte."

Als Tinus und Dr. Jaziri gegangen sind, richtet sich Marla das Zimmer ein. Nachdem sie ihre Sachen im Schrank und im Bad verteilt hat, lässt sie sich auf den Sessel gleiten. Und jetzt? Lesen? Einen Film streamen? Minou schreiben? Bis auf ihre beste Freundin, Tinus und Kirsten weiß niemand, dass sie hier ist. Auf der Arbeit hat sie sich für eine Woche beurlauben lassen.

In dem Moment klopft es an der Tür.

„Ja, bitte?"

Eine junge Frau streckt den Kopf herein und lächelt.

„Guten Abend, ich bin Amanda Stevens", sagt sie mit einem leichten britischen Akzent. „Nennen Sie mich ruhig Amy, das tun alle. Mit meinem Kollegen Maurice Pernot zusammen habe ich heute die Nachtschicht. Darf ich reinkommen?"

„Gern."

Die Mitarbeiterin betritt den Raum und drückt Marla die Hand. „Herzlich willkommen in unserer bescheidenen Hütte. Sollten Sie Fragen oder Probleme haben, können Sie sich jederzeit an mich wenden."

„Da bin ich beruhigt. Wie erreiche ich Sie denn? Sitzen Sie im Vorraum?"

„Wir sitzen in der Leitzentrale und überwachen dort die Monitore. Wenn Sie uns brauchen, benutzen Sie am besten dieses Gerät." Amy drückt Marla ein Miniatur-Walkie-Talkie in die Hand. „Wenn Sie sprechen möchten, drücken Sie den Knopf in der Mitte."

„So was habe ich ja seit meiner Kindheit nicht mehr gesehen. Empfange ich darüber auch den Polizeifunk?"

Amy lacht. „Das dürfte schwierig werden. Nach China können Sie damit nicht telefonieren, aber für das Gebäude hier reicht's. Wir sind sofort da, wenn etwas sein sollte. Sobald Sie im Bett liegen, werden Sie außerdem via Kamera überwacht. Das ist eine reine Vorsichtsmaßnahme."

„Das hat mir Dr. Jaziri schon erklärt, vielen Dank. Vielleicht könnten Sie mir noch zeigen, wie genau ich mich später ins Bett legen und verkabeln soll."

„Natürlich. Am besten machen wir ein kurzes Probeliegen."

Innerhalb von ein paar Minuten hat die Mitarbeiterin Marla in allen wichtigen Punkten instruiert.

„Das ist ja wirklich kinderleicht."

„Absolut. Sie müssen keine Sorge haben, dass irgendetwas passiert. Und jetzt zum wichtigsten Teil: Sie haben sicherlich Hunger."

„Noch nicht, dafür bin ich zu aufgeregt. Aber später bestimmt."

„Das trifft sich gut, der Lieferservice braucht eh eine Weile. Wir bestellen unser Essen bei Restaurants in der Nähe, da ist für alle etwas dabei. Was hätten Sie denn gern? Türkisch? Indisch? Deutsche Küche?"

„Eigentlich egal, am liebsten vegetarisch."

„Dann kann ich Ihnen das empfehlen." Die Mitarbeiterin drückt Marla einen Flyer in die Hand. „Schauen Sie in Ruhe, und geben Sie uns Ihre Wahl per Walkie-Talkie durch. Wenn Sie online etwas anderes finden, ist das auch okay. Die Polizei liefert spätestens in einer Stunde."

Sie zwinkert ihr zu und verlässt den Raum, nachdem Marla sich bedankt hat. Hoffentlich wird die Nacht genauso unkompliziert wie alles andere hier, denkt sie und wirft einen Blick in den Flyer.

*

Es ist 2:37 Uhr. Amy versucht, die Augen offen zu halten. Auf dem Monitor, der das Innere des Tomografen zeigt, ist keine Bewegung zu erkennen. Marla Sternberg schläft seit nahezu zwei Stunden reglos. Ihre Pulsfrequenz ist gleichmäßig.

Maurice, der gegenüber an einem Bildschirm sitzt, an dem die Kamera aus einem anderen Schlaflabor angeschlossen ist, streckt die Arme und gähnt.

„Ich kann dir bis in den Rachen gucken", zieht Amy ihn auf.

„Und, was siehst du dort Schönes? Die Mandeln sind seit zehn Jahren raus."

„Scheinbar nichts los heute", sagt Amy, ohne auf Maurice' Frage einzugehen, und muss ebenfalls gähnen. „Die Patientin schläft wie ein Baby. Wenn das mal nicht wieder falscher Alarm war."

„Ich mach mal 'n Kaffee", murmelt Maurice und erhebt sich träge.

„Bringst du mir einen mit?", ruft Amy ihm hinterher. Statt einer Antwort erhält sie ein Brummen. Amy streckt ihm die Zunge raus.

Als sie sich gemächlich wieder zum Bildschirm dreht, prallt sie vor Schreck zurück und kreischt auf.

„Was ist los?" Ihr Kollege ist in Sekundenschnelle bei ihr.

Zu zweit starren sie den Monitor an. Das Bild ist blutverschmiert.

LIZ' TAGEBUCH, *18. August 2012*

Gestern habe ich Chest meiner Oma vorgestellt. Hu, das war ein bisschen aufregend. Bis auf meinen Ex-Freund beim Abiball vor ein paar Jahren hat meine Oma keinen der Männer kennengelernt, mit denen ich eine Beziehung hatte. Na ja, so viele waren es nicht. Und meistens hat es eh nur ein paar Monate gehalten.

Ich glaube, mit Chest wird es anders. Zumindest fühlt es sich ganz anders an. Viel sicherer und selbstverständlicher. Als ob längst klar ist, dass wir zusammenbleiben werden.

Oma war natürlich begeistert. Die beiden haben sich auf Anhieb verstanden und die ganze Zeit geredet. Ich kam fast gar nicht mehr zu Wort. Chest ist ein Meister des Small Talks, das muss man ihm lassen. Wirkt dabei kein bisschen aufgesetzt, sondern vollkommen natürlich. Man merkt, dass er an mir und meiner Familie interessiert ist. Und meine Oma ist nun mal meine Familie. Eigentlich die Einzige, die davon übrig geblieben ist.

Wie jedes Mal, wenn es etwas zu feiern gibt, hatte sie ihre berühmte Torte gemacht, Marke Eigenkreation. Chest hat drei Stücke davon gegessen, ich fünf. Vor lauter Aufregung. Und weil es so gut geschmeckt hat. Oma meinte zu Chest, dass er ruhig öfter mitkommen kann, wenn ich dann immer so gut äße. Das war nämlich früher ganz anders.

Und anschließend fing sie wieder mit ihrer Lieblingsgeschichte an: wie dünn ich als Kind gewesen bin und dass ich nichts von dem gegessen habe, was andere Kinder mochten. Bis sie mir irgendwann vor lauter Verzweiflung ein Leberwurst-Zwiebel-Brötchen vors Gesicht gehalten hat. Danach hätte ich jahrelang nichts anderes mehr gegessen. Zur großen Erheiterung auf diversen Kindergeburtstagen, wenn ich zwischen den Schokokuchen schmatzenden Kindern meine Leberwurst verdrückt habe.

Chest hat herzlich gelacht, und ich habe mit den Augen gerollt. Aber nur ein bisschen. Schließlich mag ich meine Oma. Und ihre wunderbaren Geschichten.

Zum Abschied hat sie uns beide fest umarmt. Ich habe gemerkt, dass sie die Tränchen unterdrücken musste. Sie hat Chest ins Herz geschlossen, daran besteht kein Zweifel.

Eine Sache hat mich allerdings gewundert. Als er kurz im Bad war, hat sie meine Hand genommen und gesagt, dass Selbstbestimmtheit ein Wert ist, den man als Frau nicht zu schnell aufgeben sollte. Bevor ich nachfragen konnte, was sie damit meint, hatte sie auch schon das Thema gewechselt. Na ja, vielleicht war's nicht so wichtig.

Kapitel 6

„Shit, wir müssen sofort zu ihr!“, schreit Amy und springt auf.

Mit ihrem Kollegen im Schlepptau reißt sie die Tür auf und hastet ins Schlaflabor. Die Patientin liegt auf dem Boden neben dem Bett und regt sich nicht.

„Scheiße, Scheiße, Scheiße!“ Amy knipst das Licht an und rennt zu ihr hin. „Frau Sternberg … hören Sie mich?“

Behutsam hebt sie den Kopf der Frau an, der leblos in ihrer Armbeuge baumelt. Über ihrer rechten Augenbraue klafft eine blutende Wunde.

„Vorsicht, sie könnte an der Wirbelsäule verletzt sein“, sagt Maurice. Seine Stimme zittert. „Meinst du, wir müssen sie wiederbeleben?“

In dem Moment schlägt Marla Sternberg die Augen auf und kommt hustend zu sich. Vor Erleichterung steigen Tränen in Amy auf.

Orientierungslos blickt sich die Patientin um. „Wo ist er? Wo. Ist. Er?“

„Wer? Wen meinen Sie?“, fragt Amy.

„Na, er … der … das … schwarze Loch …“ Marla Sternberg beginnt, am ganzen Körper zu zittern.

„Sag der Chefin Bescheid, Maurice!“, ruft Amy.
„Aber …“
„Nichts aber. Ruf sie an! Jetzt!“
Während Maurice in das Kontrollzimmer zum Handy eilt, versucht Amy, die Frau zu beruhigen.
„Das war nur ein Traum, Frau Sternberg. Nur ein Traum. Hier ist niemand außer uns.“
Nach und nach klart Marla Sternbergs Blick auf, das Zittern lässt nach. Trotzdem wandern ihre Augen immer noch unruhig hin und her.
„Können Sie aufstehen?“
Sie nickt. Vorsichtig hilft Amy ihr auf und führt sie zum Sessel. Nicht nur die Beine ihrer Patientin schlottern, auch ihre eigenen fühlen sich an wie Pudding. Als Marla Sternberg sicher sitzt, untersucht Amy sie. Das Blut an der Kameralinse muss von der Kopfwunde stammen. Die sieht gar nicht so schlimm aus, wie auf den ersten Blick zu vermuten war. Auch sonst scheint sich die Frau keine schlimmen Verletzungen zugezogen zu haben.
„Die Chefin kommt sofort“, sagt Maurice atemlos und steckt das Handy in die Tasche.
„Okay, das ist gut. Könntest du den Erste-Hilfe-Kasten und Desinfektionsmittel holen?“
„Ist sie wieder …?“
Amy nickt stumm, und Maurice eilt aus dem Zimmer.
„Was ist denn hier los?“, fragt Amal Jaziri fünf Minuten später. Außer Atem wirft sie ihre Jacke über einen Stuhl.
Amy und Maurice sind gerade dabei, Marla Sternberg zu verarzten und ihr gut zuzureden. Sie zittert immer noch, ringt sich aber immerhin ein dünnes Lächeln ab.

„Da haben Sie Ihren Traum, Dr. Jaziri. Ich hoffe, das Ding hat alles aufgezeichnet. So heftig war er noch nie." Sie schluchzt.

„Sie muss hochgeschreckt sein und sich dabei die Kopfwunde zugezogen haben", versucht Amy eine Erklärung. „Danach ist sie wohl aus dem Bett gefallen."

„Was soll das heißen? Hattet ihr sie etwa nicht im Auge?"

„W-wir …", stottert Amy.

„Egal, darum kümmern wir uns später. Hat Frau Sternberg sonst noch Verletzungen?"

„Bis auf eine Prellung am Knie konnten wir nichts entdecken", sagt Maurice.

„Gut, lasst mich bitte mit ihr allein. Und seht zu, dass ihr die Aufzeichnung sichert, die will ich mir später anschauen."

Amy und Maurice nicken und verschwinden kleinlaut aus dem Zimmer.

*

Dr. Jaziri setzt sich neben Marla auf die Armlehne des Sessels und legt vorsichtig einen Arm um ihre Schultern. Sie wartet, bis das Schluchzen abgeklungen ist und Marla von sich aus spricht.

„Tut mir leid, ich verstehe nicht, wie das passieren konnte", sagt sie, nachdem sie sich die Nase geputzt hat.

„Mir tut es leid. Meine Mitarbeitenden hätten besser auf Sie achtgeben sollen. Schmerzt Ihre Wunde sehr, oder tut Ihnen noch etwas anderes weh?"

„Ich habe ein bisschen Kopfschmerzen, ansonsten fühle ich mich okay."

„Wir werden das im Auge behalten und Sie bei Verdacht auf Gehirnerschütterung ins Krankenhaus bringen."

„Ich glaube, eine Schmerztablette reicht erst mal. Amy hat mir welche hiergelassen. Es war wohl eher der Schreck."

„Das kann gut sein. Können Sie schildern, was passiert ist?"

„Ich erinnere mich, dass ich gut einschlafen konnte, nachdem ich ein bisschen gelesen hatte. Das müsste kurz nach Mitternacht gewesen sein. Dann kam der Traum. Aber irgendwie … viel intensiver und schlimmer als sonst. Ich hatte Todesangst und Schmerzen in der Brust. Richtige Schmerzen! Wie immer habe ich versucht, zu fliehen und zu schreien, doch nichts davon hat funktioniert. Und diesmal … hat er mich erwischt."

„Der Verfolger?"

„Ja. Ich konnte seine Berührung zwischen den Schulterblättern spüren. Es war, als hätte mir jemand eine brennende Fackel an die Haut gehalten. Dann hat er mich gestoßen, hinunter in das schwarze Loch. Irgendwo in der Tiefe bin ich aufgeprallt – und hier auf dem Fußboden aufgewacht."

Amal Jaziri drückt sanft ihre Schultern. Eigentlich müsste die Wissenschaftlerin professionelle Distanz wahren.

„Es kommt durchaus vor, dass man in Träumen auch Sinneswahrnehmungen hat. Die Schmerzen können Ihren Körper nicht schädigen, trotzdem ist das sehr unangenehm. Sie sagen, in dieser Intensität haben Sie den Albtraum noch nie durchlebt?"

„Nein. Es war unglaublich … real. Gefühlt hatte ich noch Minuten nach dem Aufwachen Angst und Herzklopfen. Obwohl ich ja wusste, dass ich wach bin und Ihre Mitarbeitenden bei mir waren."

„Das ist in der Tat eine sehr starke Ausprägung. Und eine beunruhigende Entwicklung. Es könnte mit der ungewohnten Umgebung im Zusammenhang stehen. Oder dass Sie nicht gewohnt sind, allein zu schlafen."

„Da mein Verlobter oft auf Geschäftsreise ist, schlafe ich immer mal wieder allein. In den Situationen habe ich weder häufiger noch schlimmer geträumt. Könnte es denn sein, dass … dass die Maschine meine Träume irgendwie beeinflusst hat?"

„Diese Angst kann ich Ihnen nehmen. Es handelt sich hierbei um ein reines Mess- und Analysetool. Der fMRT ist nicht in der Lage, Signale oder Ähnliches an Ihr Gehirn abzugeben. Ganz platt ausgedrückt, er kann lesen, aber nicht schreiben."

„Okay, das beruhigt mich."

„Wenn Sie einverstanden sind, werde ich mir in der Zentrale die Aufzeichnung des Vorfalls anschauen und überprüfen, ob der Tomograf genug Daten über Ihren Traum sammeln konnte. Vielleicht sind Sie nach dieser Nacht bereits erlöst."

„Das wäre gut."

„Ich schicke gleich jemanden vorbei, um die Kopfspule an Ihrem Bett zu säubern. Macht es Ihnen etwas aus, solange im Sessel sitzen zu bleiben?"

„Nein, gar nicht. Vielen Dank."

*

„Das ist die Aufnahme des Zwischenfalls. Es hat sich alles innerhalb weniger Sekunden abgespielt", sagt Amy und öffnet die Videodatei. Mit gerunzelter Stirn steht Amal vor dem Bildschirm.

Marla Sternbergs Gesicht ist zu sehen, schlafend und entspannt. Keine Regung zeigt sich. Plötzlich reißt sie Augen und Mund auf, bäumt sich auf und schlägt mit der Stirn gegen das Glas des Tomografen. Das Bild färbt sich blutrot, und schemenhaft ist zu erkennen, dass sie nach unten aus dem Aufnahmebereich der Kamera rutscht.

„Das war's. Höchstens drei oder vier Sekunden. Ausgerechnet in der Zeit hatte ich mich kurz weggedreht. Danach sind wir sofort zu ihr ins Zimmer."

Amal Jaziri nickt stumm und schaut sich die kurze Szene noch einmal an.

„Wie im Horrorfilm", meint Maurice, der schräg hinter ihr steht.

„Ungewöhnlich, dass sie aus dem Bett gefallen ist", murmelt Amal. „Was ist mit dem Scan? Hat er den ganzen Traum aufgenommen?"

„Soweit wir das momentan einschätzen können, fehlt die letzte Traumsequenz. Die heftige Kopfbewegung war wohl doch zu viel für den fMRT", antwortet Amy.

„Mist. Wäre zu schön gewesen, wenn wir die Sache hätten abschließen können."

„Meinst du, sie würde noch eine Nacht hier verbringen, Amal?"

„Selbst wenn sie zustimmt, so etwas darf auch in unserem eigenen Interesse nicht noch einmal passieren. Wenn öffentlich wird, dass man sich bei einer neuronalen Traumanalyse Verletzungen zuziehen kann, bekommen wir ein enormes Imageproblem. Das wäre gerade in der jetzigen Phase fatal, da wir für die Weiterentwicklung der Technologie auf Forschungsgelder angewiesen sind."

„Was schlägst du vor?", fragt Maurice.

„Die einzige Möglichkeit, die ich sehe, um Selbstverletzungen garantiert zu vermeiden, ist eine Fixierung. Aber ich bezweifle, dass sich Frau Sternberg darauf einlassen wird. Wenn feststeht, dass der Scan tatsächlich nicht alles erfasst hat, rede ich mit ihr."

LIZ' TAGEBUCH, *22. September 2012*

Meine Mitbewohnerin hat mir eröffnet, dass sie aus der Wohnung ausziehen muss und vorsichtshalber schon mal gekündigt hat. Es wäre alles sehr schnell gegangen, deshalb hätte sie mich nicht früher in Kenntnis setzen können. Danke auch. Für mich als Untermieterin bedeutet das nämlich, dass ich automatisch mit ausziehen muss. Und finde bei den Mietpreissteigerungen mal ein bezahlbares Zimmer!

Daraufhin hat mir Chest ein Angebot gemacht, das wirklich süß ist und mit dem ich insgeheim schon gerechnet hatte. Ich kann bei ihm einziehen, wenn ich will. Ohne jede Verpflichtung. Dann hätte ich Zeit und Ruhe, etwas Neues zu suchen. Oder bei ihm wohnen zu bleiben, wenn uns beiden das gefällt.

Klar will ich. Wir verbringen ja sowieso jede freie Minute miteinander. Die paar Male, in denen wir Meinungsverschiedenheiten hatten, kann man an einer Hand abzählen. Ein gemeinsamer Alltag könnte tatsächlich gut funktionieren und wäre emotional gesehen der Wahnsinn.

Trotzdem ist da diese kleine warnende Stimme in mir drin. Wollte ich mir nicht meine Freiheit bewahren, bis ich das gefunden habe, was ich tun möchte? Gehen wir uns in einer Zweizimmerwohnung nicht zwangsläufig irgendwann auf die Nerven? Sind drei Monate Beziehung genug, um solch eine Entscheidung zu treffen?

Aber dann sehe ich Chest an und spüre diese tiefe Verbundenheit. Als würden wir uns schon ewig kennen. Und zugleich diese unbändige Leidenschaft. Als hätten wir uns erst gestern kennengelernt. Vielleicht sollte man einfach mutig sein und die Bedenken über Bord werfen.

Wie er selbst sagt: Es steht mir ja jederzeit offen, etwas Neues zu suchen. Oder wir schauen uns irgendwann gemeinsam nach einer größeren Wohnung um. Wer weiß?

Kapitel 7

„Was heißt Fixierung denn konkret? Mir schießen direkt gruselige Filmszenen zwielichtiger Irrenanstalten durch den Kopf."

„Die dort in der Regel maßlos übertrieben sind und Handlungen zeigen, die gegen den Willen der Betroffenen geschehen."

Dr. Jaziri sitzt Marla gegenüber und erläutert ihr die Situation. Marla hat sich wieder gefangen und hockt mit übereinandergeschlagenen Beinen im Sessel. Von dem Zwischenfall ist bloß ein Pflaster auf der Stirn geblieben. Die Prellung am Knie ist glücklicherweise harmlos.

„Fixierungen sind nur zulässig, wenn eine akute Verletzungsgefahr vorliegt und es keine Alternativen gibt. Damit Sie nicht aus dem Bett herausfallen, können wir seitliche Begrenzungen anbringen. Die haben wir da. Sorgen bereitet mir, dass sich Ihr Oberkörper aufgebäumt hat. Bett und Tomograf sind eine Einheit, wir haben keinen großen Spielraum, an der Kopfspule etwas zu verändern. Ich möchte auf jeden Fall verhindern, dass Sie sich noch einmal verletzen. Das muss nicht passieren, aber allein das Risiko ist mir zu groß."

„Sie würden also empfehlen, meinen Oberkörper zu fixieren."

„Dafür hätten wir Möglichkeiten. Natürlich nur, wenn Sie einverstanden sind. Wir würden Sie keine Sekunde aus den Augen lassen und sofort einschreiten, wenn Sie uns über die Kamera ein Zeichen geben. Oder wenn wir während Ihres Schlafs das Gefühl haben, dass Sie sich unwohl fühlen."

„Ich müsste die ganze Zeit auf dem Rücken liegen, was mir als Rückenschläferin nicht so viel ausmacht. Trotzdem ist es unbequem."

„Sobald wir den Traum komplett gescannt haben, würden wir Sie sofort von dem Gurt befreien. Ich könnte aber verstehen, wenn Sie diese Maßnahme ablehnen und das Ganze an dieser Stelle abbrechen möchten."

„Dann hätten wir einen unvollständigen Traum."

„Auf dessen Grundlage man sicherlich auch eine Analyse durchführen könnte. Das Ergebnis könnte nur etwas unpräziser sein."

Nachdenklich betrachtet Marla die Wissenschaftlerin. Aus unerfindlichen Gründen macht Dr. Jaziri der Blick nervös. Wahrscheinlich die ungewohnten Komplikationen, beruhigt sich Marla.

„Sie können auch erst mit Ihrem Verlobten darüber sprechen oder sich ein paar Tage Auszeit nehmen."

„Nein, Tinus ziehe ich da lieber nicht mit hinein", erwidert Marla prompt. „Er sorgt sich sowieso schon so viel, das würde ihn bloß noch mehr aufregen. Wissen Sie was? Wir ziehen das durch. Ich bin nicht hier, um auf halber Strecke aufzugeben, zumal ich nach der krassen Traumerfahrung heute Nacht auf jeden Fall eine wirkungsvolle Lösung brauche. Sonst bin ich bald ein psychisches Wrack."

Dr. Jaziri nickt. „Gut, ziehen wir's durch. Ich würde Sie für den Rest der Nacht in einem normalen Bett schlafen lassen und morgen einen neuen Versuch starten. Einverstanden?"

„Einverstanden. Erfahrungsgemäß kommt der Traum sowieso nicht zweimal innerhalb einer Nacht. Falls ich jetzt überhaupt noch schlafen kann."

*

Tatsächlich findet Marla Sternberg in dieser Nacht ein wenig Schlaf, der gänzlich störungsfrei verläuft. Dafür wälzt sich Amal Jaziri hin und her. Um schnell reagieren zu können, hat sie sich im Nebenzimmer auf die Pritsche gelegt, auf der Mitarbeitende des Instituts in der Pause ein Nickerchen halten können.

Die geradezu filmreife Szene schießt ihr immer wieder durch den Kopf: das Hochschnellen, die aufgerissenen Augen, der zum stummen Schrei geöffnete Mund, das Blut. Ob die Patientin laut geschrien hat? Amy und Maurice hätten es eigentlich hören müssen. Der Ausdruck Horror trifft die Szene in der Tat gut.

Ob es besser gewesen wäre, die Analyse an dieser Stelle abzubrechen? Wer weiß, welche Probleme der zweite Versuch bringen wird? Schlechte Publicity könnte das ganze Projekt gefährden.

Bleib cool, weist sie sich zurecht. Bislang hat sie schließlich alle Probleme in den Griff bekommen. Und das waren nicht wenige bei solch einem anspruchsvollen und progressiven Vorhaben. Manchmal hat sie das Gefühl, auf einem Pulverfass zu sitzen. Wenn die Öffentlichkeit in aller Ausführlichkeit wüsste, woran sie forschen, wäre ein Aufschrei vorprogrammiert.

Mit Bedenkenträgern konnte sie noch nie viel anfangen. Bedenken hätten sie im Leben nicht weit gebracht. Lieber einfach machen. Am besten auf die eigene Art. In dieser Gewissheit schläft sie schließlich ein.

„Sind Sie bereit?“, fragt Amal Jaziri.

„Ja.“

Marla Sternberg liegt auf dem Bett, an dem Amal und Amy einen Gurt befestigt haben, der zur Fixierung des Torsos und der Schultern dient. Maurice hat Amal freigegeben, sie springt heute für ihn ein.

„Ich ziehe den Gurt jetzt vorsichtig fest“, erklärt sie. „Sie sagen stopp, wenn Sie etwas stört.“

Die Patientin nickt.

Die Gurte sind weich und vermitteln in der Regel auf seltsame Weise Geborgenheit. Nur auf die Seite drehen kann sich Marla Sternberg jetzt nicht.

„Drückt es irgendwo?“, fragt Amal.

„Nein, alles bestens. Sogar meine Oberweite hat noch Spielraum.“ Marla Sternberg versucht ein Grinsen.

Sie lächelt zurück. „Wie gesagt, wir sind nebenan und haben Sie die ganze Zeit im Blick. Sie brauchen bloß mit den Augen zu zwinkern, und wir sind sofort bei Ihnen. Alternativ dürfen Sie uns die Zunge rausstrecken.“

„Alles klar. Darauf werde ich vielleicht zurückkommen.“

„Dann lassen wir Sie jetzt allein. Schlafen Sie gut, Frau Sternberg!“

„Danke.“

„Meinst du, das wird gut gehen?“, fragt Amy leise auf dem Weg zur Zentrale.

„Natürlich. Bisher ist immer alles gut gegangen.“

Zurück am Bildschirm, lässt Amal ihre Patientin keinen Moment aus den Augen. Eine Arbeit, die sie sonst lieber ihren Mitarbeitenden überlässt, da sie höchste Konzentration erfordert, aber auch höchst langweilig ist, was sie diesmal nicht so empfindet. Zum einen sitzt ihr immer noch der Schreck von gestern Nacht im Nacken. Zum anderen ermöglicht es Amal, ungestört und unbeobachtet Marla Sternbergs Züge zu betrachten. Und das fällt ihr alles andere als schwer.

Die Auflösung der Kamera ist hervorragend. Sie erkennt jedes Detail in dem schlafenden Gesicht: die feinen Linien in ihren Augenwinkeln, den fast unsichtbaren Flaum auf ihren Wangen, die sanft geschwungenen Lippen. Keine Frage, Marla Sternberg ist attraktiv. Auf ihre Weise. Und faszinierend. Amal kann es nicht in Worte fassen, doch irgendetwas reizt sie an diesem Gesicht. Vergiss es, weist sie sich in Gedanken zurecht.

„Möchtest du einen Kaffee?“, fragt Amy.

„Nein danke. Aber du könntest mir ein paar Kekse mitbringen.“

„Alles klar.“

„Stopp!“, ruft Amal unvermittelt, und Amy fährt herum. „Es tut sich was.“

Mit angehaltenem Atem starren sie auf den Bildschirm. Marla Sternbergs Augen beginnen sich unter den geschlossenen

Lidern hin und her zu bewegen. Rapid Eye Movement – typisch für die Traumphase, die deshalb auch als REM-Phase bezeichnet wird. Zusätzlich steigt ihr Blutdruck, ebenfalls ein untrügliches Zeichen.

„Ich gehe zu ihr", sagt Amal. „Du bleibst hier und funkst mich sofort an, wenn ihr Puls zu stark wird."

„Mache ich."

Amal rennt geradezu ins Schlaflabor. Hoffentlich ist sie nicht zu spät. Als sie atemlos an das Bett gelangt, hat sich Marla Sternbergs Zustand nicht wesentlich verändert. So leise wie möglich nimmt sich Amal einen Stuhl und setzt sich neben das Kopfende.

Aufmerksam, geradezu aufgeregt betrachtet sie ihre schlafende Patientin. Woher kommt bloß diese Nervosität? Sie hat schon ganz andere Situationen erlebt und gelassen gemeistert. Die Hände der Frau zucken, und Amal gerät kurz in Versuchung, danach zu greifen. Bleib ruhig, ermahnt sie sich.

Dann reißt Marla Sternberg plötzlich den Kopf hoch und die Augen auf.

„Verschwinde, verschwinde!", brüllt sie klar und deutlich.

Amal macht einen Satz nach hinten und kann geistesgegenwärtig den Stuhl auffangen, der sonst polternd zu Boden gefallen wäre.

Marla Sternbergs Stimme wird immer panischer. „Lass mich! Fass mich nicht an! Bitte … neeein!"

Ein markerschütternder Schrei dringt aus ihrem Mund, der Amal das Blut in den Adern gefrieren lässt. Es muss furchtbar sein, was ihre Patientin gerade durchlebt. Wie kann ein Traum solch eine Todesangst auslösen?

Im nächsten Augenblick sackt Marla Sternbergs Körper zusammen, und ihr Kopf fällt zur Seite. Mit einem Sprung ist Amal bei ihr und löst mit zittrigen Fingern den Gurt.

Contenance, verdammt noch mal!

Sie nimmt das schweißnasse Gesicht der Frau in die Hände und drückt sie reflexartig an sich.

„Ist ja gut, ist ja gut", flüstert sie, wohl mehr, um sich selbst zu beruhigen. Das Herz schlägt ihr bis zum Hals, und Amal hat das Gefühl, von Erinnerungen überwältigt zu werden.

Bilderfetzen, die sie eigentlich tief in sich begraben hatte. Ihre Eltern bei einer Autofahrt – fröhlich und singend. Ihr Bruder, der sie breit anlacht. Sie will nach seiner Hand greifen, aber er entfernt sich von ihr. Alle sind auf einmal weit weg und wie durch einen undurchdringbaren Schleier von ihr getrennt. Sie sieht es kommen und kann es dennoch nicht verhindern.

Reiß dich zusammen, sagt sich Amal und wischt sich eine Träne von der Wange.

In dem Moment schlägt Marla Sternberg die Augen auf.

LIZ' TAGEBUCH, *29. Oktober 2012*

Ich bin eingezogen. Kurz vor Semesterbeginn. Gut, dass ich mich getraut habe, es war die absolut richtige Entscheidung. Obwohl die Wohnung zu zweit ein bisschen eng ist, verstehen wir uns hervorragend. Chest hatte alles so schön vorbereitet. Die Hälfte des Kleider- und Badezimmerschranks leer geräumt, ein weiteres Regal aufgebaut, sogar einen Schreibtisch hat er auf die Schnelle aufgetrieben.

Ein Rundum-sorglos-Paket sozusagen. Ich konnte also von der einen möblierten Wohnung in die andere ziehen, was mir fast etwas unangenehm war. Aber er war so glücklich – und ich auch! Sogar das Schlafen auf dem 1,20-Meter-Bett funktioniert problemlos.

Wobei ich mich an seine ausgeprägte Ordnungsliebe erst gewöhnen muss. Er hat einen Schrank, in dem die Schuhe nach Jahreszeiten und Anlässen geordnet sind. Wer hat denn so was mit Mitte zwanzig? Chest war ein bisschen irritiert, als ich lachen musste und ihn gefragt habe, wo ich denn meine Treter in dem System unterbringen könnte.

Außerdem hat es mich Arbeit gekostet, ihn zu einer Einweihungsparty zu überreden. Obwohl er gern unter Leuten ist, hat er nur ungern welche in seinen eigenen vier Wänden. Warum auch immer. Doch zu einem Einzug gehört eine Party, also haben wir gefeiert. Natürlich erst nachdem wir akribisch das Büfett durchgeplant hatten. Chest halt.

Der Abend war super, die Wohnung ist aus allen Nähten geplatzt. Ob man immer noch so viele Leute kennt, wenn man erst mal arbeitet? Vielleicht ist die Zeit dafür gar nicht mehr da. Jedenfalls war unsere liebevoll kreierte Tapasplatte innerhalb von einer Stunde aufgegessen, und irgendjemand musste Biernachschub holen. Dann ist auch noch der Badezimmerschrank umgekippt, was Chest ein paar Schweißperlen auf die Stirn getrieben hat. Sprich, es war eine richtig gelungene Party.

Kapitel 8

Die Tür fällt ins Schloss, und Marla hört, wie Tinus Jacke und Schuhe auszieht. Der Neubau, in den sie vor ein paar Jahren eingezogen sind, ist relativ schalldurchlässig. Da die Nachbarn friedlich sind und das Mehrfamilienhaus in einer verkehrsberuhigten Seitenstraße des lebendigen Stadtviertels liegt, stört sie das jedoch nicht.

„Sternchen, ich bin da!", ruft er.

Marla steht vom Sofa auf, steigt in ihre Pantoffeln und läuft in den Flur. Sie springt Tinus in die Arme, der sie küsst und kurz hochhebt.

„Warum hast du mir nicht früher Bescheid gesagt? Dann hätte ich dich aus dem Institut abgeholt."

„Dann hättest du ja deine Arbeit unterbrechen müssen, das wollte ich nicht. Die paar Klamotten konnte ich auch gut in der Bahn transportieren."

„Was hast du denn da an der Stirn?" Tinus' Brauen ziehen sich zusammen, als er die Kruste inspiziert. „Hast du dich verletzt? Wie ist das denn passiert? Und wieso weiß ich nichts davon?"

„Alles gut. Das ist bloß eine kleine Beule. Ich habe mich im Bad gestoßen", lügt sie.

„Im Bad?“

„Na ja, als ich mir das Gesicht gewaschen habe. Ich habe hinter mir ein Geräusch gehört und bin herumgefahren. Dabei habe ich mich ganz blöd am Wasserhahn gestoßen.“

Tinus blickt Marla ungläubig an.

„Ganz schön ungeschickt, oder? War aber nur eine oberflächliche Wunde, die schnell versorgt werden konnte. Es erschien mir nicht wichtig genug, um es dir zu erzählen.“

Marla hatte sich diese Geschichte zurechtgelegt, um weitere Aufregung zu vermeiden. Wenn Tinus die Wahrheit erfahren hätte, würde er womöglich umgehend im Institut anrufen und sich beschweren.

„Natürlich ist das wichtig genug, um es mir zu erzählen. Und wie ein oberflächlicher Kratzer sieht das nicht gerade aus. Du hast eine richtige Beule an der Stirn.“

„Vielleicht kommt jetzt mein wahres Ich zum Vorschein: das letzte Einhorn“, versucht Marla zu scherzen.

Tinus' grummeliger Gesichtsausdruck verwandelt sich in ein Grinsen.

„Du bist ein Biest“, sagt er und zieht sie an sich. „Das nächste Mal rufst du sofort an, wenn dir etwas passiert.“

Marla lacht und drückt ihm erleichtert einen Kuss auf den Mund. Danach berichtet sie ihm ausführlich von den Erlebnissen der letzten zwei Tage. Den Vorfall in der ersten Nacht und die Fixierung in der zweiten verschweigt sie. Was zählt, ist schließlich das Ergebnis.

„Das heißt, sie haben den vollständigen Traum dokumentiert und somit alles, was sie für die Analyse brauchen.“

„Genau. Anfang nächster Woche habe ich einen Termin, an dem mir Amal ... Dr. Jaziri die Ergebnisse präsentieren wird.“

„Soll ich dich abholen? Mitkommen darf ich ja nicht, hat die Tante gesagt."

„Der Termin ist am frühen Nachmittag, da arbeitest du noch."

„Ich könnte mir freinehmen."

„Ach, das geht schon", beeilt sie sich zu sagen. „Ich werde dir abends alles haarklein berichten."

Die Antwort scheint Tinus nicht zufriedenzustellen, er nickt trotzdem.

„Hast du Hunger?", fragt Marla.

„Noch nicht. Vielleicht in einer Stunde. Was ist mit dir?"

„Ich denke auch, dass ich so in einer Stunde Hunger haben werde."

„Und was machen wir bis dahin?"

„Ich hätte da eine Idee." Sie grinst.

Tinus hebt sie hoch und trägt sie aufs Sofa. Albträume, Platzwunden und Fixiergurte sind erst einmal vergessen. Nur eines kann Marla nicht ausblenden: ein tränennasses Gesicht, das sich an ihre Wange presst. Was hat das zu bedeuten?

*

Als Amal Jaziri die Zentrale betritt, stehen Amy und Maurice vor einem der beiden Bildschirme. Unbemerkt nähert sie sich von hinten und blickt ihnen über die Schulter. Eine Videoaufzeichnung wird abgespielt – von gestern Nacht.

Amal erkennt Marla Sternbergs Kopf, der unruhig hin und her schlägt. Dann der Aufschrei, die aufgerissenen Augen, und im nächsten Moment erscheint sie selbst im Bild. Öffnet mit fahrigen Fingern den Brustgurt, beugt sich über die Patientin und presst deren Oberkörper an sich. Die Aufnahme ist ohne Ton, aber sie kann deutlich ihre Mundbewegungen sehen und die Tränen auf ihren Wangen.

„Oha", sagt Maurice. Was sich schnell in ein hastiges „Oh, Entschuldigung!" ändert, als er sie bemerkt.

Amy fährt ebenfalls herum und sieht Amal schuldbewusst an. „Tut mir leid, ich wollte bloß …"

„Lösch die Aufzeichnung!", unterbricht Amal sie mit scharfer Stimme. „Sie ist für unsere Analyse irrelevant."

„Ja, sofort. Entschuldige bitte."

Ohne ein weiteres Wort zu verlieren, verlässt Amal den Raum. Beruhige dich, sagt sie sich. So ein Gefühlsausbruch darf dir nicht noch einmal passieren. Das kannst du dir nicht erlauben.

*

Beim Termin am Montag sind sie beide angespannt – Marla und Dr. Jaziri.

Die Wissenschaftlerin reicht ihr steif die Hand und führt sie in das Besprechungszimmer. „Wie fühlen Sie sich heute, Frau Sternberg?"

„Waren wir nicht schon beim Du?", versucht Marla, die Stimmung aufzulockern. Als Amal Jaziri nicht darauf eingeht, fügt sie hastig hinzu: „So weit, so gut, vielen Dank. Ich bin das komplette Wochenende von dem Albtraum verschont geblieben. Allerdings habe ich nur wenig geschlafen, da ich ständig Angst davor hatte, dass er mich heimsucht."

„Das ist doch erst einmal eine gute Nachricht. Dann scheint sich die Situation zumindest nicht wesentlich verschlechtert zu haben. Und das mit der Angst bekommen Sie auch noch in den Griff. Unsere Auswertung wird Ihnen dabei helfen."

„Ich bin schon sehr gespannt."

Die Wissenschaftlerin zieht ihr Tablet hervor und tippt darauf herum. Marla beobachtet sie mit wachsender Nervosität. Was sie wohl erwartet?

„Ich zeige Ihnen jetzt die Filmsequenz, die unser Programm aus den Signalen, die es während Ihres Traums empfangen hat, rekonstruieren konnte. Wie im Eingangsgespräch erläutert, hat es hierfür auf unzählige Daten aus dem Internet zurückgegriffen. Erschrecken Sie sich nicht, wenn die Szene Ihrem Traum stark ähnelt. Für unseren Zweck ist das ein gutes Zeichen." Als sie Marlas angespanntes Gesicht bemerkt, lächelt sie beruhigend. „Es sind nur Bilder, die Ihnen nichts tun können. Sind Sie bereit?"

Marla atmet tief durch und nickt. Dr. Jaziri drückt den Play-Button, und sofort sind sie mitten im Geschehen. Vor ihnen eröffnet sich ein dunkler, verlassener Pfad. Das Bild hat die Farbe und Qualität eines schlecht colorierten Stummfilms und wackelt unruhig hin und her.

Marla erkennt sofort, dass die Kamera ihre eigene Perspektive wiedergibt. Das ist logisch, schließlich kann das Programm bloß das aufzeichnen, was sie selbst sieht. Der Blick schwenkt auf ihre Füße, die rennen, sich aber nicht von der Stelle bewegen.

Schlagartig wechselt die Perspektive, und sie sieht sich von hinten. Panisch flüchtend und kaum einen Meter entfernt. Marla stehen die Haare zu Berge. Keine Frage, das ist die Sicht des Verfolgers. Daran kann sie sich gar nicht erinnern.

Im nächsten Moment wechselt die Perspektive wieder, und wo eben noch der Pfad war, öffnet sich jetzt ein großes schwarzes Loch. Mit rudernden Armen versucht Marla zu stoppen, schafft es jedoch nicht. Sie stürzt in den finsteren Schlund. An dieser Stelle endet der Film.

Marla stiert vor sich hin.

Dr. Jaziri lässt ihr Zeit, bevor sie fragt: „Was empfinden Sie, wenn Sie diese Bilder sehen?"

Marla schluckt und überlegt. „Einerseits finde ich es gruselig, geradezu beängstigend, wie sehr die Szene meinem Albtraum ähnelt. Als hätte mir jemand eine Kamera auf den Kopf geschnallt. Andererseits wirkt es regelrecht banal, weil die Bilder aus dem Kontext gerissen sind. Ohne die Geräusche, die Todesangst und die Schmerzen. Das Ganze wirkt wie eine Verfolgungsszene in einem Film aus den Fünfzigerjahren. Darf ich sie noch einmal sehen?"

Amal Jaziri spielt die Szene erneut ab, und Marlas Gefühl verfestigt sich, sie bereits unzählige Male erlebt zu haben. Nur ein Detail passt nicht hinein.

„Das Einzige, was mich irritiert, ist der Perspektivwechsel. An den kann ich mich nicht erinnern. Unheimlich. Als hätte sich der Verfolger in mein Gedächtnis gehackt."

„Es ist möglich, dass Sie sich während Ihres Traums für einen winzigen Moment in die Perspektive Ihres Verfolgers versetzt haben. Vielleicht können Sie sich nur nicht daran erinnern. Sie wissen ja, dass man bereits kurz nach dem Aufwachen viele Details vergessen hat."

„Hm, okay."

„Möchten Sie wissen, wie das Programm Ihren Traum deuten würde?"

„Natürlich. Lassen Sie mich raten: Ich bin den Verpflichtungen meines Alltags nicht gewachsen und will ihnen entfliehen. Alternativ: Ich trete beruflich und/oder privat auf der Stelle, kann mich aber nicht aus meiner Situation befreien."

„Ich merke, Sie haben bereits einige Deutungsversuche hinter sich."

„Wir haben bei meiner Psychotherapie mehrere Sitzungen lang praktisch nichts anderes besprochen."

„Verstehe. Unser Programm wird sehr viel deutlicher. Es kommt zu der Schlussfolgerung, dass Sie das Gefühl haben, von einer Ihnen bekannten Person existenziell bedroht zu werden. Es handelt sich der Analyse nach um extreme Angstzustände, die vermutlich auf einen konkreten Auslöser zurückzuführen sind. Dabei kann es sich entweder um ein reales Erlebnis handeln oder um einen fiktiven Verdacht."

„Das kann ich überhaupt nicht nachvollziehen. Wer soll das sein? Im Gegenteil, ich habe fast ausschließlich angenehme Menschen in meinem Umfeld, denen ich absolut vertraue."

„Die Angst muss Ihnen nicht unbedingt bewusst sein. Es ist möglich, dass Sie diese tagsüber sehr erfolgreich verdrängen. Dafür bricht sie nachts in Form von Albträumen umso heftiger hervor. Der Traum dient als Ventil."

„Ich habe trotzdem nicht den blassesten Schimmer, um wen es sich handeln könnte."

„Es kann sein, dass es sich um eine Person aus Ihrer Vergangenheit handelt, die Sie wortwörtlich nicht loslässt. Eine schlimme Erfahrung, die Ihnen wieder in Erinnerung gekommen ist. Oder eine Situation, die längst verdrängte Angstgefühle getriggert hat."

„Also ein Trauma?"

„Ja, es könnte eine Anpassungsstörung vorliegen. Das ist die mildere Variante einer posttraumatischen Belastungsstörung. Es ist auch möglich, dass Sie sich aktuell tatsächlich einer echten Gefahr ausgesetzt fühlen. Die Psyche unterscheidet im Traum nicht zwischen diesen beiden Zuständen."

„Also wieder in der Vergangenheit wühlen." Marla seufzt. „Dabei dürften wir mittlerweile alles durchhaben."

„Die Behandlungsempfehlungen nimmt Ihre Psychotherapeutin vor. Wir liefern lediglich die Grundlage dafür."

„Kriegt Frau Selinger das alles schriftlich?"

„Sie und Ihre Psychotherapeutin erhalten von uns selbstverständlich eine ausführliche und fundierte Version dessen, was ich Ihnen gerade in wenigen Sätzen zusammengefasst habe."

„Also eine Diagnose auf Basis einer neuronalen Traumanalyse."

„Richtig."

„Darf ich Sie noch etwas fragen?"

„Selbstverständlich."

„Würden Sie mit mir ausgehen?"

LIZ' TAGEBUCH, *17. November 2012*

Chest und ich hatten zum ersten Mal Streit. Und mit Streit meine ich nicht die kleinen Meinungsverschiedenheiten, die man hin und wieder so hat. Er ist richtig laut und wütend geworden, wie ich ihn gar nicht kenne. Dabei ging es in meinen Augen nur um eine Lappalie. Ich bin über Nacht bei einer Kommilitonin geblieben, ohne ihm Bescheid zu sagen.

Nach der Uni haben wir zusammen für eine Klausur gelernt, und irgendwann wurde es so spät, dass sich eine Heimfahrt nicht mehr gelohnt hätte. Also habe ich in ihrer WG auf dem Sofa übernachtet. Blöderweise war der Akku meines Handys leer, ich konnte Chest also nicht informieren. Na gut, ich hätte ihm eine E-Mail über den Laptop schicken können, aber irgendwie habe ich nicht daran gedacht.

Das war sicherlich nicht ideal, bloß dass er sich so aufregen würde? Er hat einen regelrechten Tobsuchtsanfall bekommen und betont, wie sehr er sich gesorgt hat. Ich habe ihn gefragt, was denn in unserer beschaulichen Stadt passieren soll. Ganz davon abgesehen, dass ich vor unserer Beziehung häufig irgendwo übernachtet habe, ohne dass jemand davon wusste.

Er meinte, das ist etwas anderes, weil wir ja damals noch nicht zusammengewohnt haben. Tatsächlich? Bin ich ihm Rechenschaft schuldig, wo ich mich aufhalte, nur weil wir dasselbe Bett teilen?

Da ich keinen weiteren Ärger wollte, habe ich ihm das nicht gesagt. Letztendlich hat er es ja gut gemeint, obwohl seine Reaktion maßlos übertrieben war. Schließlich ist sie ein Zeichen dafür, wie sehr er mich liebt, oder? Irgendwie ein bisschen süß. Wenn ich mir überlege, wie gleichgültig es meinem Ex-Freund war, was ich treibe, wenn wir gerade nicht miteinander geschlafen haben.

Ab sofort achte ich darauf, Chest Bescheid zu sagen, falls es später wird. Und der Streit war so schnell wieder vorbei, wie er begonnen hatte. Ich glaube, ihm war sein Wutausbruch im Nachhinein unangenehm. Auch wenn er es nicht gesagt hat.

Kapitel 9

„Das hast du sie wirklich gefragt?" Minou schlägt die Hände zusammen und kriegt einen Lachanfall.

„Ich weiß nicht, was in dem Moment in mich gefahren ist. Vielleicht weil sie die ganze Zeit so übertrieben förmlich war."

„Für solche Aktionen bin ich doch sonst zuständig", prustet Marlas Freundin.

„Das war unglaublich peinlich."

„Und wie hat sie reagiert?"

„Total entgeistert. Ihr ist praktisch alles aus dem Gesicht gefallen. Ich habe mich sofort entschuldigt."

„Bist du zurückgerudert?"

„Was denn sonst? Ich habe irgendwas von psychischer Belastung gefaselt und so. Megapeinlich."

„Hat sie denn irgendetwas dazu gesagt?"

„Sie meinte, dass sie solch ein Angebot gar nicht annehmen darf, weil ich ihre Patientin bin."

„Das war kein klares Nein."

„Das war ein diplomatisches Nein. Und ich hatte ja nie vor, mit ihr auszugehen. Ich bin verlobt. Glücklich verlobt. Aber die Frage war schneller ausgesprochen, als ich sie denken konnte."

„Du bist niedlich." Minou wischt sich die Lachtränen aus den Augen. „Ist sie attraktiv?"

„Ziemlich."

„Na, siehst du, dann war der Gedanke wahrscheinlich schon irgendwo in deinem Kopf."

„Vielleicht habe ich ihn ja geträumt. Das macht mich alles noch wahnsinnig."

Marla seufzt. Es tut gut, sich ihrer Freundin anvertrauen zu können. Sie haben sich zu einem Spaziergang durch den Park verabredet, der momentan in voller Kirschblüte erstrahlt. Die warmen Sonnenstrahlen kitzeln auf der Haut.

„Was hält Tinus von der Diagnose?"

„Nicht sonderlich viel. Er meinte, so etwas könnte man mit zwei, drei Google-Anfragen herausfinden. Er hatte sich konkretere Ergebnisse versprochen."

„Na ja, die Aussage, dass du dich in einer Bedrohungslage befindest, halte ich schon für ziemlich konkret."

„Es könnte sich um eine eingebildete Bedrohung handeln. Oder um ein traumatisches Erlebnis in meiner Vergangenheit, das gerade hochkommt. Also irgendwie wieder alles oder nichts, zumal ich weder für das eine noch für das andere eine Erklärung hätte."

„Hm. Wie geht's weiter?"

„Übermorgen habe ich einen Termin bei meiner Psychotherapeutin. Die wird es mir hoffentlich sagen."

„Vielleicht könntest du dir von der Traumanalystin die Diagnose noch mal genauer erklären lassen. Bei einem Drink in unserer Lieblingsbar."

„Du bist unverbesserlich!" Marla knufft ihre Freundin in die Seite und lacht.

Sie hakt sich bei ihr unter, und sie schlendern weiter durch den Park.

In der Therapiesitzung geht Kirsten Selinger die ausführliche Diagnose des fMRT durch. Dabei treten zwar ein paar weitere Details, aber keine gänzlich neuen Ergebnisse ans Licht.

„Es hilft nichts", sagt sie schließlich, „wir müssen noch mal zu dem Tag zurück, nach dem der Traum zum ersten Mal aufgetreten ist. Dort müsste der Auslöser zu finden sein. Dabei kann es sich um ein Erlebnis handeln, dem du in dem Augenblick nicht viel Bedeutung beigemessen hast. Oder eine Erinnerung, die plötzlich aufgetaucht ist."

„Das Problem ist, dass ich mich an den Tag gar nicht genau erinnern kann. Ich habe ja damals noch kein Traumtagebuch geführt, da ich davon ausgegangen bin, dass es sich bei dem Albtraum um eine einmalige Sache handelt."

„Bei unserer ersten Sitzung konntest du ihn zumindest ziemlich genau datieren. Es war der – Sekunde", Kirsten blättert in ihren Unterlagen, „17. Dezember."

„Das stimmt. Ich konnte das Datum deshalb rekonstruieren, weil Tinus und ich am Abend zuvor auf einer ziemlich wilden Geburtstagsparty gewesen sind. An den Tag selbst habe ich kaum Erinnerungen. Ich glaube, wir haben unseren Rausch ausgeschlafen und danach herumgegammelt."

„Gab es auf der Party einen Vorfall?"

„Nicht dass ich wüsste. Ich hatte relativ viel getrunken, was ich eher selten tue."

„Vielleicht ist dir jemand zu nahe gekommen? Oder du wurdest in ein Gespräch verwickelt, das dich beschäftigt hat?"

„Hm.“ Marla überlegt angestrengt. Nein, aufdringlich ist niemand geworden. Sie erinnert sich an ein paar Gespräche, die aufgrund des Alkohols und der Lautstärke kurz und oberflächlich waren. Die meisten ihrer Gäste dort kannte sie auch, bis auf … Moment! „Eine Sache fällt mir ein. Ich habe mich mit einer alten Studienfreundin von Tinus unterhalten. Sie sagte, sie ist froh, dass er wieder jemanden gefunden hat. Nach dem Vorfall mit seiner Ex-Frau ist es ihm richtig schlecht gegangen.“

„Das richtige Gesprächsthema für eine Party.“

„Sie wirkte angetrunken und schien allein dort zu sein. Vielleicht brauchte sie jemanden zum Reden. Egal, worüber.“ Marla zuckt mit den Schultern. „Jedenfalls war sie die ehemalige Mitbewohnerin von Yamira und hat miterlebt, wie sich die beiden im Lauf des Studiums kennen- und lieben gelernt haben. Sie erzählte, dass die zwei sich ganz oldschool Liebesbriefe geschrieben haben. Jede Woche mindestens einen. In dem Moment habe ich mich an eine Kiste erinnert, die bei uns im Keller steht. Ich hatte sie, als Tinus und ich zusammengezogen sind, versehentlich geöffnet, weil ich sie für einen meiner Kartons gehalten hatte. Sie war voller persönlicher Utensilien seiner Ex-Frau, darunter zahlreiche Briefe. Ich habe sie damals gleich wieder geschlossen.“

„Und wahrscheinlich nicht geschlossen gelassen?“

„Das Gespräch hat mir keine Ruhe gelassen. Am nächsten Tag bin ich unter einem Vorwand in den Keller und habe nach der Kiste gesucht. Ich weiß, dass das nicht richtig war, aber vielleicht verstehst du … Yamiras Tod lastet wie ein Schatten über unserer Beziehung. Kaum scheint alles perfekt zu sein, erwähnt wieder irgendjemand ihren Namen. Oder ich kann die Panik in Tinus' Augen sehen, nur weil ich mal eine Stunde später als vereinbart nach Hause komme und nicht ans Handy gegangen bin."

„Das verstehe ich."

„Er hatte die Kiste ziemlich gut vergraben, ich habe sie trotzdem gefunden. Kaum geöffnet, habe ich nach dem erstbesten Brief gegriffen, der mir in die Finger gefallen ist. Hätte ich das mal besser nicht getan. Er war … unglaublich traurig. Yamira hat über ihre innere Zerrissenheit geschrieben, wie sehr sie Tinus liebt und zugleich todunglücklich ist. Ich konnte ihn nicht zu Ende lesen und hatte ein wahnsinnig schlechtes Gewissen, meine Nase in diese intimen Details gesteckt zu haben. Seitdem habe ich die Kiste nie wieder angerührt. Und trotzdem das Gefühl, dass mich Yamiras Schatten auf Schritt und Tritt verfolgt." Marla schaut betreten zu Boden. Irgendetwas an der Maserung des Teppichs irritiert sie. Hat sie den schon mal irgendwo gesehen, oder bildet sie sich das ein?

Sie schweigen eine Weile.

„Du hast es eben selbst gesagt, Marla, der Schatten von Yamira, der dich auf Schritt und Tritt verfolgt", sagt Kirsten schließlich. „Genau der ist es. Genau der ist die Ursache deines Albtraums, der dich Nacht für Nacht um den Schlaf bringt."

„Meinst du?"

„Es spricht alles dafür. Natürlich kann von ihr keine reale Bedrohung ausgehen, aber dein Unterbewusstsein macht hier keinen Unterschied."

„Was kann ich denn dagegen tun, wenn es mir nicht einmal bewusst ist?"

„Ich würde mit dir Bewältigungsstrategien erarbeiten, wenn du das möchtest. Und du müsstest lernen, dich abzugrenzen. Du bist nicht Yamira und trägst keine Verantwortung für das, was passiert ist. Außerdem solltest du dich von dem Gedanken befreien, dass dein Verhalten negative Gefühle bei Tinus auslösen könnte. Sonst beginnst du, dich zu verstellen, und stehst ständig unter Druck."

„Das sagt sich so leicht."

„Ist es nicht, da gebe ich dir recht. Deshalb bist du ja hier."

„Mein größtes Problem ist, dass ich gar nicht so richtig weiß, was damals passiert ist. Ich habe irgendwann erfahren, dass Tinus seine Ex-Frau mit einer Überdosis Medikamenten im Blut im gemeinsamen Ehebett ihrer damaligen Wohnung gefunden hat. Und dass sie mit starken Depressionen zu kämpfen gehabt hatte. Die näheren Umstände ihres Freitods sind für mich nach wie vor nebulös. Dadurch wirkt die Sache irgendwie … bedrohlich."

„Als ihre ehemalige Therapeutin darf ich dir darüber nicht viel erzählen. Doch ich kann dir bestätigen, dass sie unter starken depressiven Zuständen gelitten hat. Am Ende hat sie die Therapie abgebrochen. Es kann sein, dass sie die Entscheidung, ihrem Leben ein Ende zu setzen, damals bereits getroffen hatte."

„Habe ich Ähnlichkeiten mit ihr?"

„Überhaupt nicht, keine Sorge. Du bist ein gänzlich anderer Typ und psychisch sehr stabil, wenn die chronischen Albträume nicht wären. Genau daran sollten wir arbeiten, dass du dich nicht mehr mit ihr vergleichst. Möchtest du das?"

„Auf jeden Fall. Hauptsache, ich kann endlich wieder durchschlafen und zu meinem normalen Leben zurückkehren."

„Mit ein bisschen Geduld kriegen wir das hin. Da bin ich mir sicher."

„Noch eine Sache ..."

„Ja?"

„Mir wäre es wichtig, dass Tinus nichts davon erfährt. Vor allem nicht, dass ich den Brief gelesen habe."

„Marla, ich unterliege der ärztlichen Schweigepflicht. Von mir erfährt niemand etwas. Du solltest dir nur gut überlegen, ob du ihm das wirklich verschweigen möchtest. Je mehr Unausgesprochenes zwischen euch steht, desto schwieriger wird es, eine vertrauensvolle Beziehung zu führen."

„Ja, du hast recht. Ich überleg's mir."

*

Kirsten streicht sich erschöpft übers Gesicht, nachdem sie die Tür hinter Marla geschlossen hat. Jetzt steckt sie wieder drin, mittendrin. Sie hatte gehofft, sich dieses Mal abgrenzen zu können, um selbst keine Grenze zu überschreiten. Wie es ihr bei der Behandlung von Yamira passiert ist, die geradezu zur Obsession geworden war.

Als Tinus sie damals gefragt hat, ob sie seiner Frau helfen könnte, hat sie selbstverständlich zugestimmt. Mehr noch, sie hatte darauf bestanden. Obwohl sie eigentlich keine weitere Patientin aufnehmen konnte, war sie froh, Tinus einen Dienst erweisen zu können. Sie hätte ihm so gut wie jeden Dienst erwiesen. Denn Schuld wiegt schwer, Schuld muss getilgt werden.

Vergeblich versucht Kirsten, die Szene zu verdrängen, die sie immer und immer wieder heimsucht: Ein nebliger

Morgen, Raureif überzieht die Straße. Der kalte Atem brennt in der Lunge, aber sie muss sich beeilen. Ein Auto überholt sie und hält abrupt auf der anderen Straßenseite. Die Fahrertür wird geöffnet, eine Frau torkelt heraus. Sie umrundet den Wagen, reißt die Beifahrertür auf und zerrt jemanden heraus.

„Schlampe!", brüllt der Junge dem Auto hinterher, das wenige Sekunden später mit quietschenden Reifen davonfährt. Tränen glitzern wie Morgentau auf seinen Wangen.

Sie fährt nun langsamer auf ihrem Rad, damit er sie nicht bemerkt. Will ihn nicht beschämen, nichts damit zu tun haben, was auch immer.

Blind vor Wut stapft der Junge vorwärts, seine viel zu dünne Jacke eng um den Körper geschlungen. Schaut nicht nach links und rechts und schaut nicht geradeaus. Dort ist eine Baustelle, ein Loch, schlecht gekennzeichnet. Doch er wird es sehen, da ist sie sich sicher. Sie könnte schreien, er muss es sehen!

Er sieht es nicht und fällt hinein. Ein hässliches knackendes Geräusch, ein greller Schrei, der jäh erstirbt. Sie eilt zu der Öffnung, ihr Fahrrad lässt sie nicht los. Klammert sich an den Lenker, als könnte sie den Halt verlieren. Auf dem Grund des Lochs ein Körper, verdreht, mit dem Gesicht nach unten. Ist das ein Röcheln oder ihr keuchender Atem? Sie möchte schreien, möchte sich übergeben, möchte, nein, muss Hilfe holen.

Stattdessen steigt sie auf ihr Rad und tritt in die Pedale. Sie muss sich beeilen. Sie muss sich beeilen. Sie muss sich beeilen.

LIZ’ TAGEBUCH, *1. Januar 2013*

Frohes Neues! War das ein Jahresende. Wahrscheinlich das schönste seit Langem. Erst haben wir Weihnachten mit der Familie gefeiert, dann Silvester mit Freundinnen und Freunden. Wobei man ehrlicherweise sagen muss, dass Familie bei uns beiden eher bescheiden ausfällt.

Da ist zum einen meine Oma, die wir Heiligabend besucht haben. Und mit der wir wie erwartet eine richtig gemütliche kleine Feier hatten. Und zum anderen seine Familie, die aus seiner Mutter, seiner älteren Halbschwester, ihrem Mann und deren beiden Kindern besteht.

Gerade seine Mutter fand ich sehr nett. Man hat gemerkt, dass sie ihren Sohn nicht oft zu Gesicht bekommt und sich sehr bemüht hat mit allem. Es gab ein aufwendiges Vier-Gänge-Menü und großzügige Geschenke für alle. Mir hat sie einen Büchergutschein in solch beachtlicher Höhe geschenkt, dass ich mir mit meinen Pralinen regelrecht kleinlich vorkam.

„Das tut sie vor allem für sich selbst“, meinte Chest später dazu, als wir wieder auf der Heimfahrt waren. „Sie versucht damit, ein paar Dinge gutzumachen, die nicht mehr gutzumachen sind.“

Was genau er damit meinte, wollte er mir nicht verraten. Doch aus den Nebensätzen und Zwischentönen des Abends habe ich mir zusammengereimt, dass es in seiner Familie ordentlich gekriselt haben muss. Und dass er in gewisser Weise seiner Mutter die Schuld daran gibt.

Fair erscheint mir das nicht, aber ich würde mir nicht anmaßen, das zu beurteilen. Schade, dass er nie darüber spricht. Die paar zurückhaltenden Fragen, die ich ihm dazu gestellt habe, hat er sofort abgeblockt. Ich würde mir wünschen, dass er sich irgendwann öffnet. Vielleicht sitzt der Schmerz zu tief.

Dafür war Silvester umso besser. Wir waren auf einer Privatparty, die angemessen eskaliert ist. Um Mitternacht haben wir auf dem Dach des Altbaus getanzt und mit dem Feuerwerk um die Wette gebrüllt, das den Himmel erleuchtet hat. Chest hat mich hochgehoben wie bei unserem ersten Treffen und mir gesagt, wie sehr er mich liebt. Könnte das Leben schöner sein?

Kapitel 10

Zwei, drei Wochen später schlendern Marla und Tinus durch den Park. Sie haben die Jacken gegen frühsommerliche Kleidung getauscht und genießen die Wärme auf der Haut. Marla befindet sich in einem schläfrigen Dämmerzustand, den sie ausnahmsweise nicht als unangenehm empfindet. Sie weiß, dass zu Hause die Couch auf sie wartet. Ansonsten haben sie sich an diesem Samstag nichts vorgenommen.

„Bist du dir sicher, dass die neue Therapie etwas bringt?“, schneidet Tinus wieder das Thema an, das Marla so gern vermeiden wollte.

Sie seufzt. „Kirsten sagt, wir brauchen Geduld. Alte Gedanken- und Verhaltensmuster lassen sich nicht von heute auf morgen ändern. Unter Umständen kann es sogar zu einer Erstverschlechterung kommen.“

„Das Gefühl hatte ich in den letzten Nächten auch. Du hast laut geschrien und gezittert wie Espenlaub. Ich saß senkrecht im Bett.“

„Das tut mir leid. Ich habe dir ja angeboten, dass ich vorübergehend im Gästezimmer schlafen könnte. Das wäre kein Problem für mich. Ich möchte dich nicht um deinen Schlaf bringen.“

„Nein, ich möchte dich damit nicht allein lassen. Das stehen wir zusammen durch."

Marla legt den Kopf auf seine Schulter. „Ach, Schatz."

„Ich habe immer noch nicht verstanden, was genau eigentlich der Auslöser für deine Albträume ist. Irgendwas Konkretes muss Kirsten doch mit den Daten dieser Traumdeutermaschine anfangen können."

„Ich habe es dir schon versucht zu erklären", redet Marla um den heißen Brei herum. „Die Zusammenhänge sind sehr komplex. Aller Wahrscheinlichkeit nach handelt es sich um eine eingebildete Gefahr. Sie löst unterbewusst große Ängste aus, die sich wiederum in Form von Albträumen äußern." Sie hat es ihm trotz Kirstens Ratschlag nicht erzählt.

„Und was genau bildest du dir ein?"

„Tja, das ist nicht so klar zu fassen. Es könnte mit einem Erlebnis in meiner Vergangenheit zusammenhängen, an das ich mich nicht mehr bewusst erinnere. Wahrscheinlich ist es vor einem halben Jahr durch irgendeinen Trigger nach oben gespült worden."

„Der dir auch nicht bewusst ist." Tinus seufzt. „Ich habe das Gefühl, es geht keinen Schritt weiter. Gibt es denn nicht …?"

Ein Paar zieht seine Aufmerksamkeit auf sich, das ihnen entgegenkommt.

„Frau Jaziri, na, das ist ja eine Überraschung", sagt Tinus. Der süffisante Tonfall ist nicht zu überhören.

In Sekundenschnelle ist Marla hellwach und hebt den Kopf. Das Blut schießt ihr ins Gesicht. Herrje, wie peinlich. Erröten wie ein Teenager – hoffentlich merkt das niemand.

Amal Jaziri scheint ebenso verdutzt wie Marla zu sein und lässt den Arm ihres Begleiters los, bei dem sie sich untergehakt hatte. Im Gegensatz zu Marla hat sie sich schnell wieder unter Kontrolle.

„Ich grüße Sie. Das ist eine Überraschung. Wir scheinen wohl die gleiche Wochenendbeschäftigung zu haben."

„Was könnte bei dem sommerlichen Wetter auch schöner sein?", erwidert Tinus in bester Small-Talk-Manier. „Erst ein kleiner Spaziergang, dann ein Eis, und der Tag ist gerettet." Er ist Meister in solchen Dingen.

„Wie geht es Ihnen, Frau Sternberg?"

Marla räuspert sich umständlich, krampfhaft bemüht, ihre normale Gesichtsfarbe wiederzubekommen. „Na ja, wenn ich ehrlich bin … Es geht so. Im Moment fühle ich mich gut, an meiner Schlafsituation hat sich allerdings nicht viel getan."

„Sie hat immer noch diesen Albtraum, oft sogar mehrere Nächte hintereinander", fügt Tinus hinzu. „Im Prinzip hat sich gar nichts geändert, im Gegenteil."

Die Wissenschaftlerin ignoriert ihn. „Hat Ihre Therapeutin auf Basis der Analysen einen Therapieansatz entwickelt?"

„Ja, aber … Es dauert wohl etwas, bis er Wirkung zeigt." Sie hofft inständig, dass Amal Jaziri nicht weiter nachfragt. Glücklicherweise nickt sie bloß.

„Das ist leider so. Traumtherapien erfordern in der Regel viel Geduld."

Tinus möchte etwas erwidern, doch Marla drückt ungewohnt heftig seine Hand.

Bitte jetzt keine Diskussion anfangen.

Er tut ihr den Gefallen.

Nachdem sie noch ein paar belanglose Sätze miteinander gewechselt haben, gehen sie ihrer Wege. Marla atmet auf. Warum bringt diese Frau sie so aus dem Konzept?

*

„Das war sie also.“

„Wer?“

„Tu nicht so.“ Sam grinst Amal breit an. Sie seufzt.

„Na schön, ja, das war sie.“

„Die Patientin, die aus dem Bett gefallen ist und dir dabei zufällig in die Arme.“

„Das stimmt doch überhaupt nicht. Du hast mal wieder eine blühende Fantasie, mein Lieber.“

Sam lacht. „Zumindest warst du ganz schön perplex, als sie auf einmal vor dir stand. Und sie im Übrigen auch.“

„Meinst du?“

„Na ja, die rote Gesichtsfarbe kam bestimmt nicht von den paar Sonnenstrahlen. Sie war offensichtlich nervös. Ihr Freund ist übrigens ein Honk.“

„Er ist ihr Verlobter und in ein paar Monaten ihr Mann.“

„Findest du ihn nicht furchtbar? Wie er sich aufgespielt hat, als ob seine Verlobte nicht selber reden könnte.“

„Wie ich ihn finde, spielt keine Rolle. Sie ist meine Patientin, ihr Privatleben geht mich nichts an.“

„Sie *war* deine Patientin. Und soweit ich mich erinnere, wollte sie mit dir ausgehen.“

„Demnächst erzähle ich dir gar nichts mehr. Sie war verwirrt, das ist alles. Und du glaubst nicht wirklich, dass ich mich auf so etwas Kompliziertes einlassen würde?“

„Da bin ich mir nicht so sicher. Ich denke, hinter dieser kalten Fassade schlägt ein warmes, empfindliches Herz.“

„Ich geb dir gleich empfindlich.“ Amal stößt ihren Freund mit dem Ellenbogen in die Seite und muss dann auch grinsen.

„Willst du wissen, wie ich sie finde?“, fragt er.

„Du wirst es mir sowieso sagen.“

„Hübsch, wahrscheinlich intelligent, ein wenig sensibel. So unsicher, wie sie gewirkt hat, ist sie vermutlich gar nicht. Alles in allem: Sie könnte zu dir passen.“

„Vergiss es! Abgesehen davon, dass sie so gut wie verheiratet ist, die Sache ist für mich ein No-Go, okay! Das Einzige, was mich stört, ist, dass die Therapie nicht zu wirken scheint.“

„Hast du nicht selbst gesagt, so was erfordert Geduld?“

„Das habe ich zu ihrer Beruhigung gesagt und weil sie offensichtlich nicht darüber reden wollte. In der Regel zeigen Therapien, die auf Basis unserer Empfehlungen entwickelt werden, relativ schnell Ergebnisse.“

„Vielleicht hat sie keine gute Therapeutin?“

„Das glaube ich nicht. Ich habe mit ihr schon viele Male erfolgreich zusammengearbeitet. Der Fall scheint komplizierter zu sein … Aber wie gesagt, das geht mich nichts an.“ Sie greift Sam am Arm, bevor er etwas erwidern kann. „Komm, wir gehen was essen.“

Während sie sich mit ihrem besten Freund in Bewegung setzt, versucht sie, das Bild zu verdrängen, das sich immer wieder auf die Netzhaut schiebt: geweitete Pupillen in unergründlichen graublauen Augen.

„Würden Sie mit mir ausgehen?“

LIZ' TAGEBUCH, *16. März 2013*

Es ist viel passiert in den letzten zweieinhalb Monaten. Und auch wieder nicht. Chest nutzt die vorlesungsfreie Zeit, um sich auf seine Abschlussprüfungen im Sommersemester vorzubereiten. Ich bin damit beschäftigt, eine Hausarbeit zu schreiben und nebenher zu jobben. Oder ist es umgekehrt? Seit sich meine Regelstudienzeit dem Ende zuneigt, werde ich immer unsicherer.

Zu Beginn war alles so glasklar. Ich studiere, was mir Spaß macht und meinen Interessen und Fähigkeiten entspricht. Womit ich gut zurechtgekommen bin. Jetzt frage ich mich, welcher Beruf eigentlich dazu passt. Oder zu welchem Beruf ich mit meinen Interessen und Fähigkeiten passe. Diverse Praktika haben keinen Erkenntnisgewinn gebracht. Ich wünschte, ich könnte mich noch ein wenig treiben lassen zwischen Vorlesungen, Mensa und Ferienjobs.

Ganz anders Chest. Er hatte von Beginn an eine klare Vorstellung, was ihn beruflich erwartet, und vor allem, was er sich davon erwartet. Und genau so hat er studiert: zielstrebig, leistungsorientiert, pragmatisch. Manchmal nervt mich das, meistens bewundere ich es. Chest hat immer einen Plan.

Auch, was unsere Wohnsituation angeht. Er hat mir vorgeschlagen, nach seinem Abschluss gemeinsam eine größere Wohnung zu suchen. Ab Anfang September hat er eine Festanstellung in dem Unternehmen, in dem er (im Rahmen der steuerlichen Möglichkeiten) bereits als Student gearbeitet hat. Wir hätten also anderthalb Monate, um eine Wohnung zu finden und in den Urlaub zu fahren.

Ich kann verstehen, dass er das so genau planen möchte und muss, und fühle mich trotzdem überrumpelt. Irgendwie bin ich noch nicht so weit. Gestern habe ich noch getanzt, bis sich der Horizont rot färbt, und danach kalte Ravioli aus der Dose gelöffelt. Heute soll ich mir schon Gedanken über die Farbe unserer Einbauküche machen?

Chest beteuert, dass sich im Grunde nichts ändern würde. Ich könnte weiter studieren und müsste mich dafür nicht mehr mit ihm an den Schreibtisch in unserer kleinen Bude quetschen. Und da er tagsüber im Büro ist, hätte ich sogar mehr Freiräume als jetzt. Okay, der letzte Satz stammt nicht von ihm, der ist mir spontan durch den Kopf geschossen.

Es wäre also auf jeden Fall eine komfortablere Situation. Und wahrscheinlich auch eine bessere. Ich denke, ich sollte seinen Vorschlag annehmen.

Kapitel 11

Amal reibt sich die Augen. Die Woche war anstrengend, und sie ist froh, dass endlich Freitagabend ist. Sie hofft, dass die Nacht ruhig bleibt. Offiziell hat sie zwar keine Bereitschaft, muss als Leiterin des Instituts aber parat stehen, falls es Komplikationen gibt.

Sie ist gerade im Begriff, die Zentrale zu verlassen, als das Telefon klingelt. Im Hinausgehen hört sie, wie Amy, die heute wieder Dienst hat, den Hörer abnimmt.

„Äh, Chefin?", hört sie die Stimme ihrer Mitarbeiterin.

Seufzend dreht sich Amal um und kehrt in den Raum zurück. Amy schaut sie mit schuldbewusster Miene an und drückt eine Taste, um den Anruf zu halten.

„Frau Sternberg ist am Telefon."

Amal durchzuckt es.

„Normalerweise hätte ich sie gebeten, am Montag noch mal anzurufen, doch sie scheint … sie hört sich nervös an. Vielleicht ist etwas passiert."

„Ist okay, stell sie auf mein Handy." Amal verlässt den Raum, atmet durch und nimmt den Anruf entgegen. „Hallo, Frau Sternberg, hier spricht Amal Jaziri. Wie kann ich Ihnen helfen?"

„Hallo … Guten Abend, Dr. Jaziri. Entschuldigen Sie bitte die späte Störung …“ Sie stockt.

„Ist alles in Ordnung, Frau Sternberg? Geht es Ihnen nicht gut?“

„Ja … nein. Entschuldigung, ich stehe total neben mir. Heute ist alles schiefgelaufen. Erst Stress auf der Arbeit, dann hätte ich gerade beinahe einen Unfall gebaut, und jetzt bin ich irgendwie total … Ich weiß nicht mehr, was ich tun soll.“

Amal hört ein unterdrücktes Schluchzen am anderen Ende der Leitung. „Ganz ruhig, Marla. Hat es etwas mit dem Traum zu tun? Schlafen Sie schlecht?“

„Ich … ich habe die letzten drei Nächte so gut wie gar nicht geschlafen. Tinus ist auf Geschäftsreise, und ich bin nur noch fertig.“

„Sind Sie zu Hause?“

„Nein, ich … sitze im Auto. In der Nähe vom Park. Ich habe Angst, dass ich gleich wieder die Kontrolle verliere.“

Das Schluchzen wird lauter, und Amal denkt nicht lange nach. „Hören Sie, ich komme zu Ihnen, okay? Schicken Sie mir Ihren Standort.“

„Würden Sie wirklich …? Tut mir leid, dass ich so …“

„Schon in Ordnung. Ich bin sowieso in der Nähe. Schicken Sie mir Ihre GPS-Daten? Dann bin ich gleich da.“

„Ja, mache ich.“

„Bis gleich, Marla.“

„Bis gleich.“

Mit klopfendem Herzen fixiert Amal ihr Handy. Da, die Daten. Das ist tatsächlich in der Nähe. Zu Fuß einmal quer durch den Park. Da es mittlerweile Juni und länger hell ist, bricht sie ohne Umschweife auf. Sie muss sich zwingen, nicht zu rennen.

Als sie den angegebenen Treffpunkt erreicht, steht dort ein schwarzer Kleinwagen quer in einer Parklücke. Sie wirft einen Blick durchs Fenster und erkennt Marla Sternberg am Steuer, die den Kopf an die Seitenscheibe gelehnt hat. Als Amal klopft, schreckt sie hoch und entriegelt mit fahrigen Händen die Tür.

Amal lässt sich auf den Beifahrersitz fallen und muss Luft holen. „Es ist sehr warm hier drin. Ich lasse die Tür einen Spalt auf."

„Oh Entschuldigung, das habe ich gar nicht bemerkt. Mir ist irgendwie total kalt."

Tatsächlich steht Marla Sternberg der kalte Schweiß auf der Stirn. Ihre Hände klammern sich ans Lenkrad. Sie sind eisig, stellt Amal fest, als sie eine zwischen ihre nimmt. Keine Frage, das Nervenbündel neben ihr steht unter Schock.

„Ganz ruhig, Marla. Dir kann nichts passieren. Atme ein paarmal tief durch. Ganz tief und ruhig. Ich bin da."

Marla folgt ihren Anweisungen und schließt die Augen. Es dauert eine Weile, aber nach und nach wird sie ruhiger, bis sie auch die andere Hand vom Lenkrad löst. Mit einem leisen Seufzer fällt die Anspannung von ihr ab. Amal streicht ihr über die schweißnasse Stirn und ist kurz befangen aufgrund der unbedachten intimen Geste.

Marla lächelt dankbar. „Ich glaube, jetzt geht's wieder. Danke. Könnten Sie mir die Wasserflasche aus meiner Tasche geben?"

Amal entdeckt eine Tasche im Fußraum zwischen ihren Schuhen, zieht eine kleine Flasche heraus und reicht sie Marla.

Sie schraubt den Deckel auf und trinkt in hastigen Schlucken. Danach atmet sie noch ein paarmal tief durch und streicht sich mit der Hand übers Gesicht.

„Herrje, ich schwitze", sagt Marla.

„Das macht nichts."

„Es tut mir leid, dass ich Sie in Ihrem Feierabend störe. Sie müssen mich ja für verrückt halten."

„Nein, das tue ich nicht. Und ein kleiner Spaziergang kann nach einer langen Arbeitswoche nicht schaden. Außerdem waren wir bereits beim Du, soweit ich weiß." Sie zwinkert Marla aufmunternd zu.

„Ich war total fertig mit den Nerven. Der ganze Tag war furchtbar, und dann hätte ich beinahe ein Kind angefahren. Ich wollte rechts abbiegen, da stand es plötzlich direkt vor dem Auto. Trotz Schulterblick habe ich es nicht gesehen. Zwei Zentimeter weiter, und es hätte einen Zusammenprall gegeben. Mein Gott …"

„Hast du mit dem Kind reden können?"

„Es war auf einem Roller unterwegs, hat mich nur angestarrt und ist direkt weiter. Ich konnte gar nicht so schnell reagieren. Und dann hat der Idiot hinter mir wie verrückt gehupt."

„Arschloch. Typisch Stadtverkehr, leider. Gott sei Dank ist nichts passiert."

„Aber es war ultraknapp. Danach bin ich wie in Trance weitergefahren und irgendwann in die Parklücke. Dann habe ich im Institut angerufen."

„Warum gerade dort?"

„Weil das alles mit diesem Traum zusammenhängt. Ich habe das Gefühl, es wird jede Woche schlimmer. Und das, obwohl ich zweimal wöchentlich zur Therapie gehe und mir krampfhaft Mühe gebe, alles bestmöglich umzusetzen. Es bringt … nichts. Rein gar nichts. Ich schlafe immer weniger, fühle mich chronisch erschöpft, bin abwechselnd aggressiv oder depressiv und schaffe es kaum, meinen Alltag zu meistern. Heute bin ich heulend aus einer Sitzung gerannt. – Meine Güte, wie peinlich!“

„Das ist nicht peinlich, sondern menschlich. Und bei solch einer starken Erschöpfung im Übrigen ganz normal.“

„Aber so kann es nicht weitergehen.“

„Das kann es wirklich nicht, da gebe ich dir recht. Hast du eine Erklärung dafür, warum die Therapie nicht wirkt?“

„Nein. Na ja, vielleicht. Die Diagnose war bereits ziemlich unpräzise.“

„Möchtest du mir davon erzählen? Du weißt, dass es bei mir in guten Händen ist.“

Marla nickt zögerlich. Sie lehnt den Kopf zurück, atmet tief durch und beginnt. Bei dem Brief, den sie damals gefunden und mit dem vermutlich alles angefangen hat. Dass sie trotzdem nicht begreift, wieso er ihr solch eine Angst einjagt. Dass sie Tinus nichts davon erzählen will, aus Sorge, dass er Parallelen zwischen ihr und seiner Ex-Frau zieht. Und dass sie jetzt seit mehreren Wochen hofft, dass die Bewältigungsstrategien, die sie mit Kirsten erarbeitet, etwas bringen. Ohne Erfolg.

„Letztendlich bleiben wohl nur starke Medikamente“, sagt sie. „Aber wenn ich mich ständig zudröhnen muss, bin ich irgendwann nicht mehr ich selbst.“

„Es gibt mittlerweile sehr gute und individuelle Medikationen“, erklärt Amal. „Speziell für Menschen, deren Albträume auf psychische Belastungen zurückzuführen sind. Wenn sich keine andere Möglichkeit findet, gibt es bestimmt eine Lösung, mit der du zurechtkommst."

Marla schaut schweigend aus dem Fenster.

„Vielleicht findet sich eine andere Möglichkeit", sagt Amal, nachdem sie eine Weile mit sich gerungen hat.

Marla wendet ihr den Kopf zu. „Denkst du an etwas Bestimmtes?"

„Es gibt ein weiterentwickeltes Modell des fMRT, das deine Träume gescannt hat. Ein Prototyp, der mehr als eine reine Analysefunktion hat. Obwohl er noch in der Betaphase ist, zeigen sich bei den Probanden bereits jetzt erstaunliche Ergebnisse."

„Das heißt, diese Version kann nicht nur lesen, sondern auch schreiben?"

„Wenn du so willst, ja. In eng gesteckten Grenzen natürlich."

„Ich habe geahnt, dass es so weit kommen würde", murmelt Marla.

„Dass eine künstliche Superintelligenz erst unsere Gedanken und dann die Weltherrschaft übernimmt? Wir befinden uns nicht in einer Dystopie."

„Worum handelt es sich dabei genau?"

„Das darf ich dir nicht erzählen, Marla, bevor du eine Geheimhaltungsvereinbarung unterschrieben hast. Es ist eine hochgradig innovative Technologie, die weder in die Hände der Konkurrenz noch an die Öffentlichkeit geraten sollte. Zumindest zurzeit nicht."

„Das klingt nicht sonderlich vertrauenerweckend."

„Wenn man es nicht gewohnt ist. Die Vorsichtsmaßnahmen sind Standard und sagen nichts über ein mögliches Risiko aus."

„Gibt es ein Risiko?“

„Nein. Allein weil die Hürden für die Zulassung von Technologien im Gesundheitssektor extrem hoch sind. Sonst dürften sie nicht von Menschen getestet werden. Der medizinische Bereich ist streng reglementiert.“

Marla brütet stumm vor sich hin.

„Es ist nur ein Angebot. Ich lehne mich bereits weit aus dem Fenster, dass ich es dir überhaupt vorschlage. Eigentlich werden unsere Probanden sehr penibel anhand spezieller Kriterien ausgewählt.“

„Bei mir würdest du eine Ausnahme machen?“

„Ja. Um dir zu helfen … Aber du musst das nicht sofort entscheiden.“

Marla betrachtet ein junges Paar, das verliebt an ihnen vorbeiläuft. Dahinter folgt langsamer ein älterer Mann mit Rollator. Abwesend blickt er in die Luft, während er wie fremdgesteuert einen Fuß vor den anderen setzt.

„Doch“, sagt sie. „Ich entscheide das sofort. Ich tue es.“

*

Direkt am nächsten Tag treffen sich Amal und Marla im Institut. Die letzten Mitarbeitenden sind gegen Mittag gegangen, es ist ruhig und leer. Am Wochenende werden bloß in Ausnahmefällen Analysen durchgeführt, wenn es besonders dringend ist oder sich kein anderer Zeitraum finden lässt.

Marla hat den gestrigen Schock gut überstanden, ist aber nervös. Sie hat Tinus, der bis einschließlich Montagabend auf Geschäftsreise im Ausland ist, nichts von dem Plan erzählt.

Zum einen, weil sie wusste, dass sie eine Geheimhaltungsvereinbarung unterschreiben würde. Zum anderen, weil er die Sache nicht verstehen und sich vermutlich Sorgen machen würde.

Auch Marla ist sich alles andere als sicher, ob es die richtige Entscheidung war, sich auf dieses Abenteuer einzulassen. Eine KI-basierte Methode, die Einfluss auf ihre Gehirnaktivitäten nehmen kann und sich obendrein noch in der Entwicklungsphase befindet? Na, herzlichen Glückwunsch.

Doch alles erscheint ihr besser als ein Leben mit Albträumen oder die Aussicht auf eine dauerhafte Einnahme von Schlafmitteln. Außerdem verspürt sie aus unerfindlichen Gründen Vertrauen gegenüber der Wissenschaftlerin, die ihr ruhig und sachlich die Vorgehensweise erklärt. Oder ist da noch etwas anderes im Spiel?

Ein wenig fühlt sie sich wie bei der *Sendung mit der Maus*, weil Amal versucht, alles so einfach wie möglich zu schildern. Nur will sie es eigentlich genauer wissen? Möchte sie im Detail erfahren, wie eine Maschine Einfluss auf ihre Träume nehmen und somit in die bislang für unantastbar gehaltene Autonomie ihres Bewusstseins eingreifen kann?

Der Gedanke erscheint ihr immer noch so ungeheuerlich, dass sie es vorzieht, nicht allzu genau nachzufragen. Schließlich setze ich mich auch in ein Flugzeug, ohne zu wissen, wie es mich Tausende Kilometer durch die Luft transportieren kann, versucht sie sich einzureden. Vielleicht ist eine Traumoptimierung, wie Amal es nennt, für die nächsten Generationen so selbstverständlich wie für sie das Fliegen.

Wahrscheinlich werden sie irgendeinen fancy Namen dafür entwickeln. Dream Design oder Ähnliches. Leben sie nicht längst in einer Welt, von der sie nur einen Bruchteil verstehen? Ist es für die Zukunft nicht sogar zwingend erforderlich, einer künstlichen Intelligenz Prozesse anzuvertrauen, die sie mit ihrer menschlichen Intelligenz nicht mehr begreifen und steuern können?

Diese und viele weitere Gedanken schießen Marla durch den Kopf, als sie Amals Erläuterungen lauscht. Die Wissenschaftlerin ist ganz in ihrem Element und ihr Enthusiasmus ansteckend. Mit einem gewissen Neid registriert Marla das Strahlen in ihren Augen. Sie kann sich nicht erinnern, wann sie das letzte Mal solch eine Leidenschaft für irgendetwas oder für irgendjemanden empfunden hat.

„Möchtest du noch etwas wissen?", fragt Amal am Ende ihrer Ausführungen.

Marla schüttelt den Kopf.

„Okay, dann zeige ich dir jetzt unser anderes Schlaflabor."

Marla folgt Amal in einen Raum, der, abgesehen von ein paar Details, exakt aussieht wie der andere. Der fMRT am Kopfende des Betts ist bloß etwas größer. Und noch etwas fällt ihr auf. An dem Bett sind bereits Gurte angebracht.

„Hast du schon mal vorgesorgt, damit ich mir nicht wieder den Kopf stoße?", fragt Marla.

„In diesem Fall ist eine Fixierung fester Bestandteil des Ablaufs. Da die Technologie noch nicht so weit fortgeschritten ist, müssen die Probanden möglichst ruhig liegen. Und das geht während des Schlafens leider nur mithilfe von Gurten."

„Deshalb hattet ihr die also beim letzten Mal gleich griffbereit."

„Mach dir keine Gedanken. Du wirst weder etwas spüren noch viel hören, und ich habe selbstverständlich ein Auge auf dich. In diesem Fall ganz besonders."

„Wenn ich heute Nacht träume, könnte es also sein, dass die KI meinen Traum umschreibt?"

„Ganz so einfach ist es nicht. Es ist eher ein Prozess, der sich über mehrere Sessions hinzieht. Ähnlich wie beim luziden Träumen beeinflusst die KI deinen Traum in positiver Weise. Wie dieser am Ende konkret aussehen wird, kann man nicht vorhersagen. Aber man kann darauf vertrauen, dass die KI auf Basis der Analysen deinen Traum bestmöglich optimiert. Das haben die Studien ergeben, die wir seit ein paar Monaten durchführen."

„Okay, dann vertraue ich mal."

„Das heißt, es kann losgehen?"

„Das heißt, es kann losgehen."

LIZ' TAGEBUCH, *25. Juli 2013*

In den letzten Wochen ging alles ganz schnell. Chest hat seinen Abschluss in der Tasche – wie erwartet reibungslos und mit Bestnoten. Ich bin sehr stolz und freue mich für ihn, dass die Prüfungen in seinem Sinne gelaufen sind. Außerdem haben wir eine Wohnung gefunden. Doppelt so groß wie unsere jetzige, ich habe sogar ein eigenes Arbeitszimmer. Dafür ist die Miete fast doppelt so hoch. Chest meint, das ist kein Problem, mit seinem Gehalt kann er die Extrakosten problemlos zahlen. Ich sehe das anders. Zumindest möchte ich einen etwas größeren Betrag als zuvor beisteuern.

Deshalb habe ich für die Semesterferien einen Job in einem Café angenommen, was sich mit unseren Urlaubsplänen beißt, die wir ursprünglich hatten. Oder sagen wir besser, die Chest ursprünglich hatte.

Er meinte, ich bräuchte die Erholung genauso wie er selbst, um mich danach auf die Prüfungsphase im Studium konzentrieren zu können. Das hat mich geärgert. Woher will Chest wissen, was am besten für mich ist? Er ist schließlich nicht mein großer Bruder. Gott sei Dank!

Letztendlich haben wir einen Kompromiss gefunden. Das Café hat eingewilligt, dass ich zwischendurch eine Woche pausieren kann. In der Zeit reisen wir für einen kurzen, aber schönen Urlaub an die Algarve. Danach geht's für mich mit dem Kellnern weiter, und Chest kann beruflich durchstarten. Begeistert war er von der Lösung nicht, hat jedoch zugestimmt. Unter der Bedingung, dass er das Hotel zahlen darf. Wenn es ihn glücklich macht.

Ansonsten verstehen wir uns nach über einem Jahr Beziehung immer noch richtig gut. Wir schlafen regelmäßig miteinander, was nicht selbstverständlich ist. Bei einigen Pärchen, die ich kenne, hat das Sexualleben nach wenigen Monaten nachgelassen, was meistens zur Trennung geführt hat.

Ich finde Chest nach wie vor extrem anziehend. Umgekehrt dürfte es genauso sein. Ob wir das in zwei, drei Jahren auch noch so empfinden? Irgendwie kann ich mir einen Alltag ohne ihn gar nicht mehr vorstellen. Und irgendwie doch ein wenig. Der Gedanke, tun und lassen zu können, was man möchte, ist manchmal schon verlockend.

Wahrscheinlich hat das gar nichts mit ihm zu tun, sondern mit dem Ende meines Studiums. Wenn ich nur wüsste, was genau ich danach mit meiner Zeit anfangen soll. Den Gedanken, sich für die nächsten paar Jahrzehnte festlegen zu müssen, finde ich … schwerwiegend. Manchmal beneide ich Chest darum, dass er so klare Vorstellungen hat. Und manchmal würde ich ihn am liebsten schütteln, damit er endlich mal irgendetwas infrage stellt.

Kapitel 12

Laufen. Ich muss laufen.

Die Schritte, die sich erbarmungslos in meinen Kopf hämmern.

Laufen. Ich muss laufen.

Der Luftzug, der mit Eisfingern nach mir greift.

Laufen. Ich muss laufen.

Der Atem, der geifernd nach meinem Nacken schnappt.

Laufen. Ich kann nicht laufen.

Wie im Leerlauf rotieren meine Beine über dem schlüpfrigen Untergrund. Je mehr ich mich bemühe, Halt zu finden, desto schneller scheint mir der Boden unter den Füßen zu entgleiten. Ich laufe, ich renne, ich rase – und komme dennoch nicht vom Fleck.

Ein Kichern fährt mir durch Mark und Bein. Boshaft, triumphierend, direkt hinter mir. Ich schreie, aber kein Laut dringt aus meinen zum Bersten gefüllten Lungen. Panik kriecht mir durch die Brust, schnürt die Kehle zu und malt blitzende Sterne auf die Netzhaut.

Ich will – muss hier weg! Und spüre zugleich, wie mein Geist erlahmt und meine Gliedmaßen erschlaffen. Ein schwarzes

Nichts öffnet sich vor meinen Augen und saugt mich in die Dunkelheit.

Ich falle – nicht, sondern kann gerade noch das Gleichgewicht halten. Mit letzter Kraft drehe ich mich um und …

„Marla! Hörst du mich?“

Keuchend schlägt Marla die Augen auf. Ihr Herz hämmert gegen den Brustkorb. Sie braucht einen Moment, um sich zu orientieren. Dann erkennt sie Amal, die neben ihr auf der Bettkante sitzt und ihr die Hand auf die schweißnasse Wange gelegt hat.

„Alles okay … danke.“

Amal lächelt erleichtert und befreit Marla von den Gurten. Marla richtet sich langsam auf, reckt die Arme in die Höhe und reibt sich die Augen.

Nachdem sich ihr Pulsschlag beruhigt hat, berichtet sie immer noch etwas benommen. „Es hat funktioniert, glaube ich. Erst war alles wie immer, aber am Ende, wenn ich eigentlich in dieses tiefe schwarze Nichts falle, bin ich stehen geblieben. Einfach irgendwie stehen geblieben. Und mehr noch: Ich habe mich umgedreht.“

„Konntest du deinen Verfolger erkennen?“

„Kurz vorher bin ich aufgewacht.“

„Das ist toll, Marla. Direkt beim ersten Mal solch eine Veränderung, ein riesiger Erfolg!“

„Ich weiß nicht. Es ist irgendwie … unfassbar. Nach so vielen Monaten! Die Angst ist trotzdem nicht weg. Im Gegenteil, jetzt bin ich dem Ding, das mich verfolgt, ja geradezu ausgeliefert. Wenn ich die Wahl gehabt hätte, wäre ich lieber davongeflogen oder so was.“

„Die KI hält es offensichtlich für die beste Lösung, dass du dich der Gefahr stellst."

„Ja, das Prinzip verstehe ich. Konfrontation ist besser als Flucht. Sonst werde ich meine Angst wahrscheinlich nie los."

„In der Regel ist es so, dass sich der Traum jedes Mal ein bisschen mehr verändert. Vielleicht hast du bereits in der nächsten Nacht Gewissheit, wer oder was dich verfolgt."

Schweigend betrachten sie sich. Marlas Augen haben sich an das schummerige Licht gewöhnt, das durch die geöffnete Tür ins Schlaflabor fällt. Deutlich erkennt sie die dünnen Linien um Amals fein geschwungene Lippen und die Schatten unter ihren Augen. Sie kann das Heben und Senken von Amals Brustkorb spüren, ihr Atem ist verdammt nah. Konfrontation.

Vorsichtig berührt sie Amals Gesicht, fährt mit den Fingerspitzen ihre Brauen entlang, über die Wange bis zu den weichen Lippen. Als Amal den Kopf bewegt, zuckt sie zurück.

„Entschuldige …"

Statt einer Erwiderung greift Amal nach ihrer Hand und küsst sanft die Innenfläche. Dann schmiegt sie ihre Wange hinein, lässt sie über ihr Gesicht gleiten, den Hals hinunter bis zum Dekolleté. Marla fühlt den Herzschlag durch den Blusenstoff und spürt gleichzeitig, wie sich ihr eigener beschleunigt.

Amal beugt sich vor und küsst sie. Ihre Lippen sind zart und weich und fordernd zugleich. Leidenschaftlich erwidert Marla den Kuss, umschließt Amals Zunge, drängt zu ihr hin, möchte sie spüren. Amal entzieht sich ihren Armen und springt auf.

„Stopp", sagt sie schwer atmend. „Ich will das nicht. Nicht hier, nicht jetzt, nicht so … Besser gar nicht."

Bevor sich Marla gefangen hat und etwas erwidern kann, hat Amal den Raum verlassen.

An Schlaf ist nicht mehr zu denken. Marla läuft ruhelos im Raum hin und her, setzt sich auf die Bettkante, springt auf und lässt sich schließlich auf den Sessel fallen. Das Licht hat sie mittlerweile eingeschaltet. Die Tür des Schlaflabors ist nach wie vor offen, aber von Amal weit und breit nichts zu sehen.

Marla stützt das Gesicht in ihre Hände. Was ist bloß los mit ihr? Wie kommt sie dazu, diese Frau zu berühren und zu küssen? Wieso fühlt sie sich so zu jemandem hingezogen, den sie kaum kennt?

Am liebsten würde sie mit Minou telefonieren, aber es ist mitten in der Nacht. 3:13 Uhr, um genau zu sein, sagt der Blick auf die Uhr. Sie trinkt einen Schluck Wasser und zwingt sich zur Ruhe.

Okay, vielleicht ist das Ganze auf Übermüdung zurückzuführen. Der Schlafmangel lässt sie oft übersensibel auf Reize reagieren. Und dann diese Maschine, dieser Traum und die Tatsache, dass es tatsächlich funktioniert hat. Oder dass sich zumindest etwas verändert hat nach zermürbenden Monaten der Stagnation. Etwas, was ihr Hoffnung gibt und zugleich Angst einjagt. Vielleicht brauchte sie jemanden, mit dem sie diese starken Emotionen teilen kann.

Und Tinus, warum ist Tinus nicht da? Okay, er ist eigentlich immer da, gerade jetzt eben nicht. Jetzt, wo sie ihn bräuchte. Braucht sie ihn? Sie liebt ihn. Er ist liebevoll, aufmerksam, witzig, geistreich, attraktiv, leidenschaftlich, er ist … perfekt. Sie muss ihn einfach lieben. Warum hat die Traumspezialistin dann diese unerklärliche Anziehungskraft auf sie? Wie weit wäre sie gegangen? Hätte sie ihren zukünftigen Mann betrogen? Ist es die Hochzeit, die sie nervös macht?

„Dass du mal heiraten würdest, damit hätte ich nie gerechnet.“ Minous Stimme klingt ihr im Ohr. Samt der Ironie, die in ihren Sätzen oft mitschwingt. Manchmal weiß man nicht, wie viel sie von dem, was sie sagt, ernst meint. Manchmal weiß man nicht, wie viel man von dem, was man fühlt, überhaupt ernst nehmen kann.

„Das sind bestimmt die Hormone“, murmelt Marla vor sich hin. Ein Strohfeuer, das kurz und heftig auflodert, um wieder in sich zusammenzufallen. Sie muss bloß abwarten, der Hitze widerstehen, und in ein paar Wochen ist alles vergessen.

Irgendwann wird dieser Albtraum vorbei sein. Wortwörtlich. Sie darf jetzt nur nicht den Kopf verlieren.

„Zieh's durch!“, flüstert sie sich zu.

LIZ' TAGEBUCH, *19. September 2015*

Tagebuch, da bist du ja wieder! Irgendwie warst du nach dem Umzug vor zwei Jahren verschollen. Ich dachte schon, du wärst versehentlich ins Altpapier gerutscht. Es gibt so viel zu erzählen! Wo fange ich an? Am besten bei den wichtigsten Neuigkeiten.

Ich hab's tatsächlich geschafft, mein Studium in der Regelstudienzeit abzuschließen. Wobei ich mich manchmal frage, wozu eigentlich, weil sich meine finanzielle Situation nicht gebessert hat. Um in der Stadt bleiben zu können, habe ich ein Volontariat angenommen. Das ist an sich ganz okay, nur schlecht bezahlt. Vor allem wenn man bedenkt, dass ich ja nun Steuern zahlen muss und keine Ermäßigungen mehr kriege. Ich kann mit Ach und Krach die Hälfte unserer Miete stemmen, der Rest geht für die sogenannten Güter des täglichen Bedarfs drauf. Kinobesuche, Bücher und neue Sneaker sind schon Luxus.

Ich finde das unmöglich, Chest normal. Er sagt, ich habe mir nun mal einen Berufsweg ausgesucht, in dem die Einstiegskonditionen nicht sonderlich gut sind. Es würde sich nach den ersten Jahren jedoch deutlich bessern, wenn auch niemals ein überdurchschnittliches Niveau erreichen. Manchmal geht mir seine Klugscheißerei auf die Nerven. Entschuldigung.

Hin und wieder frage ich mich, wie sich wohl alles entwickelt hätte, wenn ich mich vor anderthalb Jahren anders entschieden hätte. Denn – jetzt kommt die zweite große Neuigkeit – da hat er mir einen Heiratsantrag gemacht! Ich habe Ja gesagt, was sonst? Ein wenig überrumpelt zwar, dafür aus voller

Überzeugung. Warum nicht? Abgesehen von kleinen Unstimmigkeiten funktionieren wir fantastisch als Paar. Habe ich „funktionieren" geschrieben? Egal.

Ich liebe ihn immer noch. Anders als in den ersten ein, zwei Jahren, aber unverändert intensiv. Chest ist jemand, auf den man sich hundertprozentig verlassen kann. Und das ist schließlich viel wert!

Die Hochzeit ist kleiner ausgefallen, als ich mir das ausgemalt habe. Oder sagen wir, wie man sich solch einen Anlass ausmalt, wenn er noch weit, weit weg scheint. Schön war sie trotzdem. Mit unseren beiden bescheidenen Familien und den engsten Freundinnen und Freunden haben wir in unserem Lieblingsrestaurant gefeiert.

Die Flitterwochen haben wir erst mal verschoben. Mir standen die ersten Wochen im Berufsleben bevor, und Chest hatte bereits seine zweite Beförderung gekriegt. Sprich, die Hochzeitsfeier ging quasi nahtlos in den Arbeitsalltag über. Der Urlaub wird nachgeholt, so viel steht fest! Ich denke, alles in allem kann ich mich glücklich schätzen.

Kapitel 13

Laufen. Ich muss laufen.

Die Schritte, die sich erbarmungslos in meinen Kopf hämmern.

Laufen. Ich muss laufen.

Der Luftzug, der mit Eisfingern nach mir greift.

Laufen. Ich muss laufen.

Der Atem, der geifernd nach meinem Nacken schnappt.

Laufen. Ich kann nicht laufen.

Wie im Leerlauf rotieren meine Beine über dem schlüpfrigen Untergrund. Je mehr ich mich bemühe, Halt zu finden, desto schneller scheint mir der Boden unter den Füßen zu entgleiten. Ich laufe, ich renne, ich rase – und komme dennoch nicht vom Fleck.

Ein Kichern fährt mir durch Mark und Bein. Boshaft, triumphierend, direkt hinter mir. Ich schreie, aber kein Laut dringt aus meinen zum Bersten gefüllten Lungen. Panik kriecht mir durch die Brust, schnürt die Kehle zu und malt blitzende Sterne auf die Netzhaut.

Ich will – muss hier weg! Und spüre zugleich, wie mein Geist erlahmt und meine Gliedmaßen erschlaffen. Ein schwarzes

Nichts öffnet sich vor meinen Augen und saugt mich in die Dunkelheit.

Ich falle nicht, sondern kann gerade noch das Gleichgewicht halten. Mit letzter Kraft drehe ich mich um und – weiche einem Schlag aus. Reflexartig zuckt mein Körper weg von der Faust, die knapp an meinem Kopf vorbei ins Leere driftet. Irgendwie schaffe ich es, mich an ihm vorbeizuwinden.

Der Verfolger dreht sich zu mir um und …

„Marla, ganz ruhig."

„Ich muss das Gesicht sehen, ich muss das …"

Langsam nehmen die Konturen um Marla herum Form an. Der fMRT, das Bett und Amal, die ihr den Brustgurt öffnet. Ruhig und distanziert, ohne ihr dabei in die Augen zu schauen.

„Ich konnte das Gesicht nicht sehen", sagt Marla benommen. „Es hat versucht, mich zu schlagen, und ich bin ausgewichen. Mein Körper hat einfach reagiert, ist das nicht unglaublich?"

Amal nickt schweigend.

„Ich wollte dem Ding ins Gesicht blicken, es war wie ein Zwang. Wie in einem Horrorfilm. Wenn du hinsehen musst, obwohl du nicht hinsehen willst."

„Was genau hast du gesehen?"

„Nichts. Nur einen Schatten. Oder eher Leere. Als ob ein Puzzleteil fehlt."

„Vielleicht kann die Rekonstruktion des Traums das Rätsel lösen. Die Filmsequenz zeigt manchmal Details, die den Träumenden nicht aufgefallen oder nicht bewusst geworden sind."

Marla muss an den daumenkinoartigen Clip denken, den das Programm vor ein paar Wochen aus ihrem Traum zusammengesetzt hat. Der unvermittelte Wechsel zur Perspektive des Verfolgers. Gruselig.

„Meinst du, es kann das Gesicht rekonstruieren?"

„Möglich. In circa achtundvierzig Stunden werden wir es wissen. Ich werde dich anrufen, sobald ich ein Ergebnis habe." Mit ein paar Handgriffen schaltet sie die Kopfspule aus und steht auf.

„Amal ..."

„Lass uns vergessen, was gestern Nacht passiert ist. Das ist besser für uns beide."

Ohne ein weiteres Wort verlässt sie den Raum. Marla lässt sich zurück ins Kissen sinken.

Am Montag nach der Arbeit hat sich Marla mit Minou verabredet. Sie weiß, dass sie über die Geschehnisse im Traumforschungsinstitut Stillschweigen bewahren sollte, hat aber das Gefühl, jeden Moment platzen zu müssen. Außerdem kann sie sich bei ihrer besten Freundin sicher sein, dass ihr Geheimnis in guten Händen ist.

Sie treffen sich bei Marla zu Hause, Tinus wird erst in ein paar Stunden zurückkehren. Als Minou endlich klingelt, ist Marla schon eine Stunde unruhig durch die Wohnung gelaufen, hat die Bilderrahmen mit den zeitgenössischen Kunstdrucken abgestaubt und den kleinen Glastisch vor der Couch verrückt, den Tinus immer im perfekten Winkel zum Eckelement anordnet.

„Da bist du ja, Minou."

„Früher ging nicht, ich musste Henry erst zu seinem Freund bringen."

„Klar, kein Problem. Danke, dass du so spontan vorbeischaust."

„Wo drückt der Schuh? Du hast dich am Telefon ziemlich aufgeregt angehört."

„Komm erst mal rein. Das ist eine komplizierte Geschichte."

„Die liebe ich besonders."

„Möchtest du was essen oder trinken?"

„Ein Wasser wäre klasse. Alles andere kann warten."

Während Marla ein Glas Wasser aus der Küche holt, lässt sich Minou auf die Couch fallen. Marla setzt sich ihr gegenüber, wartet, bis ihre Freundin ein paar Schlucke getrunken hat.

„Okay, dann lege ich mal los", sagt sie. „Auch wenn ich selbst nicht glauben kann, was ich dir jetzt erzählen werde."

Während sie von den Vorgängen der letzten Tage berichtet, werden Minous Augen immer größer.

„Mein Gott", sagt sie, als Marla geendet hat. Entgegen ihrer Natur hat sie Marla nicht ein einziges Mal unterbrochen. Und selbst jetzt starrt sie Marla sprachlos an. Von der euphorischen Faszination, die sie gezeigt hat, als Marla ihr das erste Mal von der Traumanalyse erzählt hat, ist nichts zu spüren. „Das ist krass. Wie soll das gehen? Hattest du irgendwelche Elektroden am Kopf? Irgendetwas, was dich mit dieser Maschine verbunden hat und deine Gedanken stimulieren kann?"

Marla verneint. „Der Tomograf funktioniert über Magnetfelder und Radiowellen. Wie genau die Stimulation der Gehirnaktivitäten stattfindet, weiß ich nicht. Ich bin mir nicht mal sicher, ob die Wissenschaftlerin das überhaupt genau weiß."

Minou schüttelt fassungslos den Kopf. „Bist du dir eigentlich im Klaren darüber, was gerade passiert? Eine Maschine, Software, künstliche Intelligenz – nenn es, wie du willst – hat deine Träume gesteuert. Das ist ein absoluter Dammbruch!"

„Ja, das ist mir bewusst."

„Ich meine, von hier aus ist es doch nur noch ein Katzensprung zur Gedankenmanipulation. Und das gänzlich ohne Schnittstelle zwischen Mensch und Maschine! In Zukunft wird man nicht mehr unterscheiden können, welche Gedanken man selber hat und welche einem eingepflanzt werden. Ein fremdgesteuertes Bewusstsein – überleg mal, was das bedeutet!"

„Ich kann es mir vorstellen."

„Marla, du musst das abbrechen!"

„Es ist bereits vorbei. Spätestens übermorgen bekomme ich die Rekonstruktion des Traums zu sehen. Dann weiß ich hoffentlich, vor wem oder was ich unterbewusst Angst habe."

„Hat es etwas mit der Wissenschaftlerin zu tun, dass du dich darauf eingelassen hast?"

„Nein, warum sollte es? Ich war verzweifelt, und sie wollte mir helfen. Sie hat sich damit selbst in eine unangenehme Situation gebracht. Ich war als Probandin ja gar nicht vorgesehen." Dass sie Amal geküsst hat, verschweigt sie ihrer besten Freundin. Sie weiß selbst nicht, warum.

„Ich finde das alles höchst bedenklich."

„Du hörst dich an wie Tinus. Als ich dir das erste Mal davon berichtet habe, warst du begeistert."

„Das war etwas völlig anderes. Klar, Gedanken zu rekonstruieren, ist auch schon mehr als fragwürdig. Aber zur technischen Gedankenmanipulation ist es ein Quantensprung!"

„Vielleicht ist es das sogar wortwörtlich: ein Quantensprung. Amal … die Wissenschaftlerin hat erzählt, dass sich die künstliche Intelligenz selbst programmiert hat. Und dass das wohl nichts Ungewöhnliches ist."

„Ich habe das Gefühl, dass hier nicht weniger als eine neue Evolution stattfindet. Nur leider ohne uns Menschen."

„Du dramatisierst die Dinge."

„Und wieso eigentlich Amal? Seid ihr jetzt per Du?"

„Es ist schwierig, bei solch einer Grenzerfahrung die Distanz zu bewahren."

„Was soll das denn heißen? Seid ihr euch nähergekommen?" Als sie nicht reagiert, seufzt Minou. „Herrje, Marla, das darf doch nicht wahr sein!"

„Wir haben nicht miteinander geschlafen, falls du das meinst. Und wir werden es auch nicht tun. Seit wann bist du eigentlich so spießig?"

„Ich mache mir bloß Sorgen um dich. Das grenzt ja fast schon ans Stockholm-Syndrom."

„Jetzt komm mal wieder runter! Ich war aus freien Stücken dort und wurde mit Sicherheit zu nichts gezwungen."

Minou reibt sich das Gesicht. „Na schön. Tun wir mal so, als wäre das alles total normal. Was genau versprichst du dir von der Rekonstruktion dieses Traums?"

„Dass ich herausfinde, wer oder was mich da verfolgt."

„Nehmen wir mal an, es ist Tinus' verstorbene Ex-Frau. Mit ihr hat das ganze Drama ja angefangen. Und dann?"

„Kann ich mich der Sache stellen und hoffentlich damit abschließen."

„Und wie?"

„Mensch, ich weiß es doch auch nicht."

Minou betrachtet Marla schweigend. Nach einer Weile steht sie auf und nimmt Marla in den Arm. „Komm, Herzchen, wir gehen jetzt ein Eis essen. Eis geht immer."

LIZ' TAGEBUCH, *30. November 2015*

Ich fühle mich ausgelaugt. Nach nicht einmal anderthalb Jahren im Berufsleben. Kann das überhaupt sein? Ich habe das Gefühl, dass der Job mich absorbiert. Er saugt mich aus, raubt mir erst meine Kräfte, dann meine Kreativität und schließlich meine Motivation. Und davon brauche ich viel. Ständig wird verlangt, dass man voller Überzeugung dabei ist und hundertzwanzig Prozent gibt. Und das alles für ein Scheißgehalt.

Logisch, ich stehe noch am Anfang. Da kann man nicht viel verlangen. Aber dafür, dass ich ein abgeschlossenes Studium habe und oft fünfzig Stunden oder mehr in der Woche arbeite, ist das eine Unverschämtheit. Wenn ich meinen Verdienst auf die Wochenstunden umrechne, liege ich unter dem Mindestlohn und muss gleichzeitig für alles geradestehen, was in meinen Projekten schiefläuft.

Denn Verantwortung, klar, die kann ich auch als Volontärin tragen. Chest sagt, ich kann mich glücklich schätzen, denn je mehr Verantwortung man mir überträgt, desto mehr traut man mir zu. Und alles, was ich jetzt lerne, kommt mir in späteren Gehaltsverhandlungen bei diesem oder bei einem anderen Arbeitgeber zugute.

Liegt es an mir? Bin ich nicht belastbar, nicht resilient genug? Hat mich das Studium verweichlicht? Wieso schaffen es die anderen, bei alldem motiviert, produktiv und fröhlich zu bleiben? Oder ist es bloß eine Maske, hinter der wir uns verstecken? Die Ja zu Überstunden und Juhu zu neuen Aufträgen sagt und sich dabei auch noch dankbar zeigt. Schließlich kann man sich nach Feierabend auf Kosten der Firma etwas zu essen bestellen und zweimal im Jahr an irgendwelchen durchgeknallten Events teilnehmen, obwohl man viel lieber mal wieder ausschlafen würde.

Ich fühle mich erschöpft. Wenn ich nach Hause komme, sitze ich oft da und glotze die Wand an. Selbst am Wochenende habe ich meistens keine Lust, einen Fuß vor die Tür zu setzen. Früher war ich es, die Ausflüge und Treffen mit unseren Freunden organisiert hat. Jetzt ist es Chest. Bin ich undankbar? Immerhin geht es anderen deutlich schlechter als mir.

Vielleicht brauche ich bloß Geduld. Das Volontariat dauert noch ein halbes Jahr, danach wird man sehen. Und in ein paar Wochen ist Weihnachten mit einem Festschmaus bei Oma, darauf freue ich mich. Vielleicht wird dann alles besser. Bestimmt ist das gerade nur eine Phase. Zumindest sagt Chest das.

Kapitel 14

Nichts. Die Rekonstruktion des Traums hat keine weiteren Erkenntnisse gebracht. Wo Marla kein Gesicht erkennen konnte, hat es auch die KI nicht getan. Zu erahnen war nichts weiter als ein Schatten – schemenhafte Konturen, die kaum etwas Menschliches hatten.

Nach dem Abschlussgespräch mit Amal, das betont sachlich und distanziert verlief, stellt sich bei Marla Resignation ein. Vielleicht muss sie damit leben. Oder sie hat das Glück, dass der Traum irgendwann genauso plötzlich verschwindet, wie er aufgetaucht ist. Währenddessen bleibt ihr wohl nur eines: irgendwie damit klarzukommen. Und wenn's gar nicht anders geht, muss sie sich Tabletten verschreiben lassen.

In der Firma steht diese Woche eine Jubiläumsfeier an. Marla ist eigentlich immer gern zur Arbeit gefahren. Jetzt fällt es ihr zunehmend schwerer, sich auf diese Art von Gruppenevents einzulassen. Das forcierte Gemeinschaftsgefühl, das mit einem kollektiven Schampusexzess einhergeht, erscheint ihr oberflächlich und erzwungen.

Ganz besonders, seit ein Kollege in die mittlere Führungsebene aufgestiegen ist, der das in ihren Augen weniger durch

Kompetenz als durch geschickte Seilschaften erreicht hat. Das könnte ihr an sich egal sein, wenn er nicht ihr direkter Vorgesetzter wäre. Everybody's Darling hatte sich als hinterhältiger Choleriker entpuppt.

Als Marla auf der Feier eintrifft, geht dort die Post ab. Im Gegensatz zu ihr, die heute einen freien Tag hatte, haben die meisten bereits nachmittags die ersten Gläser geleert. Entsprechend aufgeheizt ist die Stimmung.

„Marla!", ruft Anne quer durch den Raum und winkt ihr zu.

Marla weiß, dass ihre Lieblingskollegin es gut meint, hätte die allgemeine Aufmerksamkeit allerdings lieber vermieden. Während sie sich beherzt lächelnd und fröhlich grüßend ihren Weg durch die Anwesenden bahnt, sieht sie aus den Augenwinkeln, wie einige tuschelnd die Köpfe zusammenstecken.

Ihr psychischer Zustand der letzten Monate ist ein gefundenes Fressen für Kolleginnen und Kollegen, die in ihrem Job nicht ausgelastet genug zu sein scheinen. Insbesondere das katastrophale Meeting vor einer Woche, das sie in Tränen aufgelöst verlassen hat, hat den Flurfunk ordentlich angeheizt.

„Da bist du ja!" Anne begrüßt Marla mit zwei Wangenküsschen. Sie sitzen sich mittlerweile seit fast sieben Jahren im Büro gegenüber, das schweißt zusammen. „Möchtest du was trinken?"

Bevor Marla reagieren kann, hat ihr auch schon jemand ein Glas Sekt in die Hand gedrückt. Na dann, runter damit! Sie hatte sowieso nicht vor, heute mit dem Auto zurückzufahren. Nach wenigen Schlucken spürt sie, wie ihr der Alkohol zu Kopf steigt. Das hängt damit zusammen, dass sie seit einer Ewigkeit kaum etwas getrunken hat. Da sie feststellen musste, dass ein Rausch zu besonders heftigen Albtraumattacken führt, hat sie lieber darauf verzichtet. Heute ist es ihr egal.

„Wie geht's dir?", fragt Anne, als sie mal kurz unter vier Augen sprechen können.

„Es geht", erwidert Marla. Und schließlich wahrheitsgemäß: „Nicht so richtig gut."

„Das tut mir leid. Du musst dir wegen der Sache letzte Woche keinen Kopf machen."

„Das sagt sich so leicht."

„Alle wissen, dass Lennart ein Arschloch sein kann. Du bist nicht die Erste, der die Tränen gekommen sind."

„Ich fand's ganz schön peinlich. So habe ich noch nie die Beherrschung verloren."

Bevor Anne etwas erwidern kann, hören sie ein knackendes Geräusch und ein Räuspern. Wenn man vom Teufel spricht. Ausgerechnet ihr Vorgesetzter hat in diesem Moment das Mikrofon ergriffen. Die Gruppe rückt respektvoll auseinander, um ihm Platz zu verschaffen.

Breit grinsend steht Lennart Voigt in der Mitte des Raums und lässt den Blick über die Anwesenden schweifen. Er liebt die Aufmerksamkeit und ist zweifellos in seinem Element. Marla spürt eine leichte Beklemmung in der Brust.

„Liebe Kolleginnen und Kollegen", beginnt Lennart seine Retrospektive auf die vergangenen Firmenjahre. Besonders hebt er im Lauf seiner Rede die Errungenschaften der Führungsriege und seinen eigenen bescheidenen Beitrag dazu hervor. Obwohl die charismatische Rhetorik kaum über seine Selbstgefälligkeit hinwegtäuscht, kann er sich der wohlplatzierten Lacher seines Publikums sicher sein. Zum Schluss folgt er der Tradition seiner Vorgänger und stellt

Mitarbeitende heraus, die sich durch besondere Leistungen ausgezeichnet haben. Viel Blabla, wenig Aufrichtigkeit.

Marla ist mit den Gedanken längst woanders, als ihr Name fällt. Wumm. Wie versteinert steht sie da, als sich alle zu ihr umdrehen. Das Blut weicht ihr aus dem Gesicht, und sie spürt, wie ihre Handflächen feucht werden. Nadelstichartig dringen Lennarts Worte in ihr Ohr.

„Trotz kleiner Differenzen zwischen uns, die vielleicht die einen oder anderen mitgekriegt haben, möchte ich die langjährige zuverlässige Arbeit von Frau Sternberg für dieses Unternehmen würdigen." Mit einem jovialen Lächeln wendet er sich direkt an sie. „Ich weiß, Marla, dass die letzten Wochen und Monate schwierig für dich waren. Aber niemand sollte sich bei uns verstecken müssen, dem es gerade nicht so gut geht. Komm doch bitte mal nach vorne!"

„Wichser", entfährt es Anne kaum hörbar. Und dann, zu Marla gewandt: „Du machst das schon."

Wie in Trance geht Marla ein paar Schritte auf ihn zu. Ihre Knie werden weich. Das wahre Ziel dieser gönnerhaften Lobhudelei dürfte höchstens den Engvertrauten klar sein: Bloßstellung.

„Ich weiß noch gut, wie wir damals gemeinsam als Trainees hier angefangen haben. Unser Werdegang hat sich eigentlich kaum unterschieden, und es hat mir immer Freude bereitet, mit dir zusammenzuarbeiten. Wie fühlt man sich nach zwölf Jahren in diesem Betrieb?" Er hält ihr das Mikro unter die Nase.

Marla wäre am liebsten im Boden versunken. Langsam öffnet sie den trockenen Mund und möchte gerade etwas hineinstottern, da wird sie auf einmal ganz ruhig, als hätte irgendjemand oder irgendetwas einen Schalter umgelegt. Sie schließt kurz die Augen und bemerkt, wie die Angst einem anderen Gefühl weicht – Wut. Eine tiefe, aggressive Wut, die sie in dieser Form zum ersten Mal verspürt.

Sie nimmt ihm das Mikro aus der Hand und schaut ihm direkt in die Augen. „Weißt du, Lennart, eigentlich fühle ich mich nach zwölf Jahren immer noch wohl in diesem Betrieb. Aber ich habe ein Problem mit Vorgesetzten, die ungebeten die gesamte Belegschaft über meinen Gemütszustand informieren. Um es kurz zu machen: Du bist ein Arschloch. Und armselig dazu."

Sie drückt ihrem sprachlosen Vorgesetzten das Mikro in die Hand und kehrt zurück zu ihrer Kollegin, die nach Luft schnappt. Bis auf ein unterdrücktes Lachen ist es im ganzen Saal mucksmäuschenstill.

So schnell die Wut entbrannt ist, so schnell ist sie verraucht. An ihre Stelle tritt die Gewissheit: Das war's. Nach zwölf Jahren. Marla bahnt sich den Weg durch die schweigende Menge und geht.

Tinus mustert Marla schweigend, während sie ihm von dem Vorfall berichtet. Sie tut das auf eine emotionslose und fast schon gleichgültige Weise.

„Marla, was ist los mit dir?", fragt er.

„Wie, was ist los mit mir? Was ist los mit meinem Kollegen, solltest du eher fragen!"

„Das passt gar nicht zu dir. Seit wann beleidigst du andere Menschen auf diese Weise? Selbst wenn er ein Arschloch sein sollte, du kannst ihm das nicht vor allen ins Gesicht sagen!"

„Er *ist* ein Arschloch, Tinus. Er hat bloß die Gabe, andere um den Finger zu wickeln."

„Bist du dir da sicher? Vielleicht hat er es tatsächlich gut gemeint, und es lag an deiner Wahrnehmung, dass …"

„Wie kannst du meine Wahrnehmung infrage stellen?", unterbricht Marla ihn. Da ist sie wieder, die aufflackernde Wut. „Fällst du mir in den Rücken?"

„Schatz, wie redest du denn? Als ob ich dir in den Rücken fallen würde. Ich möchte dir helfen, das weißt du. Für mich wäre es gar kein Problem, wenn dir gekündigt wird, aber ich weiß, wie sehr du an deinem Job hängst."

Marla versucht, sich zusammenzureißen. Tinus meint es nur gut, wie immer.

„Entschuldige. Ich weiß auch nicht, es ist halt passiert. Selbst wenn ich keine fristlose Kündigung erhalten sollte, kann ich dort nach dieser Sache unmöglich weiterarbeiten."

„Na ja, nun warten wir mal ab. Jetzt ist erst mal Wochenende, und vielleicht haben sich bis Montag die Gemüter beruhigt."

„Vielleicht."

„Worum du allerdings nicht herumkommen wirst, ist eine Entschuldigung. Ich denke, du musst dir ernsthaft überlegen, wie es weitergehen soll. Meine Haltung zu dem Thema kennst du."

Marla seufzt und nickt. „Ja, deine Haltung kenne ich. Vielleicht muss ich in der nächsten Zeit zu Hause bleiben und Socken bügeln."

LIZ' TAGEBUCH, 18. JULI 2016

Das Volontariat ist vorbei, und wir haben Urlaub. Endlich. Zwei Wochen in Südfrankreich mit Sonne, Strand, Wein und vor allem viel Schlaf. Ich habe fast geweint, als wir im Flieger Richtung Süden saßen. Jetzt hocke ich auf der Terrasse unserer süßen Ferienwohnung und schaue auf eine Bucht mit dümpelnden Fischerbooten, riesigen Ohrenkakteen und knorrigen Kiefern. Ein leichter Wind streift durch die sonnengetränkte Landschaft und verbreitet einen süßlichen Geruch nach überreifen Früchten, Meer und Nadelhölzern.

Chest hat sich viel Mühe gegeben, den perfekten Urlaubsort zu finden. Das Panorama, das sich mir eröffnet, könnte man 1:1 ausschneiden und in einen Reisekatalog kleben. Das ist einer dieser Orte, dieser Momente, bei denen man sich wünscht, dass die Zeit stehen bleibt. Keine Verpflichtungen, kein Stress, Eskapismus in Reinform.

Zwei Wochen aus dem Alltag flüchten und versuchen, nicht daran zu denken. Ja, ich habe die erste Etappe meines Berufslebens erfolgreich abgeschlossen. Ich sollte stolz auf mich sein, wie Chest immer betont. Ich wäre es auch und vielleicht sogar ein bisschen glücklich, wenn ich nicht wüsste, dass es nach dem Urlaub nahtlos mit allem weitergeht. Zu etwas besseren Konditionen, aber mit denselben Projekten und gleichbleibendem Arbeitspensum. Hauptsache, es gibt einen Obstkorb und einen Kickertisch.

Immerhin werde ich ab sofort meinen Urlaub selbst zahlen können, weil am Monatsende tatsächlich ein kleiner Betrag zum Sparen übrig bleibt. Geld ist nur das eine. Ich würde mir

Aufgaben wünschen, die den hehren moralischen Zielen, die man im Studium hatte, wenigstens nahe kommen. Mir fehlt oft der Sinn bei den Dingen, die ich tue. Und die ich gefälligst mit angemessenem Eifer zu tun habe.

Klar, ich hätte den Job wechseln können. Doch die Alternativen in der näheren Umgebung waren nicht besser. Und letztendlich hat mir die Kraft gefehlt, mich ernsthaft mit Bewerbungsprozessen auseinanderzusetzen. Ist das Jammern auf hohem Niveau? Wahrscheinlich. Aber die Situation wird nicht besser dadurch, indem man sie schönredet.

Chest ist gerade mit dem Mietwagen eingetroffen. Er hat ein paar Einkäufe erledigt, gleich wird er mir bestimmt frisch gepressten Orangensaft bringen. Ich kann mich wirklich glücklich schätzen. Schluss mit den dunklen Gedanken! Lächeln, durchatmen und den Augenblick genießen. Das Leben ist schön.

Kapitel 15

Laufen. Ich muss laufen.

Die Schritte, die sich erbarmungslos in meinen Kopf hämmern.

Laufen. Ich muss laufen.

Der Luftzug, der mit Eisfingern nach mir greift.

Laufen. Ich muss laufen.

Der Atem, der geifernd nach meinem Nacken schnappt.

Laufen. Ich kann nicht laufen.

Wie im Leerlauf rotieren meine Beine über dem schlüpfrigen Untergrund. Je mehr ich mich bemühe, Halt zu finden, desto schneller scheint mir der Boden unter den Füßen zu entgleiten. Ich laufe, ich renne, ich rase – und komme dennoch nicht vom Fleck.

Ein Kichern fährt mir durch Mark und Bein. Boshaft, triumphierend, direkt hinter mir. Ich schreie, aber kein Laut dringt aus meinen zum Bersten gefüllten Lungen. Panik kriecht mir durch die Brust, schnürt die Kehle zu und malt blitzende Sterne auf die Netzhaut.

Ich will – muss hier weg! Und spüre zugleich, wie mein Geist erlahmt und meine Gliedmaßen erschlaffen. Ein

schwarzes Nichts öffnet sich vor meinen Augen und saugt mich in die Dunkelheit.

Ich falle nicht, sondern kann gerade noch das Gleichgewicht halten. Mit letzter Kraft drehe ich mich um und weiche einem Schlag aus. Reflexartig zuckt mein Körper weg von der Faust, die knapp an meinem Kopf vorbei ins Leere driftet. Irgendwie schaffe ich es, mich an ihm vorbeizuwinden.

Der Verfolger dreht sich zu mir um – und ich lange nach einem Stein, der direkt neben mir auf dem Boden liegt. Ich hebe ihn hoch und …

Schwer atmend sitzt Marla aufrecht im Bett und braucht einen Moment, um zu sich zu kommen. Benommen wirft sie einen Blick auf die rechte Seite des Betts. Tinus schläft tief und fest. Offensichtlich hat sie diesmal nicht geschrien, sonst wäre er mit Sicherheit wach geworden. Verwirrt streicht sie sich über das verschwitzte Gesicht.

Was war das? Woher kam der Stein? Wieso hat sie …? Hat sie den Traum etwa weitergeträumt? Wie ist das möglich? Leise steht sie auf, schleicht aus dem Schlafzimmer und steigt im Flur in ihre Pantoffeln. Dann holt sie aus dem Nebenzimmer einen dünnen Cardigan, den sie sich überwirft. Mehr braucht sie in der lauen Sommernacht nicht.

Danach geht sie in die Küche, um sich ein Glas Wasser einzufüllen. Sie stellt sich ans Fenster und starrt in die Nacht. Draußen verbreiten Straßenlaternen ein schummeriges Licht, ansonsten ist es dunkel und ruhig. 2:11 sagt die Uhr.

Eindeutig, sie hat den Traum weitergeträumt. Ohne KI, ohne fMRT, einfach so. Kann das sein, oder besser, darf das sein? Marla unterdrückt das unheimliche Gefühl, das sie heimsucht. Es ist vollkommen normal, dass sich Träume verändern.

Vielleicht ist es sogar ein Zeichen dafür, dass sich das Ganze nach und nach normalisiert. Vielleicht ist der Traum bald nur noch einer von vielen oder zeigt sich ständig in einer neuen Version, was ihm den Schrecken nehmen würde. Vielleicht.

Sie schließt die Augen und atmet ein paarmal tief in den Bauch. Ruhe kehrt zurück. Und sogar so etwas wie Müdigkeit. Sie wird sich aufs Sofa legen, ein bisschen lesen und hoffen, dass ihr irgendwann die Augen zufallen werden. Heute ist Samstag, und sie kann so lange schlafen, wie sie will. Alles wird gut.

Nachmittags sind sie mit Jaron und Erik zum Klettern verabredet, diesmal in einem stillgelegten Steinbruch in der Nähe, der zu einem Kletterpark umfunktioniert wurde. Es sind noch sechs Wochen bis zu ihrem Kletterurlaub. Falls sie tatsächlich in die Alpen fahren. Tinus ist skeptisch, aber Marla möchte unbedingt. Wenn ihr der Albtraum auch noch einen Urlaub nimmt, auf den sie sich seit einem halben Jahr freut, hat er endgültig gewonnen.

„Wie geht's dir?", fragt Jaron und umarmt sie herzlich.

„Ach, solange ich es noch die Wand hochschaffe, ist die Welt in Ordnung." Sie lacht betont fröhlich.

Das Wetter ist bescheiden, entsprechend wenig ist heute los. Es regnet zwar nicht, doch der Fels ist feucht von dem Schauer in der vergangenen Nacht.

„Seid vorsichtig, es ist glitschig!", sagt Erik, der den Anfang macht. Er hat bereits einige Meter in die Höhe zurückgelegt, allerdings langsamer als sonst.

Marla lauscht dem vertrauten Klicken der Doppelkarabiner, die in die Bohrhaken am Felsen eingehängt werden. Sobald die sogenannte Expressschlinge, kurz Exe, sicher hängt, wird das Seil eingefädelt. Das ist in der Natur meist schwieriger als in der Halle, da hier die Abstände zwischen den einzelnen Bohrhaken oft größer sind. Hinzu kommen die Unregelmäßigkeiten des Gesteins. Nicht immer hat man einen sicheren Stand, um die nächste Exe einzuhängen. Wird es zu riskant, sollte man die Route abbrechen.

Alle vier sind sie besonnene Kletternde. Insbesondere Tinus ist vorsichtig. Marla sichert ihn, da möchte er sie nicht unnötig in Gefahr bringen. Um den Gewichtsunterschied auszugleichen, hat sie sich zusätzlich mit einer Standschlinge am Boden gesichert, tief ins Seil fallen sollte er trotzdem nicht.

Abgesehen von den besonderen Sicherheitsvorkehrungen, liebt Marla das Klettern am Fels. Der raue Stein unter den Fingern, den Blick fokussiert auf der Suche nach dem nächsten Vorsprung oder der nächsten Spalte, den Kopf ganz und gar im Hier und Jetzt. Aufregend und meditativ zugleich. Es gibt kaum etwas, das sie besser von Alltagssorgen und Problemen ablenkt.

Langsam arbeiten sie sich von den einfachen zu den schwierigeren Routen vor. Eine haben Jaron und Tinus schon seit längerer Zeit im Auge. Sie besticht durch einen langen Riss, an dem man sich entlangarbeiten muss, und einen Überhang kurz vor dem Ziel, der sich als besonders herausfordernd herausgestellt hat. An dieser Stelle mussten beide die letzten Male aufgeben.

„Und, wagen wir's?", fragt Jaron.

„Na ja, die besten Voraussetzungen haben wir heute nicht", erwidert Tinus. „Übung schadet nicht. Wir können ja mal schauen, wie weit wir kommen."

Jaron beginnt und muss wie erwartet kurz vor dem Überhang abbrechen. Tinus schafft es ebenfalls mit Mühe und Not bis zur besagten Schlüsselstelle, denn auch die übrige Route ist schwerer zu klettern als sonst.

„Nichts zu machen", sagt er, als er schwer atmend wieder unten aufsetzt. „Als hätten sie da oben einen Bohrhaken vergessen. Wir müssen uns wohl ein neues Projekt suchen."

„Moment!", protestiert Marla. „Wer sagt, dass ich die Route nicht probieren will?"

„Schatz, ich weiß nicht …"

„Ich bin sie schon einmal geklettert. Bis über den Riss bin ich auch gekommen."

„Heute sind die Bedingungen schlecht, zumal du gerade nicht in der besten Verfassung bist."

Das hätte er besser nicht gesagt. Marla funkelt ihn an und greift entschlossen nach dem Seil.

„Ich probier's", sagt sie und knotet sich ein.

Seufzend legt Tinus das Seil in sein Sicherungsgerät ein, während Erik und Jaron schweigend danebenstehen. Keiner findet die Idee gut, sie wissen allerdings, dass sie Marla nicht von dem Vorhaben abbringen werden.

Nach den ersten zwei Metern merkt Marla, dass das kein Spaziergang werden wird. Da dieser Teil des Steinbruchs im Schatten liegt, ist er noch glitschiger als die anderen Routen. Vernünftiger wäre es, bereits hier abzubrechen. Doch sie spürt einen innerlichen Antrieb, der sich mit dem Griff und jedem Schritt zu vergrößern scheint. Wo eben noch purer Trotz war, breitet sich eine sonderbare Euphorie aus, die sie hartnäckig nach oben streben lässt.

Da, der Riss! Sie greift mit den Fingern hinein und stemmt sich zugleich mit den Füßen gegen den Felsen. Dadurch baut sich eine Spannung auf, die sie nutzt, um langsam, aber stetig weiterzukommen.

Jetzt die Exe in den Bohrhaken einhängen und … Ihr Fuß rutscht ab, und sie wäre beinahe gefallen. Von unten hört sie ein erschrockenes „Vorsicht!“ und schafft es irgendwie, wieder Halt zu kriegen. Mit letzter Kraft befestigt sie den Karabiner, klippt das Seil ein und setzt sich erst einmal hinein.

Aufatmend entspannt Marla ihre schmerzenden Finger. Wow! Trotz der Anstrengung und der nicht gerade ungefährlichen Situation muss sie grinsen. Schlechte Verfassung, von wegen! Sie hat sich selten so lebendig und voller Energie gefühlt. Sie winkt den Männern, die ihr von unten besorgte Blicke zuwerfen, aufmunternd zu.

Dann geht's weiter. Die nächste Etappe bereits vor Augen, lässt sie den Riss hinter sich. Fast mühelos klettert sie über die Stelle hinweg, an der sie beim letzten Mal kapitulieren musste. Aufgeben? Das wäre ja gelacht! Beflügelt arbeitet sie sich Meter für Meter vorwärts, klippt, klettert und klippt erneut.

Oha, der Überhang! Jaron und Tinus haben recht, der hat es in sich. Es gibt kaum eine Möglichkeit zum Greifen, und der Bohrhaken befindet sich weit über ihrem Kopf. Wenn sie fällt, kurz bevor sie ihn erreicht, fällt sie tief. Und vermutlich schmerzhaft, denn die Wahrscheinlichkeit ist hoch, dass sie gegen den Felsen prallt.

Ohne nachzudenken, setzt sie den ersten Fuß auf einen winzigen, kaum sichtbaren Vorsprung. Hält, hoffentlich. Oben links hat sie ein Loch ausgespäht, gerade groß genug für ihren Mittelfinger. Körper eindrehen, strecken, geschafft!

So klettert sie Zentimeter für Zentimeter vorwärts, stets im Begriff, abzurutschen und zu fallen.

Darüber denkt Marla nicht nach. Ihr Gehirn, das sonst jede kleine Gefahr antizipiert und das Risiko abwägt, hat auf Autopilot geschaltet. Sie klettert in einem Rausch, der ihr bislang unbekannt war. Intuitiv drängt ihr Körper vorwärts, findet an den unwahrscheinlichsten Stellen Halt und nähert sich dem Ziel unaufhaltsam.

Marla hängt fast in der Waagerechten, als der Bohrhaken in Reichweite gerät. Sie lässt die rechte Hand los, nimmt eine Exe von ihrem Gurt, hängt sie ein – und rutscht mit den Füßen ab. Hilflos baumeln sie in der Luft, während sie sich nur noch mit der linken Hand in einem Riss und mit der rechten an der Schlinge der Exe festhält, die beide Karabiner miteinander verbinden.

Marla hört einen Aufschrei von unten und Tinus' Stimme. „Lass dich fallen, ich hab dich!"

Sie wirft einen Blick nach unten. Wenn sie sich jetzt kontrolliert fallen lässt, würde sie sich vermutlich das Knie anschlagen und ansonsten glimpflich davonkommen. Ja, das wäre die vernünftigste Option. Das wäre die Option, die Marla normalerweise gewählt hätte.

Aber nichts ist normal. Trotz der schwindenden Kräfte spürt sie ein wohlbekanntes Gefühl in sich aufsteigen: die aggressive Wut, die sie zum ersten Mal bei der Firmenfeier verspürt hat. Es macht sie wütend, dass sie hier so hilflos hängt und sich gleich das Knie aufschlagen wird. Es macht sie wütend, dass diese Route so schlecht gebohrt ist. Es macht sie wütend, dass Tinus mal wieder weiß, was am besten für sie ist.

Wie ferngesteuert lässt sie die linke Hand los und greift nach dem Seil.

„Was tust du da?", schreit Tinus nach oben.

„Seil!", schreit sie zurück. „Seil!"

Statt der vernünftigsten Option wählt sie die weitaus unvernünftigste. Während sie sich mit der rechten Hand an der Expressschlinge festhält, zieht sie mit der linken das Seil nach oben. Sie weiß, dass sie sich im Fall eines Sturzes verletzen wird. Sie weiß, dass sie im Fall eines Abrutschens mit dem Finger im Karabiner stecken bleiben könnte, abgesehen davon, dass Exen nicht zum Festhalten gedacht sind. Sie weiß all das – und schenkt dem nicht die geringste Beachtung.

Qualvoll langsam zieht sie das Seil nach oben, erreicht mit zitternden Fingern den Karabiner, klippt es ein – und hat es geschafft. Sie hat es tatsächlich geschafft. Jetzt nur noch der letzte Meter zum Top, den sie mit Leichtigkeit nimmt. Klippen, Seil einhängen, fertig.

Die Wut weicht schlagartig von ihr. Die zu erwartende Euphorie bleibt allerdings aus. Stattdessen stellt sich angesichts der Gefahr, in die sie sich selbst und in gewisser Weise auch Tinus gebracht hat, ein anderes Gefühl ein. Scham.

LIZ' TAGEBUCH, *13. November 2016*

Oma ist gestorben. Einfach so. Die Dame vom Pflegedienst hat sie morgens im Bett gefunden. Tot. Sie sagt, Oma ist sicherlich friedlich eingeschlafen. Sie hat ein Lächeln auf dem Gesicht gehabt. Der Arzt sagt, meine Großmutter ist an Herzversagen gestorben. So etwas kann in dem Alter passieren. Vermutlich ist es schnell gegangen, vielleicht hat sie gar nichts davon mitbekommen. Chest sagt, seine Schwiegeroma ist ein toller Mensch gewesen. Ihr Tod ist auch für ihn ein großer Verlust. Er kann meinen Schmerz verstehen, aber sie wird in unseren Herzen weiterleben.

Ich kann nichts sagen. Nicht einmal weinen kann ich richtig. Stattdessen sitze ich vor dem Fenster und beobachte die Regentropfen, die in einem selbstzerstörerischen Akt die Scheibe hinunterperlen. Nach und nach lösen sie sich in winzige Wasserbestandteile auf. Wenn sie trocknen, werden sie eine Schliere auf dem Glas hinterlassen, die für kurze Zeit an die Existenz der Tropfen erinnert. Dann verblasst jede Spur. Eitler Tropf, der mehr erwartet.

Kapitel 16

„Marla, wir müssen reden."

Marla nickt stumm. Ihr war klar, dass Tinus die Sache noch mal ansprechen würde. Während der restlichen Klettersession hat er sich zwar zurückgehalten, war aber auffallend schweigsam. Obwohl Erik und Jaron um gute Stimmung bemüht waren, sind sie nicht mehr allzu viele Routen geklettert. Marla war sowieso am Ende ihrer Kräfte. Die Route hat all ihre Reserven gekostet.

Jetzt sitzen sie zu zweit im Auto und sind auf der Heimfahrt.

„Ich habe das Gefühl, dass du dich veränderst", fährt Tinus fort. „Erst die Beleidigung deines Chefs, jetzt das unnötige Risiko, das du eingegangen bist – beides passt überhaupt nicht zu der Frau, die ich kenne."

Zu der Frau, die du dir wünschst, schießt es Marla durch den Kopf.

„Es tut mir leid", sagt sie stattdessen. „Ich war so im Flow, dass ich mir der Gefahr nicht bewusst war. Und über die Sache mit meinem Chef haben wir ja bereits geredet."

„Irgendetwas stimmt nicht. Diese total ungewohnte Aggressivität, woher rührt die?"

„Ich weiß nicht, was du meinst. Vielleicht sind das Stimmungen. Du kannst auch extrem ehrgeizig sein und regst dich manchmal übertrieben heftig über Dinge auf. So was passiert."

„Es passiert in letzter Zeit zu oft. Genau genommen seit dem Moment, als du bei dieser seltsamen Traumanalyse warst."

„Das kann man so nicht verallgemeinern. Kirsten sagt beispielsweise, dass es bei der Auseinandersetzung mit verborgenen Ängsten zu einer Erstverschlechterung kommen kann. Es wird halt einiges an die Oberfläche gespült."

„Apropos Kirsten. Wann warst du eigentlich das letzte Mal bei ihr? Du erzählst gar nichts mehr."

Tja, gute Frage.

„Letzte Woche, glaube ich. Es war so viel zu tun."

„Glaubst du? Wann denn bitte genau?"

„Wird das jetzt ein Verhör?"

„Du weißt, wie wichtig es in deiner Verfassung ist, dass du die Behandlung kontinuierlich fortführst. Ich verstehe nicht, wieso du so unvernünftig bist."

„Hör auf, mich zu bevormunden!", platzt es aus Marla heraus. „Ich heiße nicht Yamira!" Noch während sie den Satz ausspricht, bereut sie ihn.

„Was soll das denn heißen?"

„Tut mir leid. Ich wollte sie nicht ins Spiel bringen."

„Nein, ernsthaft, ich möchte das jetzt wissen: Was willst du mir damit sagen?"

„Bitte lass uns darüber zu Hause in Ruhe sprechen."

Aber Tinus hat bereits den Blinker gesetzt und hält am Straßenrand. Wenigstens herrscht kaum Verkehr.

„Also gut“, sagt Marla und legt ihrem Verlobten beschwichtigend eine Hand auf den Arm. Er blickt sie bloß wortlos an.

„Ich habe ständig Angst, dass du mich mit ihr vergleichst. Ich weiß, wie furchtbar ihr Tod damals für dich war …“

„Du weißt gar nichts“, unterbricht er sie.

„Genau das ist ja das Problem! Du erzählst nie etwas. Deine Ex-Frau ist ein riesiges Damoklesschwert, das über unseren Köpfen schwebt. Ständig habe ich Angst, irgendetwas zu sagen oder zu tun, was dich an sie erinnern könnte.“

„Wieso sollte sie etwas mit dir zu tun haben?“

„Ich weiß ja auch nicht … Vielleicht weil ich genau wie sie in psychotherapeutischer Behandlung bin, obwohl das bei mir andere Gründe hat. Und weil du immer so besorgt bist. Versteh mich nicht falsch, ich weiß es zu schätzen, wie sehr du dich um mich kümmerst, aber … aber manchmal dramatisierst du die Dinge.“

„Hast du mit Kirsten darüber gesprochen?“

„Ja, schon. Ein bisschen. Sie hat gesagt, dass ich mir deshalb keine Sorgen machen muss. Irgendwie mache ich sie mir trotzdem.“

„Du bist nicht Yamira.“

„Das weiß ich.“ Marla seufzt. „Es tut mir leid, ich hätte nicht mit dem Thema anfangen sollen.“

Sie starren eine Weile schweigend aus dem Fenster. Marla wartet mit einem mulmigen Gefühl darauf, dass Tinus etwas sagt. Vergeblich. Irgendwann startet er den Motor, setzt den Blinker und fährt weiter. Über den Vorfall verlieren sie kein Wort mehr.

*

Seit der letzten Nachbesprechung mit Marla hat Amal mit einem Gefühl der Leere zu kämpfen. Resigniert muss sie zur Kenntnis nehmen, dass sie ihrer Patientin nicht helfen kann. Eine Patientin, bei der sie außerdem eine rote Linie überschritten hat.

Woher rühren diese starken Empfindungen? Dieser Sog zärtlicher Leidenschaft, dem sie sich in dieser einen Nacht nicht entziehen konnte? Ist es falsch gewesen, sich so gehen zu lassen? Von einem professionellen Standpunkt aus gesehen mit Sicherheit. Aber war es nicht vielmehr Marla, die den ersten Schritt gemacht hat? Was wäre gewesen, wenn sie sich ganz und gar darauf eingelassen hätte?

Nichts, ruft sie sich zur Vernunft. In ein paar Monaten ist Marla verheiratet und das kleine Intermezzo Vergangenheit. Sie sollte sich zu schade für solche Spielchen sein.

Amal beschließt, ihre Familie zu besuchen. Sie hat sich lange nicht mehr blicken lassen. Zu viele Gefühle steigen hoch, wenn sie sich ihrer Vergangenheit stellt. Sie ist geübt darin, Schmerz und Trauer in Fleiß und Arbeit zu ersticken. Je stärker sie sich anstrengt, je mehr sie erreicht, desto leiser werden die inneren Stimmen. Verstummen werden sie vermutlich nie.

Da sie kaum ein Auge zugetan hat, bricht sie bereits Sonntag in der Früh zum Friedhof auf. Über den gepflegten Grabanlagen liegt ein Dunst, der in der Morgensonne glitzert. Bis auf das Zwitschern der Vögel in den Büschen und alten Eichen herrscht andachtsvolle Stille. Eine freundlich grüßende Frau mit einer Gießkanne kreuzt Amals Weg, ansonsten ist es menschenleer.

Als sie das Kolumbarium erreicht, bleibt sie stehen, um tief durchzuatmen. Auch wenn die halbkreisförmige Urnenwand hell und pietätvoll gestaltet ist, überfällt sie jedes Mal ein Gefühl der Beklemmung. Langsam läuft sie auf eine der größeren Urnennischen am äußeren rechten Rand zu.

Drei verschiedene Namen und drei verschiedene Geburtsdaten stehen auf der Steinplatte, mit der die Kammer vor vielen Jahren verschlossen wurde. Aber nur ein Todesdatum. Amal schließt die Augen.

Es sollte der letzte gemeinsame Familienurlaub werden – damals, kurz nach ihrem Abitur. Sie hatte bereits einen Studienplatz in München in Aussicht und würde in wenigen Wochen umziehen. Dass es die letzte gemeinsame Fahrt mit ihrer Familie überhaupt werden würde, hätte sie sich in ihren schlimmsten Träumen nicht ausmalen können.

Sie waren auf der Autofahrt Richtung Süden, ihre Mutter, ihr Vater, ihr drei Jahre jüngerer Bruder und sie selbst. Aufgrund der fehlenden Klimaanlage war es heiß, die Stimmung trotzdem gut. Ihre Mutter hatte kurdische Volkslieder angestimmt, die Amal und ihr Bruder lauthals mitsangen. Ihr Vater, der mittlerweile schon seit sieben Stunden am Steuer saß, grinste nur, um sich auf die Straße konzentrieren zu können.

Amals Bruder lachte sie fröhlich an. Während einer besonders sentimentalen Strophe wollte sie nach seiner Hand greifen, als ihr Blick durchs Seitenfenster auf den Lastwagen fiel, den sie gerade überholten. Der voluminöse Anhänger mit dunkelgrauer Plane und riesigen Reifen näherte sich in erschreckender Geschwindigkeit.

„Vorsicht!“, rief sie.

Es folgten ein gellender Schrei, ein Krachen und ein hässlich knirschendes Geräusch, als sie in die mittlere Leitplanke gepresst wurden. Der übernächtigte Fahrer des Lkw hatte die Kontrolle über sein Fahrzeug verloren. Als Amal wieder aufwachte, lag sie in einem Krankenwagen, der mit heulenden Sirenen über die Autobahn jagte. Und sie war Waise.

An die Zeit danach hat sie kaum Erinnerungen. Das Begräbnis, die trauernde Verwandtschaft, die von weit her angereist war, die Formalitäten, der Auszug aus der kleinen Mietwohnung. Da es für Amal einerlei war, was sie jetzt tat, konnte sie ebenso gut studieren. Und das gelang ihr erstaunlich gut. Der dumpfe Schmerz, der wie ein lautloser Schrei in ihrem Inneren hallte, ließ mit den Jahren ein wenig nach. Die Albträume blieben.

Sie hat sie in den Griff bekommen. Mit eisernem Willen und einer Technologie, die sie als Doktorandin mitentwickelt und später perfektioniert hat. Sie ist zu ihrem Lebensinhalt geworden, ihrer Berufung, ihrem Mantra. Es gibt kein Zurück, nur ein stetes Vorwärts. Allein in der Hingabe an ihre Forschungsarbeit kann sie einen gewissen Frieden finden.

Amal legt die rechte Hand, die sie ihrem Bruder so gern gereicht hätte, auf die Steinplatte. Dann dreht sie sich um und verlässt den Friedhof.

LIZ' TAGEBUCH, *2. Januar 2017*

Es war das erste Weihnachten ohne Oma. Es war das traurigste Weihnachten, das ich je hatte. Chest hat sich viel Mühe gegeben, es mir dennoch so schön wie möglich zu machen. Er hat sich nicht einmal mit seiner Mutter gestritten, als wir bei ihr zum Weihnachtsessen eingeladen waren. Und er hat eine kleine Silvesterparty mit unseren besten Freundinnen und Freunden organisiert. Mir wäre es lieber gewesen, allein zu bleiben, das habe ich ihm aber nicht gesagt. Er kann ja nichts dafür, dass der wichtigste Mensch in meinem Leben nicht mehr da ist.

Während wir mit den anderen Raclette gegessen haben und später auf die Straße gegangen sind, um uns das Feuerwerk anzuschauen, habe ich versucht, so normal wie möglich zu sein. Es ist erstaunlich, wie gut man nach außen den Schein wahren kann, während man innerlich nichts als Leere verspürt. Ich funktioniere, irgendwie. Seit Wochen schon. In den ersten Tagen nach Omas Tod habe ich mich krankschreiben lassen. Alle hatten Verständnis. Dann bin ich wieder arbeiten gegangen. Immerhin gibt es Aufgaben, die erledigt werden müssen.

Ich habe permanent das Gefühl, dass mir etwas oder jemand die Kehle zuschnürt. Obwohl ich keinen Hunger habe, esse ich. Obwohl ich keine Freude habe, lache ich. Jeden Morgen zwischen drei und vier Uhr wache ich schweißgebadet auf. Tagsüber überfällt mich oft eine dumpfe, ohnmächtige Müdigkeit. Ich trinke zu viel Kaffee, und ich trinke zu viel Wein.

Gestern hat Chest vorsichtig gefragt, ob wir Omas Grab besuchen sollen. Ich kann nicht. Noch nicht. Er hat nicht insistiert, dafür bin ich ihm dankbar. Überhaupt bin ich ihm dankbar. Er kümmert sich um alles und ganz besonders um mich. Er ist sehr aufmerksam und versucht, pünktlich von der Arbeit zu kommen.

Dabei ist es für mich kaum ein Unterschied, ob er da ist oder nicht. Ich sitze in einem kalten Kokon, mittendrin und doch getrennt von allem, was lebendig und fröhlich ist. Erstarrt in der zähen Masse eines Schmerzes, für den ich keine Worte habe. Vielleicht kann ich einfach einschlafen. Wie Oma.

Kapitel 17

Laufen. Ich muss laufen.

Die Schritte, die sich erbarmungslos in meinen Kopf hämmern.

Laufen. Ich muss laufen.

Der Luftzug, der mit Eisfingern nach mir greift.

Laufen. Ich muss laufen.

Der Atem, der geifernd nach meinem Nacken schnappt.

Laufen. Ich kann nicht laufen.

Wie im Leerlauf rotieren meine Beine über dem schlüpfrigen Untergrund. Je mehr ich mich bemühe, Halt zu finden, desto schneller scheint mir der Boden unter den Füßen zu entgleiten. Ich laufe, ich renne, ich rase – und komme dennoch nicht vom Fleck.

Ein Kichern fährt mir durch Mark und Bein. Boshaft, triumphierend, direkt hinter mir. Ich schreie, aber kein Laut dringt aus meinen zum Bersten gefüllten Lungen. Panik kriecht mir durch die Brust, schnürt die Kehle zu und malt blitzende Sterne auf die Netzhaut.

Ich will – muss hier weg! Und spüre zugleich, wie mein Geist erlahmt und meine Gliedmaßen erschlaffen. Ein

schwarzes Nichts öffnet sich vor meinen Augen und saugt mich in die Dunkelheit.

Ich falle nicht, sondern kann gerade noch das Gleichgewicht halten. Mit letzter Kraft drehe ich mich um und weiche einem Schlag aus. Reflexartig zuckt mein Körper weg von der Faust, die knapp an meinem Kopf vorbei ins Leere driftet. Irgendwie schaffe ich es, mich an ihm vorbeizuwinden.

Der Verfolger dreht sich zu mir um, und ich lange nach einem Stein, der direkt neben mir auf dem Boden liegt. Ich hebe ihn hoch und – schlage ihm damit ins Gesicht.

„Ich konnte sie nicht abwimmeln, tut mir leid.“ Amy wirft Amal einen schuldbewussten Blick zu, bevor Marla hinter ihr ins Büro stürmt.

„Ich muss mit dir … Ihnen sprechen! Sofort … Bitte.“ Mit bebender Brust und bleichem Gesicht steht Marla vor ihr.

Amal braucht einen Moment, um sich zu sammeln. Sie hat bis gerade konzentriert an einem Bericht gearbeitet und ist völlig überrumpelt. Sie klappt den schlanken Laptop aus silbernem Aluminium zu und schiebt einen Stapel mit Unterlagen zur Seite, um Marla besser sehen zu können.

„Ist schon okay, Amy, vielen Dank“, sagt sie. Und als sich ihre Mitarbeiterin nicht vom Fleck rührt: „Es wäre nett, wenn du die Tür hinter dir schließen würdest.“

Den Wink hat Amy verstanden und verschwindet lautlos aus Amals Büro.

„Setz dich am besten erst mal, Marla“, sagt Amal und deutet auf den Stuhl vor ihrem Schreibtisch.

Sie folgt der Aufforderung und knetet dabei nervös ihre Hände.

„Was ist los?"

„Die Frage würde ich dir gern stellen."

„Wie meinst du das?"

„Weißt du eigentlich, welche genauen Auswirkungen eure sogenannte Traumoptimierung auf das Gehirn hat?"

„Zum großen Teil. Den Rest erforschen wir gerade. Ich habe dir ja gesagt, dass es sich um eine Methode in der Testphase handelt."

„Du hast mir einen wesentlichen Teil verschwiegen."

„Und der wäre?"

„Dass sich der Traum auch dann weiter ‚optimiert'", Marla malt Gänsefüßchen in die Luft, „wenn man nicht mehr an den fMRT angeschlossen ist."

Amal sieht sie ungläubig an. „Du meinst, du hast den Traum zu Hause weitergeträumt?"

„Genau das meine ich."

„Könnte es nicht sein, dass sich der Traum auf ganz natürliche Weise verändert hat?"

„Nachdem ich monatelang immer exakt das Gleiche geträumt habe? Und auch jetzt alles demselben Skript folgt, mit dem Unterschied, dass es am Ende weitergeschrieben wird? Für wie natürlich hältst du das?"

Für wenig natürlich. Fieberhaft überlegt Amal, ob es Testpersonen gab, bei denen ein ähnliches Phänomen aufgetreten ist. Bis auf ein paar Fälle, in denen der Traum von vorneherein schwammig oder wandelbar war, findet sie kein Beispiel.

„Möchtest du mir schildern, was du genau geträumt hast, Marla?"

„Das ist ganz einfach zusammenzufassen: Ich habe einen Stein aufgehoben und den Angreifer damit ins Gesicht geschlagen. Sprich, ich habe einer Person Gewalt angetan, von der ich nicht einmal weiß, wer sie ist."

„Eine Person, die dir Gewalt antun wollte. Du hast dich gewehrt."

„Ich hätte weglaufen können. Wieso dieser brutale Schlag? So etwas käme mir niemals in den Sinn."

„Du weißt, dass ein Traum eine Metapher ist. Du hast dich gegen etwas zur Wehr gesetzt, was dir schadet."

„Es hat sich angefühlt, als hätte ich mutwillig einen Menschen verletzt. Vorher bin ich schreiend und schweißgebadet aufgewacht, weil ich irgendwo hinuntergefallen bin. Jetzt wache ich schreiend und schweißgebadet auf, weil ich jemanden mit einem Stein geschlagen, ihn vielleicht sogar erschlagen habe. Kannst du dir vorstellen, was das für ein Gefühl ist?"

Stumm schüttelt Amal den Kopf.

„Entsetzlich, das kannst du mir glauben. Ich laufe schon den ganzen Tag mit einem unerträglichen Schuldgefühl herum, weil es sich so furchtbar real anfühlt."

„Das tut mir leid, Marla. Ich kann mir beim besten Willen nicht erklären, wieso dein Traum diesen Verlauf nimmt. Eine Traumoptimierung ist nur möglich, solange du im fMRT bist. Wir pflanzen dir ja nichts ins Gehirn ein. Das können wir gar nicht, da es sich um eine nichtinvasive Methode handelt."

Marla laufen die Tränen über die Wangen. Mit zittrigen Händen holt sie ein Taschentuch hervor und putzt sich die Nase. „Vielleicht bin ich ja ein Freak."

Amal unterdrückt den Impuls, nach Marlas Hand zu greifen. „Du bist kein Freak. Und erst recht kein Mensch, der anderen Schaden zufügt. Du bist ... eine wunderbare Frau."

„Soll das ein Kompliment sein?"

„Es ist die Wahrheit."

„Du musst nicht aus Mitleid nett zu mir sein. Dann komme ich mir noch armseliger vor."

„Wieso sollte ich dir etwas sagen, was ich nicht so meine?"

„Tja, gute Frage. Wieso küsst du mich, wenn du es nicht so meinst?"

„Marla, das ist jetzt total aus dem Zusammenhang gerissen."

„Ich möchte es aber wissen."

„In dem Moment, als ich dich geküsst habe, habe ich es so gemeint."

„Und drei Sekunden später nicht mehr. Du hast mich sitzen gelassen."

Jetzt ist es Amal, die ihre Beherrschung verliert. „Wer ist hier verlobt, du oder ich?"

„Einen Freund scheinst du auch zu haben."

„Du meinst Sam aus dem Park? Ja, der ist mein Freund. Mein bester Freund. Und schwul. So schwul, wie ich lesbisch bin. Was nicht bedeutet, dass ich mit jeder hübschen Frau herummache, die sich ein Abenteuer wünscht. Dafür bin ich mir zu schade."

„Ich will kein Abenteuer."

„Ach komm, Marla, was willst du denn sonst? Okay, vielleicht willst du dich von deinem Albtraum ablenken. Oder hast ein krankhaftes Bedürfnis nach Aufmerksamkeit."

„Nein, ich … empfinde wirklich etwas für dich. Ich … ach, was soll's." Marla holt tief Luft und sagt: „Ich denke an dich, ständig. Ich spüre immer noch deine Berührungen auf meiner Haut. Ich vermisse dich, obwohl ich dich gar nicht kenne. Deine Intelligenz, deinen Geruch, deine atemberaubende Attraktivität. Ich sehe dich vor mir, wenn ich mit meinem

Verlobten schlafe. Und das Schlimmste: Ich würde es lieber mit dir tun."

Während Amal sie anstarrt, erhebt sich Marla.

„So, und ab jetzt verschone ich dich mit meinem krankhaften Bedürfnis nach Aufmerksamkeit, Amal. Ich wünschte, ich hätte mich auf die Sache hier nie eingelassen. Dann wäre ich wenigstens noch glücklich."

Sie läuft Richtung Tür.

„Warte … bitte."

Marla hält inne und dreht sich zu ihr um.

Amal ist aufgestanden und macht eine hilflose Geste. „Du weißt ja nicht, wie es sich anfühlt, wenn dir das Wichtigste in deinem Leben gewaltsam entrissen wird. Wenn dich der Schmerz von innen auffrisst und du vor lauter Entsetzen nicht einmal weinen kannst. Wenn du merkst, nichts ist von Dauer. Das Schönste, Teuerste, Liebste kann von heute auf morgen verschwinden."

„Nein, das weiß ich tatsächlich nicht", sagt Marla. „Zumindest nicht in der Weise, wie du es zu empfinden scheinst."

„Es ist einfacher, Gefühle gar nicht erst zuzulassen. Vor allem, wenn sie von vorneherein zum Scheitern verurteilt sind. Was bringt es uns, wenn wir dem nachgeben? Kummer, Schmerz und Verwirrung. Ist es das wert?"

Marla läuft auf Amal zu, bis sie dicht vor ihr steht. Sie greift nach ihren Händen. „Ja, das ist es mir wert."

Marla schlägt die Augen auf. Es ist mitten in der Nacht. Zum ersten Mal seit Monaten ist sie nicht schweißgebadet und nicht am Rand eines Nervenzusammenbruchs. Eine tiefe Ruhe erfüllt sie. Warm und schwer liegt sie unter einer

Sommerdecke, die sich ganz anders anfühlt und ganz anders riecht als ihre eigene und ihr dennoch eine zarte Vertrautheit vermittelt.

Ein leises Ticken dringt an ihr Ohr. Sie dreht den Kopf zur Seite und entdeckt eine alte Armbanduhr mit einem großen Ziffernblatt und einem verschlissenen Lederarmband auf der Kommode. Sie kann bloß mutmaßen, dass es sich um ein Erbstück handelt. Vielleicht von Amals Vater? Langsam gewöhnen sich ihre Augen an die Dunkelheit. Die Uhr zeigt 4:12 Uhr.

Daneben befindet sich ein gerahmtes Foto. Es zeigt ein mittelaltes Ehepaar, beide fröhlich lächelnd. Amal ist der Frau wie aus dem Gesicht geschnitten, zweifellos ihre Mutter. Davor sie selbst in jüngeren Jahren, Marla schätzt sie auf siebzehn oder achtzehn. Hübsch, strahlend und mit einer Unbeschwertheit, die sich jetzt nur noch in seltenen Momenten zeigt. Sie hat den Arm um einen Teenager gelegt, der ihr ebenfalls sehr ähnlich sieht und ausgelassen in die Kamera lacht. Eine glückliche Familie. Wie gern hätte Marla sie kennengelernt.

Marla betrachtet den schlafenden Körper, der zu ihrer Rechten liegt. Amal hat ihr das Gesicht zugewandt, halb im Kissen versunken. Eine Haarsträhne ist nach vorne gefallen und bewegt sich im Rhythmus ihres Atems. Zärtlich und ein wenig ungläubig lässt Marla den Blick über die weichen Konturen gleiten, die sie vor wenigen Stunden noch berührt hat. Ein Lächeln schleicht sich auf ihre Lippen, als sie an gestern Nachmittag zurückdenkt.

Nachdem Amal ihren Händedruck erwidert hat, sind sie an der verwirrten Amy vorbeigelaufen und direkt hierhin gefahren. Auf der Autofahrt haben sie kaum geredet, so angespannt waren sie beide. Das mussten sie auch nicht. Kaum hatten sie die Schwelle zu Amals Wohnung übertreten, fanden ihre Körper von allein die richtige Sprache füreinander. Aus den ersten zaghaften Küssen wurde ein Sog, ein Rausch, ein brennendes Verlangen.

Tastend, schmeckend, riechend hatten sie einander erkundet, sich ineinander aufgesogen. Marla kann das Salz auf den Lippen schmecken, das sie Amal von der Schläfe geküsst hat. Sie schließt die Augen, um noch einmal Amals Berührungen zu spüren und in das Gefühl völliger Hingabe einzutauchen. Der Moment, in dem sie sich in ihre Einzelteile aufgelöst und völlig neu zusammengesetzt hat. Atemlos, sprachlos, wunschlos. Glücklich.

Als sie die Lider wieder öffnet, sieht sie direkt in Amals dunkle Augen.

„Hast du geträumt?“

„Nein. Aber es fühlt sich so an.“

LIZ' TAGEBUCH, *24. März 2017*

Chest sagt, das kann so nicht weitergehen. Ich brauche professionelle Hilfe. Der äußere Schein hat Risse bekommen. Wochenlang habe ich es geschafft, meinen Alltag, so gut es geht, aufrechtzuerhalten. Meiner Arbeit nachzugehen, Freunde zu treffen, Scherze zu machen. Letzteres mehr schlecht als recht.

Dann sind mir Fehler unterlaufen. Während einer Konferenz bin ich eingenickt und habe in einer anderen einen Heulkrampf gekriegt. Meine Chefin sagt, sie hat Verständnis für meine Situation. Aber die Projekte müssen nun einmal weiterlaufen. Wie kann alles einfach weiterlaufen? Wie kann sich die Welt weiterdrehen, wenn dein Lieblingsmensch gegangen ist?

Natürlich verstehe ich meine Chefin. Und Chest. Deswegen habe ich eingewilligt, eine Therapie anzufangen. Diese Woche hatte ich meine erste Sitzung. Die bestand vor allem daraus, dass ich geredet habe. Nicht nur über Oma, sondern auch über mich, meine Kindheit, meine Arbeit, meine Beziehung mit Chest. Das große Ganze eben. Und doch irgendwie nicht das Wesentliche.

Ich muss Geduld haben. Die Therapeutin hat gesagt, dass Trauer ein Prozess ist, der uns in vielen Fällen ein Leben lang begleitet und der sich mit der Zeit in etwas Friedvolles verwandeln kann. Ich habe keine Vorstellung davon, was sie mit friedvoll meint. Die einzige Frage, die ich mir immer wieder stelle, ist, ob Oma wirklich friedlich eingeschlafen ist. Oder ob es ein einsamer und schmerzhafter Tod war.

Wenn ich morgens in den Spiegel schaue, sehe ich nicht mehr das Gesicht einer jungen Frau, deren Glas immer halb voll war. Die bei jeder Gelegenheit in ein unbeherrschtes Lachen ausbrechen konnte und sich am wohlsten im Kreis ihrer Freundinnen und Freunde gefühlt hat. Ich sehe das Gesicht eines Geists.

Die besten Freunde sind noch da. Zeigen Anteilnahme und schicken Nachrichten, selbst wenn sie darauf seit Wochen keine Antwort erhalten haben. An den Rändern hat es sich bereits ausgedünnt. Der erste große Schnitt kam mit dem Ende des Studiums, der zweite mit dem Ende der Unbeschwertheit.

Wir sind zu jung, um uns mit dem Tod auseinanderzusetzen. Ich verstehe das. Und versuche, nicht undankbar zu sein.

Kapitel 18

Wo bist du? Minous erste Kurznachricht auf dem Handy. Neben vier verpassten Anrufen.

Minous zweite Nachricht: *Tinus hat angerufen. War total aufgeregt, weil du nicht nach Hause gekommen bist. Ich habe ihm gesagt, dass du bei mir auf dem Sofa eingeschlafen bist. Melde dich!!!*

Minous dritte Nachricht: *Mensch, ich mache mir Sorgen. Ruf mich bitte an, sobald du das hier gelesen hast. Sonst bleibt mir nichts anderes übrig, als Tinus die Wahrheit zu sagen oder die Polizei zu verständigen.*

Daneben zahlreiche Nachrichten von ihrem Verlobten. Mit einem mulmigen Gefühl hört Marla die Mailbox ab. Die ersten beiden Sprachnachrichten sind wie erwartet von Tinus, wobei die zweite bereits deutlich aufgeregter klingt. Die dritte ist von Minou und die vierte, Marla kriegt einen kurzen Schreck, vom Seniorchef ihrer Firma. Ihr Chef-Chef sozusagen und der direkte Vorgesetzte von Lennart.

„Hallo, Frau Sternberg, hier spricht Herr Kahlert. Bitte melden Sie sich bei mir, sobald Sie im Büro sind. Vielen Dank."

Oha, erhält sie jetzt eine mündliche Verwarnung? Oder gleich die Kündigung? Sie schiebt den Gedanken beiseite, denn jetzt muss sie unbedingt Minou und Tinus Bescheid sagen.

Sorry, dass ich mich jetzt erst melde. Es ist alles okay. Danke für die Notlüge. Ich melde mich später. Ein Kusssmiley dazu, und die Nachricht an ihre Freundin ist verschickt.

Dann wählt sie Tinus' Nummer. Während des Rufzeichens wirft sie einen Blick auf die Uhr in Amals Schlafzimmer: 10:36 Uhr. An einem Arbeitstag!

„Schatz, endlich! Geht es dir gut?" Tinus' atemlose Stimme am anderen Ende der Leitung.

„Tinus … Bitte entschuldige, dass ich mich jetzt erst melde", improvisiert Marla. „Ich war gestern Abend total kaputt und bin, ohne es zu merken, auf Minous Sofa eingeschlafen."

„Und du bist jetzt erst aufgewacht?"

„Ja, irgendwie schon. Wahrscheinlich hatte mein Körper Nachholbedarf."

„Ich habe mir Sorgen gemacht. Dachte schon, es wäre etwas passiert."

„Alles in Ordnung. Tut mir leid, dass ich dir nicht Bescheid gesagt habe."

„Na ja, Hauptsache, es geht dir gut."

„Ja."

„Ich hole dich ab."

„Was? Nein, äh, nicht nötig. Du musst arbeiten."

„Ich habe mir den Vormittag freigenommen. Den Schreck musste ich erst mal verdauen."

Mist. Fieberhaft überlegt Marla, wie sie Tinus davon abbringen kann.

„Weißt du“, sagt sie nach einer kurzen Pause, „ich muss unbedingt ins Büro. Mein Chef hat angerufen, er will mich sprechen.“

„Dann soll er damit bis morgen warten“, brummt Tinus unwillig.

„Er sagte, es ist dringend. Wahrscheinlich wegen der Sache mit Lennart.“

„Dann fahre ich dich.“

„Das ist lieb, aber nicht nötig. Dann müsste ich ja mein Auto bei Minou stehen lassen … Es ist kein Problem für mich, in die Firma zu fahren. Immerhin bin ich fit und ausgeschlafen.“ Marla versucht ein halbherziges Lachen.

„Na schön. Dann kommst du aber danach direkt nach Hause, okay?“

Marla atmet auf.

„Ja, versprochen.“

„Bis später, Sternchen.“

„Bis später.“

Als Marla aufblickt, steht Amal im Türrahmen des Schlafzimmers – wer weiß, wie lange schon. Sie hat jeweils ein Handtuch um den Körper und die tropfenden Haare gewickelt.

„Es tut mir leid …“, setzt Marla an, aber Amal unterbricht sie.

„Wohin soll ich dich fahren?“

Amal nimmt Marla mit zum Institut, wo sie ihr Auto abgestellt hat. Während der Fahrt sprechen sie kaum. Wie soll man auch in Worte fassen, dass man gerade von einem Gefühlstsunami überrollt wurde? Eine Wucht an Empfindungen, die nicht nur sie selbst, sondern auch ihr gesamtes Umfeld mitreißen könnte.

Marla fühlt sich zerrissen zwischen Glücks- und Schamgefühlen. Sie hat Tinus betrogen, keine Frage. Er wäre tief getroffen, wenn er das wüsste. Und dennoch hat sie das erste Mal seit Langem das Gefühl, etwas getan zu haben, was sie wirklich aus vollem Herzen wollte. Für sich selbst und nicht für jemand anderen. Ist das egoistisch? Vielleicht. Fühlt es sich falsch an? Nein.

Als sie auf dem Parkplatz ankommen und Amal den Motor abstellt, bleiben sie schweigend sitzen. Die Frühsommersonne fällt durch die Windschutzscheibe und erwärmt Marlas kalte Finger, die sich ineinander verkrampft haben.

„Ich möchte nicht, dass das aufhört", sagt sie.

Statt einer Antwort greift Amal nach ihren Händen und drückt sie. Wärmer als jeder Sonnenstrahl.

Als Marla in der Firma eintrifft, ist sie ziemlich nervös. Übernächtigt und aufgewühlt von den Ereignissen, betritt sie mit klopfendem Herzen das Gebäude. Ihre Haare sind noch feucht von der Blitzdusche, die sie kurz vor ihrem Aufbruch genommen hat.

„Hey, Lieblingskollegin!", tönt es hinter ihr.

Hektisch dreht sich Marla um. Anne ist gerade mit einem Becher in der Hand auf den Flur getreten. Wahrscheinlich auf dem Weg zur Kaffeeküche.

„Hi", erwidert Marla atemlos und bleibt stehen. „Sorry, ich bin auf dem Weg zu Herrn Kahlert. Er will mich sprechen … Sehe ich sehr schlimm aus?"

Anne kommt auf sie zu und streicht ihr eine Strähne hinters Ohr.

„Adrett wie eh und je“, sagt sie und zwinkert ihr aufmunternd zu. „Wird bestimmt halb so schlimm.“

„Wenn du das sagst“, murmelt Marla und seufzt. „Ich werde berichten.“

Sie eilt weiter durch den Gang zum Fahrstuhl. Die Chefetage ist im obersten Stock – wo auch sonst? Sie ärgert sich über ihre Nervosität, kann aber nichts daran ändern. Vielleicht ist er ja gerade in einem Meeting. Als sie an seine Bürotür klopft, ertönt ein deutliches „Herein!“. Zaghaft öffnet sie die Tür und tritt in einen angenehm kühlen Raum, der schlicht und funktional eingerichtet ist. Bis auf ein vergleichsweise opulentes Gemälde zieren ausschließlich Regale mit Büchern und Aktenordnern die Wände.

„Hallo, Herr Kahlert. Sie wollten mich sprechen. Hätten Sie jetzt Zeit?“

„Oh, hallo, Frau Sternberg. Schön, dass Sie's geschafft haben. Setzen Sie sich.“

Er verliert kein Wort darüber, dass es fast Mittag ist und Marla eigentlich seit vier Stunden arbeiten müsste. Sie nimmt es dankbar zur Kenntnis.

„Wie geht es Ihnen?“

„Ach, Sie haben ja mitgekriegt, dass ich gerade nicht in Bestform bin.“

„Herr Voigt hat sich in seinen Äußerungen leider nicht zurückgehalten.“

Stimmt. Er hat es also bemerkt.

„Es tut mir leid, dass ich auf der Feier Lennart … Herrn Voigt gegenüber so ausfallend geworden bin“, versucht Marla den Vorstoß. „Ich war mit der Situation überfordert.“

„Ich konnte Ihre Reaktion verstehen.“

Tatsächlich?

„Natürlich haben Sie sich etwas im Ton vergriffen, aber Ihr Vorgesetzter hat sich in der Situation auch sehr indiskret verhalten."

Marla verschlägt es die Sprache. Geht es hier gar nicht um eine Abmahnung oder gar Kündigung?

„Ich habe nach dem Vorfall mit einigen Ihrer Kolleginnen gesprochen", fährt Kahlert fort. „Es scheint leider kein Einzelfall zu sein, dass Herr Voigt seine Position in ungebührlichem Maß ausnutzt. Bis die Sache endgültig geklärt ist, habe ich ihn freigestellt."

„Wirklich?", entfährt es Marla.

„Sie können mir das ruhig glauben." Kahlert lächelt. „Es passt nicht zum Image unseres modernen Unternehmens, dass unsere Mitarbeitenden ein übergriffiges Verhalten ihres Vorgesetzten fürchten müssen."

Marla nickt stumm.

„Worüber ich mit Ihnen sprechen wollte: Sollte Herr Voigt nicht zurückkehren, muss ich seinen Posten neu besetzen. Dabei sehe ich Sie in der engeren Auswahl."

„Mich?"

„Wenn Sie das möchten. Mit einer Teilzeitstelle könnte das zwar herausfordernd werden, doch warum nicht mal neue Wege einschlagen? Vielleicht hätten Sie ja Interesse, Ihre Stundenzahl wieder aufzustocken."

„Äh …"

„Sie müssen das nicht sofort entscheiden. Noch ist alles rein spekulativ. Wenn es jedoch so weit kommt, wünsche ich mir eine Person, die unter den Mitarbeitenden ein gutes Ansehen genießt und den Anforderungen gewachsen ist.

Beide Voraussetzungen erfüllen Sie, soweit ich das nach den Gesprächen mit Ihrem Team und den Ergebnissen Ihrer Arbeit einschätzen kann."

Marla ist perplex. Hat sie jetzt Tagträume?

„Danke", bringt sie heraus. „Ich werde es mir überlegen."

„Tun Sie das."

In dem Moment steckt eine Kollegin aus der Führungsriege den Kopf zur Tür herein. „Martin, der Termin!" Und dann lächelnd zu Marla: „Entschuldigen Sie."

„Bin gleich da." Er steht auf und reicht ihr die Hand. „Wir sprechen uns. Geben Sie auf sich acht!"

„Vielen Dank."

„Ach ja, noch etwas: Bitte behandeln Sie das Gespräch vertraulich. Sie sind bislang die einzige Mitarbeiterin, die davon weiß."

„Natürlich."

„Einen schönen Tag noch, Frau Sternberg."

„Danke, Ihnen auch."

LIZ' TAGEBUCH, *8. Juni 2017*

Meine Chefin hat mir einen Aufhebungsvertrag angeboten. Mit Freistellung zum Monatsende und der einmaligen Zahlung eines zusätzlichen Monatsgehalts. Dann hätte ich Puffer, um mir etwas Neues zu suchen. Oder um mich arbeitslos zu melden und erst mal durchzuatmen. Es tut ihr sehr leid, dass es mir immer noch so schlecht geht. Vielleicht wäre eine Auszeit gar nicht verkehrt.

Chest hat gekocht vor Wut. Nach den ganzen unbezahlten Überstunden, die ich für den Saftladen geschoben habe! Wir könnten das anfechten, wenn ich wollte. Sicherlich hätten wir damit Erfolg. Oder könnten wenigstens eine höhere Abfindung herausholen. Dieses asoziale Pack, eine durch und durch scheinheilige Branche.

Ich weiß, dass er recht hat. Aber ich will nicht. Ich kann nicht. Tatsächlich ist die Vorstellung, nach Jahren der Dauerbelastung den Stift fallen zu lassen, verlockend. Nicht weil es mir besser ginge. Nicht weil ich glaube, dass eine „Auszeit“ für meine Trauerbewältigung von großem Nutzen sein würde. Sondern einfach weil ich keine Kraft mehr habe. Weil ich nicht mehr weiß, woher ich jeden Morgen die Energie nehmen soll, aufzustehen und meinem Alltag nachzugehen.

Chest hat widerwillig nachgegeben. Unter der Voraussetzung, dass ich mich nach Unterzeichnung des Vertrags für den Rest des Monats krankschreiben lasse. Er wüsste da jemanden, der mir den Schein unverzüglich ausstellen würde. Sollen ihnen doch die zig Projekte, die sie mir aufgebürdet haben, um die Ohren fliegen.

Und das Arbeitszeugnis? Das müsste so oder so positiv formuliert sein, als Druckmittel dürften sie es nicht verwenden. Und an Zeugnissen sind Arbeitgeber heutzutage eh nicht mehr interessiert. Alle wissen, dass es sich um eine reine Formalität handelt.

Ich möchte keinen Ärger mit meinem jetzigen Arbeitgeber. Die Vorstellung, meinen Kolleginnen und Kollegen, die auch allesamt überlastet sind, einen Scherbenhaufen zu hinterlassen, bereitet mir Unbehagen und ein schlechtes Gewissen. Aber noch weniger möchte ich Ärger mit meinem Mann. Das Gefühl, mir helfen zu können, schützt ihn vor seiner eigenen Hilflosigkeit. Es würde ihn zerreißen, wenn ich ihm die Wahrheit sagen würde – dass er mir nicht helfen kann.

Kapitel 19

„Er will mich befördern." Marla ist sofort in die Küche gestürmt, nachdem sie die Wohnungstür hinter sich geschlossen hat.

Tinus, der gerade Gemüse schneidet, hält inne. „Wer?"

„Mein Chef. Trotz allem. Oder vielleicht gerade deswegen?"

„Ich verstehe nur Bahnhof."

Marla erzählt Tinus von dem Gespräch mit Kahlert.

Tinus' Augen werden immer größer. „Damit hätte ich nicht gerechnet."

„Ich auch nicht. Ich hatte mich schon darauf eingestellt, eine Kündigung in die Hand gedrückt zu bekommen."

„Dein Auftritt scheint wohl Eindruck hinterlassen zu haben. Glück gehabt … Was hast du jetzt vor?"

„Ich weiß es nicht. Vielleicht kehrt Lennart zurück, dann erübrigt sich die Frage."

„Das glaube ich nicht. Sonst hätte dein Chef sicherlich nicht mit dir darüber geredet."

„Vielleicht."

„Denk an deinen Gesundheitszustand, Marla. So eine Position ist mit hohem Druck verbunden, ich halte das aktuell für keine gute Idee." Nach einer kurzen Pause fügt er hinzu: „Das ist natürlich deine Entscheidung."

Obwohl Marla weiß, dass Tinus recht hat, ärgert sie sich über den Kommentar. Anstatt sich mit ihr zu freuen, weist er gleich auf seine Bedenken hin. Trotzdem schluckt sie ihren Missmut herunter. Sie möchte die Situation nicht unnötig anspannen. Das ist sie ihm nach den Ereignissen der letzten Nacht ja auch irgendwie schuldig, oder?

Ganz anders Minou, die Marla wenig später am Telefon hat, als sie eine Abendrunde durch das Viertel dreht. Euphorisch kreischt sie auf, als Marla ihr von der möglichen Beförderung erzählt. Auf die Schilderung von Tinus' Äußerungen reagiert sie mit einem abfälligen Schnaufen.

„Das ist typisch Tinus. Der klassische Bedenkenträger."

„Na ja, er hat recht. Bei meiner ständigen Erschöpfung ist es fraglich, ob ich das kräftemäßig überhaupt schaffe."

„Er hat dich schon vor der Sache mit deinen Albträumen ständig ausgebremst."

„Wie meinst du das?"

„Ich kann mich erinnern, dass du vor Jahren schon einmal ein Gespräch mit deinem Chef hattest. Er wollte dir mehr Kompetenzen übertragen. Du hast abgelehnt, weil du gerade frisch mit Tinus zusammengekommen warst und mehr Zeit für dein Privatleben wolltest."

Marla erinnert sich dunkel daran und ist erstaunt, dass sich ihre Freundin das gemerkt hat.

„Was konnte denn Tinus dafür? Das war meine eigene Entscheidung."

„Ich weiß, dass du dir damals nicht sicher warst. Und dass er ziemlich auf dich eingeredet hat. Von wegen Urlaub, Freizeit, Work-Life-Balance und so."

„Hm, ich weiß nicht. Karriere war mir nie besonders wichtig."

„Ist das so?" Kurzes Schweigen, bevor Minou einlenkt. „Ist auch egal. Viel wichtiger: Wo. Warst. Du. Gestern. Nacht?"

Als sie die Ereignisse so sachlich wie möglich geschildert hat, schnappt Minou nach Luft.

„Herrje. Ich will ja keinen auf moralisch machen, Marla. Aber du weißt schon, dass du in wenigen Monaten heiraten wirst?"

„Ja. Und ich schäme mich in Grund und Boden, das kannst du mir glauben. Nur ich konnte nicht anders. Ich fühle mich, als ob ich in einer Achterbahn sitze und weder anhalten noch aussteigen kann."

„Was hat die Lady an sich, dass du dich so zu ihr hingezogen fühlst?"

„Sie ist zweifellos attraktiv und intelligent ... Aber das allein ist es nicht."

„Hast du deinen Eisprung? Vielleicht sind es die Hormone."

Typisch Minou.

„Ich kriege sie nicht mehr aus dem Kopf, seit ich ihr das erste Mal begegnet bin. Sie berührt etwas in mir. Und die letzte Nacht war so unglaublich innig und intensiv."

„Mach mich nicht neidisch. Im Ernst, was willst du jetzt tun?"

„Wenn ich das wüsste. Ich habe meinen Verlobten betrogen und müsste eigentlich nichts als Reue empfinden. Stattdessen kann ich nur an eines denken – wann ich sie wiedersehen werde."

„Ach, Herzchen." Minou seufzt. „Du musst wissen, was du tust. Hauptsache, du passt auf dich auf, okay?"

„Okay."

„Und wenn ich dir das nächste Mal ein Alibi verschaffen soll, sag mir bitte vorher Bescheid."

„Okay."

Nachdem Marla den ganzen Nachmittag darüber nachgedacht hat, was sie Amal schreiben könnte, erübrigt sich das Problem am späten Abend von selbst. Eine E-Mail ist eingetroffen. Während Tinus im Bad ist, verkriecht sie sich mit ihrem Handy ins Gästezimmer und ruft mit klopfendem Herzen ihr E-Mail-Programm auf.

Hallo Marla,
bist du gut durch den Tag gekommen? Da ich vermeiden möchte, dass eine Nachricht auf deinem Sperrbildschirm aufploppt, schreibe ich dir lieber eine Mail. Ich hoffe, es ist okay, dass ich dafür in dein Anmeldeformular gelinst habe.

Was soll ich sagen? Ich stehe neben mir. Der Bericht von gestern ist immer noch nicht fertig, und ich habe heute einen wichtigen Termin vergessen. Und trotzdem: Es ist mir egal. Ich schwanke zwischen überdrehter Euphorie und dem Gefühl, dass mir der Boden unter den Füßen weggezogen wird. Ein Flashback in die Pubertät, nur schlimmer.

Um nicht lange drum herumzureden: Ich möchte auch nicht, dass das aufhört. Obwohl ich sehr genau weiß, worauf ich mich einlasse und auf eine Weise verletzbar mache, die ich vorher niemals akzeptiert hätte. Falls du im Lauf des Tages an uns zweifelst, bitte ich dich, mir das sofort zu sagen.

Wenn du so empfindest wie ich, bin ich bereit, mich darauf einzulassen. Ohne Bedingungen und ohne Erwartungen, obwohl es mir schwerfällt. Vielleicht hilft es, dass wir uns besser

kennenlernen. An einem neutralen Ort, an dem wir nichts anderes können als reden. Ein Restaurantbesuch?
Schlaf gut,
Amal

Marla liest die E-Mail noch ein paarmal, bevor sie das Handy sinken lässt. Mit einem Lächeln lehnt sie den Kopf gegen die Wand und schließt die Augen. Alles in ihr fühlt sich warm und weich an. Die Bilder und Empfindungen der letzten Nacht tauchen auf und jagen ihr einen angenehmen Schauer über die Haut.

„Alles klar bei dir?"

Auf einen Schlag ist Marla hellwach. Tinus steht in der Tür und mustert sie fragend.

„Du siehst aus, als hättest du zur Abwechslung mal einen schönen Traum."

„J-ja, huch, irgendwie so was", stammelt Marla. „Ich wäre beinahe eingenickt."

Tinus betrachtet nachdenklich das Telefon in ihrer Hand. Schließlich nickt er ihr zu. „Ich gehe jetzt ins Bett. Morgen früh muss ich eine halbe Stunde früher aufstehen, Meeting um acht."

„Alles klar, dann mache ich mich jetzt auch fertig. Bis gleich, Schatz."

„Bis gleich."

Nachts schreckt Marla hoch. Hat sie schlecht geträumt? Nein, diesmal nicht. Verwirrt fragt sie sich, was sie geweckt hat. War da ein Geräusch? Sie lauscht in die Dunkelheit. Außer Tinus' ruhigen Atemzügen ist nichts zu hören. Langsam lässt sie sich ins Kissen zurücksinken. Da, wieder! Diesmal sitzt sie senkrecht im Bett.

Hat da etwa jemand …? Nein, das kann nicht sein.

„Klock, klock."

Doch, da klopft jemand. Nicht dunkel und dumpf wie gegen eine Wand oder Holztür, sondern eher hell mit einem leichten Nachklang. Wie das Klopfen an eine Fensterscheibe oder an eine … Balkontür.

Marla stehen die Haare zu Berge. Wie kann das sein? Ihre Wohnung liegt im zweiten Stock, und ohne außergewöhnliche Kletterskills ist es praktisch unmöglich, auf den Schlafzimmerbalkon zu gelangen.

„Klock, klock."

Ist es wirklich unmöglich? Im Zeitlupentempo dreht Marla den Kopf zur Balkontür, die auf ihrer Seite des Betts liegt – und erstarrt. Denn hinter der cremefarbenen Schiebegardine zeichnen sich die schemenhaften Umrisse eines Menschen ab.

Für ein paar Sekunden ist Marla unfähig, irgendetwas zu tun. Mit aufgerissenen Augen beobachtet sie den dunklen Schatten. Ihr Herz hämmert gegen den Brustkorb. Endlich öffnet sie den staubtrockenen Mund.

„Ti… Tinus. Tinus!"

„Wa… Was ist los?" Schlaftrunken schreckt ihr Verlobter auf.

Panisch wendet sie sich zu ihm um und flüstert mit zitternder Stimme: „Da ist jemand auf unserem Balkon."

„Was?" Augenblicklich setzt sich Tinus aufrecht hin und stiert zur Balkontür. Angestrengt blinzelt er ein paarmal. „Wo? Ich sehe niemanden."

„Na da, man kann ganz deutlich …“

Marla wendet sich wieder zur Tür und reißt ungläubig die Augen auf. Der Schatten ist weg. Das Einzige, was sich auf der Gardine abzeichnet, sind die verschwommenen Schatten der Zweige des angrenzenden Baums, die sich im Wind hin und her wiegen.

„Das kann nicht sein. Glaub mir, da stand jemand. Und hat geklopft.“

„Schatz, wie soll das denn gehen? Wir sind im zweiten Stock.“

„Ja, ich weiß, aber ich habe es ganz deutlich gehört. Und eine Gestalt gesehen.“

Sanft legt Tinus ihr eine Hand auf den Arm. „Es ist alles in Ordnung. Hast du vielleicht geträumt?“

„Nein“, erwidert Marla trotzig. „Wenn ich etwas mit Sicherheit weiß, dann, dass ich wach war. Hellwach.“

Seufzend erhebt sich Tinus und läuft ums Bett herum zur Balkontür.

„Tinus, nicht!“

Im nächsten Moment hat er bereits die Vorhänge zur Seite geschoben und die Tür geöffnet. Prüfend streckt er den Kopf hinaus und schaut nach rechts und links, bevor er nach draußen tritt. Kurz darauf erscheint er wieder im Türrahmen.

„Da ist niemand, Marla. Weder auf dem Balkon noch unten im Garten. Überzeug dich selbst.“

Zögerlich erhebt sie sich und tritt neben ihren Verlobten auf den Balkon. Eine kühle Brise streift ihr um die nackten Beine und lässt sie frösteln. Es riecht frisch und erdig mit einem Hauch von feuchtem Lavendel.

Tinus legt ihr einen Arm um die Schulter. „Siehst du?"

Marla lässt den Blick über den Balkon schweifen, den Liegestuhl, den kleinen Tisch, die Pflanzenkästen und Kräuterkübel. Vorsichtig lugt sie über das Geländer. Unten die Rasenfläche ist leer. Keine Menschenseele weit und breit. Na gut, in den angrenzenden Sträuchern könnte man sich mit etwas Geschick verstecken. Nur wie wahrscheinlich ist das? Und vor allem: Wie soll die Person hier hochgekommen sein?

Selbst ein geübter Kletterer würde ein großes Risiko eingehen. Marla muss sich eingestehen, dass Tinus recht hat. Sie spürt Erleichterung in sich aufsteigen, gepaart mit einer Mischung aus Trotz und Hilflosigkeit.

„Ich verstehe das nicht", sagt sie. „Da waren ganz deutlich die Umrisse eines Menschen zu erkennen."

„Vielleicht der Baum? Wenn es windig ist, wirft er manchmal seltsame Schatten."

„Nein, das war ... Ich weiß es nicht."

„Vielleicht warst du übermüdet. Da sieht und hört man manchmal die seltsamsten Dinge. Es könnte doch sein ..."

„Tinus!"

Seufzend hält er inne und schweigt. Dann schließt er den Arm etwas fester um Marlas Schulter. „Lass uns wieder reingehen. Sonst erkältest du dich noch."

Widerspruchslos folgt Marla ihm zurück ins Schlafzimmer. Tinus schließt die Tür und gähnt. Dann drückt er Marla einen Kuss auf den Mund.

„Alles in Ordnung, Sternchen. Lass uns wieder ins Bett gehen. Jetzt kannst du bestimmt besser schlafen."

Marla schlüpft zurück unter die warme Decke und zieht sie fröstelnd bis zur Nasenspitze. Während Tinus innerhalb kürzester Zeit eingeschlafen ist, lauscht sie mit aufgerissenen Augen in die Dunkelheit.

Kein Klopfen und auch sonst kein ungewöhnliches Geräusch durchbricht die Stille. Kann es sein, dass sie sich alles nur eingebildet hat? Eine andere Erklärung gibt es nicht. Was ist bloß los mit ihr? Und wo soll das hinführen?

Irgendwann fällt sie in einen unruhigen, traumlosen Schlaf.

LIZ' TAGEBUCH, *12. Juli 2017*

Ich habe es gemacht, wie Chest vorgeschlagen hat. Bin noch einmal in die Firma, um den Aufhebungsvertrag zu unterschreiben und am Tagesende (heimlich) meine wichtigsten persönlichen Dinge mitzunehmen. Danach habe ich mir ein Attest für den Rest des Monats ausstellen lassen. Jetzt bin ich frei. Sagt er.

Die ersten zwei Wochen habe ich fast nur geschlafen, oder sagen wir besser, im Bett oder wahlweise auf der Couch gelegen. Schlafen kann ich nämlich höchstens für zwei, drei Stunden am Stück, danach bin ich hellwach. Und gerade in der Nacht voller dunkler Gedanken.

Meine Therapeutin hat mir erklärt, woran das liegt. In der Nacht ist die Konzentration des Schlafhormons Melatonin erhöht, das wiederum unser Wohlfühlhormon Serotonin unterdrückt. Dadurch erscheinen Sorgen und Ängste nachts größer als tagsüber. Mit dem Tageslicht ändert sich der Hormonspiegel, wodurch sich die Stimmung wieder aufhellt. Ich wünschte, es wäre so einfach.

Außerdem hat sie mir geraten, ergänzend zu unseren Sitzungen eine Selbsthilfegruppe für Menschen mit Depressionen zu besuchen. Sie hat es etwas anders ausgedrückt, aber unterm Strich ist es genau das. Gestern war ich zum ersten Mal dort.

Tatsächlich hat es mir gutgetan, weil ich gemerkt habe, dass ich nicht allein mit dem Problem bin. Und dass ich mich nicht schämen muss, meinen Mitmenschen etwas zuzumuten. Es handelt sich um eine Krankheit, selbst wenn man sie nach außen nicht immer offensichtlich als solche erkennt.

Eine Teilnehmerin meinte, manchmal wäre ihr ein Tumor oder wenigstens ein gebrochenes Bein lieber als ihre Depression. Damit die anderen Verständnis haben. Ich kann sie verstehen.

Ein Mann, der neben mir saß, hat seine Art der Depression recht anschaulich auf den Punkt gebracht. Sie ist wie ein luzider Albtraum. Es ist einem bewusst, dass man träumt, man schafft es aber nicht aufzuwachen. Je mehr man sich anstrengt, desto weniger gelingt es. Oft muss die Situation erst eskalieren, bevor man wieder zu sich kommt. Und tagsüber hat man ständig Angst, dass der Traum nachts wieder zuschlagen könnte.

Mit ihm habe ich mich nach der Gruppensitzung noch ein wenig unterhalten. Wir hatten sofort einen Draht zueinander. Ein wenig, als würden wir uns schon ewig kennen. Wir konnten sogar miteinander lachen. Ich meine, richtig lachen: herzlich, spontan, aus vollem Hals. Ich kann mich nicht erinnern, wann ich mich das letzte Mal so gefühlt habe. Nächste Woche gehe ich auf jeden Fall wieder dorthin.

Kapitel 20

Am nächsten Morgen verlieren Marla und Tinus kein weiteres Wort über den nächtlichen Vorfall. Als könnte man den Elefanten im Raum wegschweigen. Und tatsächlich schafft es Marla, die Sache zu verdrängen. Denn eine andere schiebt sich in ihr Bewusstsein. Eine, die sie schneller atmen lässt und warme Glücksgefühle im Magen auslöst – das anstehende Treffen mit Amal.

Als Marla zwei Tage später am Restaurant eintrifft, in dem sie sich verabredet haben, wartet Amal bereits am Eingang.

„Haben wir jetzt etwa ein offizielles Date?", fragt sie augenzwinkernd, nachdem sie Marla mit einem Kuss auf die Wange begrüßt hat.

„Wie es aussieht, ja." Marla zuckt mit den Schultern. „Ich befürchte, da müssen wir jetzt durch."

Amal lacht, und sie betreten das von außen eher unscheinbare Restaurant, das als kulinarischer Geheimtipp gilt. Drinnen empfängt sie eine heimelige Atmosphäre, die durch eine warme Beleuchtung und leise Musik untermalt wird. Sie bekommen einen ruhigen Tisch am Fenster. Marla inspiziert die Getränkekarte.

„Bist du eher der Brombeer-Thymian-Cocktail-Typ, oder darf's auch ein klassischer Aperol Spritz als Aperitif sein?", fragt sie.

„Ist das ein BRAVO-Test?", erwidert Amal. „Dann nehme ich Antwort C."

„Und die wäre?"

„Wodka. Magenfreundlich, ohne Rückstände auf den Zähnen zu hinterlassen."

Sie lachen beide. Die anfängliche Aufregung hat sich im Handumdrehen verflüchtigt.

Nachdem sie ihre Wahl getroffen und die Bestellung aufgegeben haben, lehnt sich Marla zurück und betrachtet die Frau, die sie vor drei Tagen am liebsten von Kopf bis Fuß verschlungen hätte. Vielleicht ist es gut, dass sie im Restaurant sitzen. Denn sie würde es jederzeit wieder tun.

„Das heißt, wir müssen jetzt reden?", fragt sie.

„Es wäre zumindest interessant zu wissen, ob wir das hinkriegen." Amal grinst.

Und dann reden sie. Anfänglich tastend, neckend und stets bereit, sich hinter Ironie und zur Schau gestellter Leichtigkeit zu verstecken. Im Laufe des Abends offener, zugewandt und mit der Selbstverständlichkeit zweier Menschen, die sich verstehen.

Die leise Hoffnung, ihre physische Anziehungskraft könnte an kommunikativen Disharmonien scheitern, verfliegt im Nu. Marla und Amal finden ineinander ein Pendant auf Augenhöhe. Die letzten Zweifel zerstreuen sich und mit ihnen die Chance, auf ungezwungene Weise aus der Sache auszusteigen.

Obwohl Marla es eigentlich vermeiden wollte, kommen sie am Ende doch noch mal auf das Thema zu sprechen, durch das sie sich kennengelernt haben.

„Wie hast du in den letzten Nächten geschlafen, Marla?"

„Gestern Nacht hatte ich wieder den Albtraum." Das Erlebnis in der Nacht zuvor verschweigt sie lieber.

„Hat er sich weiter verändert?"

„Bislang nicht. Nach dem Schlag mit dem Stein bin ich aufgewacht."

„Gehst du noch zu deiner Therapeutin?"

„Ich habe nicht das Gefühl, dass die Therapie etwas bringt."

Amal nickt und schweigt einen Moment.

„Es tut mir leid, dass ich dir nicht helfen konnte", sagt sie schließlich.

„Es ist ja nicht deine Schuld. Die neue Technologie hat bei mir wohl nicht funktioniert."

„Die Erfolgsquote der Traumoptimierung bei unseren Probanden ist recht hoch. Aber es gibt Ausnahmen von der Regel. Ich wünschte, ich hätte eine Lösung für dich."

„Ich glaube, der Albtraum hat etwas mit dem Brief zu tun, den ich damals im Keller gefunden habe. Die Schlafprobleme haben ziemlich genau zu diesem Zeitpunkt angefangen. Trotzdem hat mir die Erkenntnis bisher nicht weitergeholfen, obwohl ich das Thema immer wieder mit meiner Therapeutin durchgegangen bin und alle möglichen Bewältigungsstrategien ausprobiert habe."

„Hast du mit", Amal zögert, sie bekommt das Wort nur schwer über die Lippen, „deinem Verlobten darüber gesprochen?"

„Ich habe es versucht, aber er möchte nichts davon wissen. Der Tod seiner Ex-Frau ist für ihn ein Tabuthema."

„Ich bin keine Psychotherapeutin und kann dir deshalb keinen qualifizierten Rat geben. Doch ich habe das Gefühl, du solltest der Sache mit dem Brief weiter auf den Grund gehen. Vielleicht nimmt es dem Ganzen seinen Schrecken, wenn du dich genauer damit befasst."

„Dann würde ich ja noch mal in Tinus' Privatsphäre eindringen. Das ist nicht meine Art."

„Das verstehe ich. Wenn er nicht mit dir darüber reden möchte, finde ich das durchaus zu rechtfertigen. Du quälst dich schon so lange mit dem Albtraum herum, dass du jede Möglichkeit ergreifen solltest, das Problem in den Griff zu kriegen. Ist meine persönliche Meinung."

Marla schweigt und betrachtet ihre Fingernägel. Weiter in Tinus' Sachen wühlen, in der irrationalen Hoffnung, etwas zu finden, das sie von ihrem Albtraum befreit? Was wäre, wenn er umgekehrt ihr Postfach ausspionieren würde? Nach Amals E-Mail sicherlich ein Drama, dem sie sich irgendwann auch noch stellen muss …

„Mir hat es damals nach dem Autounfall meiner Familie geholfen, mich mit den Geschehnissen zu konfrontieren. Es war furchtbar, keine Frage. Ich habe fast zwei Jahre gebraucht, bis ich in der Lage war, den Polizeibericht zu lesen. Danach war es nicht weniger schlimm. Aber es hat mir eine große Last von den Schultern genommen – dass ich in irgendeiner Weise schuld an dem Unfall gewesen sein könnte."

Schweigend betrachten sie sich. Marla greift nach Amals Hand. Sie würde gern fragen, ob Amal sie irgendwann mitnähme zum Grab ihrer Eltern und ihres Bruders. Doch an dem Punkt sind sie noch lange nicht. Und wer weiß, ob sie jemals dorthin gelangen?

Amals Worte gehen Marla nicht mehr aus dem Kopf. Als Tinus am Abend darauf mit einem Kollegen beim Squash ist, begibt sie sich in den Keller. Sie will sowieso einen Wein holen. Unschlüssig steht sie vor Tinus' erlesener Flaschensammlung und schielt aus den Augenwinkeln zum Regal hinten links in der Ecke. Ganz oben hinter den Kartons mit dem Weihnachtsschmuck hat sie damals diese Kiste entdeckt.

„Was soll's?", sagt sie zu sich selbst und geht zielstrebig auf das Regal zu.

Sie räumt die vielen Schachteln zur Seite und muss sich strecken, um an die Plastikkiste zu gelangen. Langsam hievt sie die gar nicht mal leichte Kiste herunter.

Auf halber Strecke rutscht sie ihr aus der Hand und fällt mit einem Poltern auf den Boden. Erschrocken blickt sie sich um.

„Entspann dich!", beruhigt sie sich. „Ist eh niemand hier."

Nur wieso flüstert sie dann?

Sorgfältig inspiziert sie die Kiste und stellt erleichtert fest, dass diese den Fall unbeschadet überstanden hat. Sie nimmt den Deckel ab und legt ihn zur Seite.

Im Inneren herrscht Chaos: Fotos, persönliche Gegenstände, Unterlagen, sogar ein Stofftier ist darunter. Zögerlich nimmt Marla ein gerahmtes Foto in die Hand. Eine hübsche Frau strahlt sie an, die sie auf Anfang bis Mitte zwanzig schätzt. Tinus und Yamira haben sich bereits im Studium kennengelernt.

Sie betrachtet das Foto eingehender. Hat sie Ähnlichkeit mit ihr? Eigentlich nicht. Doch was heißt das schon? Vorsichtig legt sie es zurück und zieht einen beigefarbenen, zweifach gefalteten Briefbogen hervor. Nach kurzem Zögern entfaltet sie ihn und liest zum zweiten Mal den in weicher, schwungvoller Schreibschrift verfassten Brief.

Mein Liebster,
heute Nacht bin ich schweißgebadet aufgewacht, und mein Herz hat wie verrückt in der Brust gehämmert. Ich hatte wieder eine dieser Panikattacken, und du warst nicht da. Irgendwann war ich in der Lage aufzustehen und bin auf wackeligen Beinen ins Bad gelaufen, wo ich mir kaltes Wasser ins Gesicht gespritzt habe. Danach habe ich mich etwas beruhigt, war aber immer noch schrecklich aufgewühlt.

Warum ist die ganze Situation bloß so furchtbar traurig? Warum kann man nicht glücklich sein, ohne sich selbst oder jemanden zu verletzen? Das Liebste ist oft auch das, was am meisten schmerzt. Ich weiß nicht, wie ich mit dieser Last leben soll. Sie erdrückt mich jeden Tag mehr. Ich habe das Gefühl, mich nicht mehr aus dem Geflecht aus Schuld, Trauer und Sehnsucht befreien zu können.

Ich wünschte, du wärst jetzt bei mir. Und zugleich weiß ich, dass auch das keine Lösung wäre.
Deine Yamira

Marla schluckt. Das ist zweifellos der Brief einer sehr unglücklichen Frau. Dem Datum nach zu urteilen, muss sie ihn wenige Wochen vor ihrem Tod geschrieben haben. Sauer stößt Marla das schlechte Gewissen auf, dass sie zum zweiten Mal in die Intimsphäre dieses verletzlichen Menschen eingedrungen ist.

Dennoch fragt sie sich, warum Yamira ihrem Mann überhaupt einen Brief geschrieben hat. War Tinus für längere Zeit auf Geschäftsreise? Oder konnte sie ihm nur auf diesem Weg ihre Gefühle offenbaren? Und von welcher Schuld ist hier die Rede? Hat sie sich Vorwürfe gemacht, dass sie ihren Liebsten mit ihrer Depression belastet? Ähnlich wie sie selbst Angst davor hat, Tinus mit ihrem Albtraum und ihrem Gemütszustand zu konfrontieren?

Marlas Blick fällt auf einen Briefumschlag, der sich etwas weiter unten in der Kiste befindet. Den hat sie beim letzten Mal übersehen. Mit spitzen Fingern zieht sie ihn aus dem Gewirr hervor und dreht ihn um, sodass die Adresse zu lesen ist. Vielleicht gibt sie Aufschluss darüber, wo sich Tinus zum damaligen Zeitpunkt befunden hat.

Verwirrt liest sie, was dort steht. Dann noch einmal und noch einmal. Das kann nicht sein. Vielleicht gehört der leere Umschlag gar nicht zu dem beschriebenen Bogen. Sie hält beides nebeneinander – Farbe, Größe und Schriftbild passen perfekt. Die Marke trägt keinen Poststempel, offensichtlich ist der Brief nie abgeschickt worden.

Sie wühlt in der Kiste, um zu schauen, ob dort vielleicht ein weiterer Briefbogen zu finden ist, der zu diesem Umschlag passen könnte. Nichts.

Marla liest den Namen erneut, der vorne auf dem Umschlag steht – zusammen mit einer unbekannten Adresse in der Nachbarstadt: Dennis Schneider.

Als ihr nach und nach klar wird, was das bedeutet, stockt ihr der Atem. Der Brief war gar nicht für Tinus gedacht, sondern für einen Mann, der aller Wahrscheinlichkeit nach Yamiras Geliebter gewesen sein muss.

Plötzlich hört sie das Quietschen der oberen Kellertür. Der Schreck fährt ihr in die Glieder. Ist Tinus etwa schon zurück? Hastig stopft sie alles zurück in die Kiste und hievt sie mit klopfendem Herzen zurück aufs Regal. Kaum hat sie notdürftig die Kartons mit dem Weihnachtsschmuck davorgeschoben, vernimmt sie auch schon eine Stimme hinter sich.

„Was machst du da?"

Marla fährt herum. „Oh, hi, da bist du ja schon. Ich wollte eigentlich bloß eine Weinflasche holen."

„Aus dem Regal?"

„Äh, nee, natürlich nicht … Mir ist dabei nur eingefallen, dass ich unseren Schmuck für den Weihnachtsbaum längst mal durchsehen wollte. Ich hatte in Erinnerung, dass ein paar Kugeln beschädigt sind."

„Wir haben Sommer, Marla."

„Du weißt ja, Weihnachten kommt immer schneller, als man denkt. Und da ich heute Zeit hatte …" Sie versucht ein Grinsen, das kläglich misslingt.

Tinus mustert erst sie, dann die Kartons auf dem Regal mit zusammengezogenen Brauen. „Ich werde nicht aus dir schlau. Aber gut, wenn dir die Kugeln so wichtig sind. Sollen wir jetzt einen Wein mitnehmen oder nicht?"

„Ja, klar. Vielleicht den hier?" Marla zieht eine beliebige Flasche aus dem Weinständer.

„Das ist Sekt."

„Oh, stimmt."

Tinus seufzt und nimmt eine andere Flasche heraus. „Na komm, Schatz, jetzt entspannst du dich erst mal. Der Weihnachtsschmuck scheint dir ja ganz schön zugesetzt zu haben."

„Ja, irgendwie schon."

LIZ' TAGEBUCH, *26. Juli 2017*

Chest möchte mit mir in den Urlaub fahren. Er meint, es würde mir guttun. Ich bin mir da nicht so sicher. Irgendwie habe ich das Gefühl, dass eine gewisse Routine gerade besser für mich ist. Klar, so ein malerisches Ferienhäuschen in Südfrankreich wie vor einem Jahr klingt erst einmal wie ein Traum. Doch wenn die innere Gefühlswelt so gar nicht mit den äußeren Umständen übereinstimmt, ist das belastend. Wer möchte schon die einzige Unglückliche im Paradies sein?

Ich habe versucht, Chest das zu erklären. Und er hat versucht, es zu verstehen. Hat er aber nicht. Sein Gegenargument war, dass wir uns komplett von der Außenwelt abschirmen könnten und so weitermachen wie hier. Bloß eben mit einem weißen Sandstrand, einem azurblauen Meer und dem Rauschen der Wellen im Hintergrund. Zwei ungestörte Wochen für uns allein.

Was soll ich sagen? Am Samstag geht's in den Flieger. Ich hatte nicht die Kraft, mit ihm zu diskutieren. Er meint es ja nur gut und hat diesen Urlaub sicherlich bitter nötig. Mit seinem anspruchsvollen Job auf der einen und seiner depressiven Frau auf der anderen Seite. Er hat sich die Auszeit mehr als verdient.

Deswegen versuche ich, ihm nicht zu zeigen, wie sehr mich der Gedanke an das Packen, den Flug und die ungewohnten Zustände vor Ort stresst. Die reine Tatsache, dass das Bett vermutlich schmaler sein wird als hier und das Kopfkissen eine andere Beschaffenheit hat, macht mich nervös. Klingt verrückt, oder? Hätte mir das jemand vor ein paar Jahren erzählt, hätte ich einen Lachanfall bekommen.

Mit meiner Therapeutin wollte ich nicht darüber reden. Ich kann nicht genau sagen, warum, irgendwie fühle ich mich in ihrer Gegenwart unwohl. Irgendetwas verunsichert mich an ihr. Manchmal wirkt sie so … dominant. Vielleicht trifft es bevormundend besser. In der letzten Sitzung wollte ich über Chest reden, und sie hat ziemlich vehement abgeblockt. Dass ich bei mir bleiben muss und meine Probleme nicht auf ihn projizieren darf. Grundsätzlich gebe ich ihr ja recht. Aber Chest ist nun mal mein Dreh- und Angelpunkt, da muss ich doch über ihn reden dürfen, oder?

Jedenfalls habe ich mich stattdessen dem Mann aus der Selbsthilfegruppe anvertraut. Er hat mich sofort verstanden. Und mir geraten, im Urlaub, so gut es geht, meinen Rhythmus beizubehalten und auf meine Bedürfnisse zu achten. Wenn es mir zum Beispiel nicht guttäte, in dem ungewohnten Bett zu schlafen, auf das Sofa auszuweichen oder Ähnliches.

Vor allem hat er mir zugehört. Das ist oft viel mehr wert als jeder gut gemeinte Rat. Ich freue mich schon darauf, ihn in drei Wochen wiederzusehen.

Kapitel 21

Tausend Gedanken rasen Marla durch den Kopf, als sie nach dem Abendessen auf dem Sofa sitzt und vorgibt, ein Buch zu lesen. Könnte es eine andere Erklärung für den fremden Männernamen geben? Natürlich besteht die Möglichkeit, dass Briefbogen und Umschlag nichts miteinander zu tun haben. Für sehr wahrscheinlich hält sie das nicht. Könnte Dennis Schneider ein guter Freund oder ein Verwandter gewesen sein? Dafür waren die Formulierungen zu eindeutig.

Wenn der Brief gar nicht erst abgeschickt wurde: Wer hat ihn geöffnet? Yamira, weil sie sich ihrer Worte nicht mehr sicher war? Oder Tinus? Vielleicht hat er nach dem Tod seiner Frau blind ein paar persönliche Sachen in die Kiste geworfen und im Keller verschwinden lassen, ohne sie sich anzuschauen.

Auch nachdem Marla eine Nacht darüber geschlafen hat – wie immer mehr schlecht als recht –, lässt ihr der Brief keine Ruhe. Wäre es gut, mit jemandem darüber zu reden? Mit Tinus sicherlich nicht, selbst wenn er für Aufklärung sorgen könnte. Amal ist für drei Tage auf einer Konferenz, die möchte sie ungern stören. Und Minou ist die ganze Sache sowieso schon suspekt.

Eine Google-Recherche zu Dennis Schneider bringt keine neuen Erkenntnisse. Den Namen gibt es zwar wie Sand am Meer, im Zusammenhang mit der Adresse spuckt die Suchmaschine ausnahmsweise mal keine Telefonnummer aus. Ebenso wenig Konkretes findet Marla in den sozialen Netzwerken.

Dann bleibt wohl nur eines, wenn sie der Sache auf den Grund gehen möchte. Sie muss zu der angegebenen Adresse fahren, obwohl die Wahrscheinlichkeit hoch sein dürfte, dass er nicht zu Hause oder sogar umgezogen ist. Der Brief ist immerhin ein paar Jahre alt. Das Risiko nimmt Marla in Kauf, zumal der Aufwand nicht sonderlich groß ist. In einer knappen Stunde wäre sie mit dem Auto dort.

Gedacht, getan. Am Samstag bricht sie auf ins Ungewisse. Tinus hat sie heute allein mit Jaron und Erik zum Klettern geschickt – unter dem Vorwand, nicht fit zu sein. Sie ist überzeugt, dass die drei eine tagesfüllende Angelegenheit daraus machen werden. Und dass sie früher als ihr Verlobter wieder zu Hause sein wird – hoffentlich.

Auf der Fahrt überlegt Marla fieberhaft, wie sie mit dem mutmaßlichen Ex-Geliebten ins Gespräch kommen soll, falls sie ihn antrifft. Den Brief hat sie vorsorglich mitgenommen. Ihr Plan: direkte Konfrontation. Das ist nicht die angenehmste Strategie, aber vermutlich die effektivste. Menschen, die überrumpelt werden, neigen am ehesten dazu, die Wahrheit zu sagen.

Ihr Plan wird auf den Kopf gestellt, als sie vor dem unscheinbaren Reihenhaus am Stadtrand steht. Auf dem Klingelschild steht tatsächlich immer noch der Name Schneider. Marla schließt kurz die Augen und atmet tief durch, bevor sie beherzt den Knopf drückt.

Nichts passiert. Dann erkennt sie durch die Milchglasscheibe, dass sich jemand der Tür nähert. Sie strafft die Schultern, setzt ein freundliches Lächeln auf – und blickt in das Gesicht einer jungen Frau, die ein Kleinkind auf dem Arm trägt.

„Ja, bitte?"

Verwirrt starrt Marla von der Frau zu dem Kind, das sie mit großen Augen fixiert.

„Kann ich Ihnen helfen?"

„Ähm, ja." Marla räuspert sich und improvisiert. „Ist Ihr Mann zu sprechen, Dennis Schneider?"

„Worum geht es?"

Damit sind zwei Dinge schon mal geklärt: Besagte Person wohnt immer noch hier und ist offensichtlich Vater.

„Es handelt sich um etwas Privates, über das ich mit ihm reden müsste", geht Marla in die Offensive. „Ich werde nicht lange stören."

Die Frau mustert sie von oben bis unten. „Ist es dringend?"

„Leider ja. Es wäre gut, wenn ich sofort mit Ihrem Mann sprechen könnte. Vorausgesetzt, er ist zu Hause."

„Er telefoniert gerade. Ich kann ihn fragen, wann er fertig ist."

„Das wäre sehr nett."

„Wie ist denn Ihr Name?"

„Marla Sternberg. Der wird ihm nichts sagen. Ich bin im Namen von jemand anderem hier."

„Von wem denn?"

„Das würde ich ihm gern persönlich sagen."

Die Frau taxiert Marla. „Okay, ich frage ihn. Bitte warten Sie einen Moment."

„Vielen Dank."

Die Tür schließt sich vor Marlas Nase, und sie lässt die angespannten Schultern nach unten fallen. Puh. Die war nicht gerade begeistert – verständlicherweise. Sie hätte jemand Fremdes mit solch einem Anliegen auch erst mal auf der Fußmatte stehen lassen. Ob die beiden sie überhaupt reinlassen werden?

Wenig später wird die Tür wieder geöffnet.

„Sind Sie von irgendeiner Organisation, oder möchten Sie uns etwas verkaufen?"

„Nein, ich bin privat hier. Ich werde Ihnen keine Umstände machen."

„Na schön, dann kommen Sie herein", sagt die Frau, die immer noch ihr stummes Kind auf dem Arm trägt.

„Das weiß ich sehr zu schätzen."

„Es wäre nett, wenn Sie sich die Schuhe ausziehen könnten. Der Kleine krabbelt viel auf dem Boden herum."

„Natürlich." Marla streift ihre Sneakers ab und folgt der Frau in das angrenzende Wohnzimmer. Dort lässt sie sich auf einem Sessel nieder, der ihr angeboten wird.

„Möchten Sie etwas trinken?"

„Nein, danke für das Angebot." Sie lässt den Blick unauffällig durch den schlichten, aber gemütlichen Raum streifen, während die Frau in der offenen Wohnküche etwas zubereitet. Zwischendurch schaut sie prüfend in Marlas Richtung. Klar, sie möchte sicherstellen, dass ihr unbekannter Besuch kein Unheil anrichtet oder Wertgegenstände mitgehen lässt.

Der Kleine, dem die fremde Frau unheimlich zu sein scheint, beobachtet sie ebenfalls mit sicherem Abstand aus der Küche. Als Marla ihn anlächelt, krabbelt er in Windeseile zu seiner Mutter.

Endlich hört Marla Schritte auf der Treppe, die in die obere Etage führt. Ein schlaksiger Mann betritt das Wohnzimmer und bleibt stehen, um sie zu taxieren. Er wirkt müde und deutlich älter, als er vermutlich ist. Sein Haar ist an den Schläfen ergraut, die Augen liegen in tiefen Höhlen. Trotzdem würde sie ihn als attraktiv bezeichnen. Und aus irgendeinem Grund kommt er ihr bekannt vor, was natürlich unmöglich ist.

Skeptisch, dennoch freundlich reicht er ihr die Hand. „Dennis Schneider, was kann ich für Sie tun?"

„Marla Sternberg, vielen Dank, dass Sie mich hereingelassen haben. Wäre es möglich, unter vier Augen zu reden?"

„Ich habe keine Geheimnisse vor meiner Frau."

Was für eine unangenehme Situation. Marla wird rot und bemerkt, dass sie schwitzt. Am liebsten würde sie sich entschuldigen und so unauffällig wie möglich wieder verschwinden. Doch solch eine Chance wird sie kein zweites Mal erhalten. Also entschließt sie sich, mit der Tür ins Haus zu fallen.

„Es geht um Ihre Ex-Freundin Yamira."

„Klirr." Der Frau in der Küche ist irgendetwas aus der Hand gefallen, während die Gesichtszüge des Mannes entgleisen. Im selben Moment fängt der Kleine zu brüllen an. Bingo.

„Kommen Sie mit!", zischt der Mann und dreht sich wortlos um.

Marla folgt ihm mit einer Mischung aus Euphorie, Beklemmung und schlechtem Gewissen, wobei Letzteres überwiegt. Sie weicht dem Blick der Mutter aus, die vergeblich versucht, das Kind zu beruhigen. Herrje, hoffentlich hat sie mit der Bemerkung nicht den Familienfrieden gefährdet.

„Also, worum geht es genau?“, fragt Schneider, als sie in seinem Arbeitszimmer sind, das länger nicht mehr aufgeräumt wurde. Jeglicher Zorn ist aus seinem Blick verschwunden. Müde, fast kraftlos lässt er sich auf seinen Bürostuhl fallen. Er bietet Marla keinen Stuhl an, das ist ihr auch lieber so.

„Ich bin die Verlobte von Tinus Dahlmann, Yamiras Ex-Mann. Durch Zufall bin ich vor einiger Zeit auf diesen Brief gestoßen.“ Fahrig zieht sie das Schreiben aus ihrer Handtasche. „Ich weiß, dass es mich eigentlich nichts angeht, und es tut mir leid, dass ich Sie damit belästige. Aber der Tod von Yamira belastet unsere Beziehung sehr, obwohl er schon so viele Jahre zurückliegt. Ich hatte die Hoffnung, dass Sie vielleicht Licht ins Dunkel bringen könnten.“

Schneider nimmt den Umschlag entgegen, zieht langsam den Bogen heraus und faltet ihn auseinander. Immer und immer wieder gleiten seine Augen über das Geschriebene, als wäre er zwischen den Zeilen auf der Suche nach etwas, das er nicht finden kann.

Schließlich nimmt er seine Brille ab, fährt sich mit dem Handrücken über die Augen und setzt die Brille umständlich wieder auf.

„Sie haben recht“, sagt er in brüchigem Tonfall. „Es geht Sie nichts an. Aber jetzt sind Sie ja schon hier. Also werde ich es Ihnen erzählen.“ Er atmet tief durch. „Yamira und ich haben uns in einer Therapiegruppe für Menschen kennengelernt, die unter Depressionen leiden. Wir waren uns auf Anhieb sehr nahe, konnten einander wortlos verstehen und waren uns gegenseitig eine Stütze. Zumindest zu Beginn.“

Marla schweigt, lässt ihm Zeit.

„Obwohl wir es beide weder geplant noch gewollt haben, ist ein Verhältnis daraus entstanden. Sie war damals meine große Liebe. Vielleicht war das der Grund, warum ich nicht gesehen habe oder nicht sehen wollte, wie sehr es sie zerriss. Sie litt unter der Unvereinbarkeit ihrer Gefühle zu mir und ihrer Loyalität zu ihrem Ehemann, dem sie viel verdankte. Nach einer kurzzeitigen Verbesserung verschlechterte sich ihr Zustand wieder. Ich habe versucht, sie mit meiner Liebe aus dem Sumpf der Depression zu ziehen. Heute ist mir bewusst, dass ich die Situation dadurch nur verschlimmert habe. Ich hätte sie gehen lassen sollen."

Seine Stimme versagt, und er streicht sich erneut mit dem Handrücken über die Augen. Marla fühlt sich unwohl in ihrer Haut. Beschämt überlegt sie, ob sie überhaupt weitere Fragen stellen sollte. Doch Schneider fährt von sich aus fort.

„Sie hat mir Briefe geschrieben, das war so eine Eigenart von ihr. Sie sagte immer, jeder Brief hat eine Seele, die sich in einer E-Mail unmöglich transportieren lässt. Anfangs waren es viele, mit der Zeit wurden es weniger, und irgendwann kamen gar keine mehr. Kurz danach hat sie den Kontakt vollständig abgebrochen. Es war furchtbar für mich, selbstverständlich habe ich es akzeptiert. Ich habe gedacht, dass sie sich entschieden hätte. Für ihren Ehemann. Dieser Brief hier …" Seine Stimme versagt erneut. „Dieser Brief ist aus der Zeit, als Yamira den Kontakt bereits abgebrochen hatte. Vielleicht hat sie es für besser gehalten, ihn nicht abzuschicken … Doch warum ist sie dann bis zum Äußersten gegangen? War es bereits zu spät?"

„Wie haben Sie von ihrem Tod erfahren?", fragt Marla vorsichtig.

„Aus der Zeitung. Ich konnte es erst gar nicht glauben, aber die Traueranzeige war eindeutig. Eine zweite Yamira Dahlmann gibt es nicht. Mir war sofort klar, dass sie sich das Leben genommen hat. Es hat mich umgehauen. Wortwörtlich. Ich war tagelang nicht in der Lage, aus dem Bett aufzustehen. Die Schuldgefühle werde ich ein Leben lang mit mir herumtragen. Wenn es meine jetzige Frau und den Kleinen nicht gäbe …"

Marla wäre am liebsten im Boden versunken. Wie konnte sie bloß die Wunden dieses todunglücklichen Mannes aufreißen?

„Es tut mir leid", sagt sie leise.

„Was ich bis heute nicht verstehe", redet Schneider weiter, als hätte er ihre Bemerkung nicht gehört, „ist die Tatsache, dass sie unseren Kontakt von heute auf morgen abgebrochen hat. Ohne ein Wort der Erklärung, ohne das leiseste Anzeichen. Vielleicht war ihr die Trennung nur so möglich. Oder es ging ihr bereits zu schlecht."

„Hat Tinus davon gewusst?"

Er schüttelt den Kopf.

„Wir waren sehr, sehr vorsichtig, obwohl es immer wieder Momente gab, in denen Yamira ihrem Mann alles beichten wollte. Es gab sogar eine kurze Phase, in der sie ernsthaft über eine Scheidung nachgedacht hat. Das hat sie letztlich nicht übers Herz gebracht." Er streckt ihr den Brief entgegen. „Reicht Ihnen das an Informationen?"

Marla nickt schuldbewusst und packt den Brief zurück in die Tasche.

„Dann wäre es nett, wenn Sie jetzt gehen würden."

„Danke, Herr Schneider. Ich verspreche, Sie mit der Sache nicht mehr zu behelligen. Wenn ich gewusst hätte …"

Er winkt bloß ab und läuft an ihr vorbei die Treppe hinunter. Marla folgt mit hängenden Schultern, streift im Flur hastig ihre Sneakers über und verlässt das Haus.

Eigentlich möchte sie so schnell wie möglich zum Auto. Trotzdem verspürt sie einen inneren Zwang, sich noch einmal umzudrehen. Schemenhaft erkennt sie das Gesicht von Yamiras Ex-Geliebten in der verglasten Scheibe der Haustür. Irgendetwas daran irritiert sie, wenn auch nicht greifbar.

Erst auf der Fahrt wird ihr bewusst, was die Irritation ausgelöst hat. Ihr stockt der Atem. Hat er etwa gegrinst?

LIZ' TAGEBUCH, *17. August 2017*

Wir haben uns gestritten im Urlaub. Dabei fing alles entspannt an. Der Flug lief reibungslos, und das Ferienhaus war fast genauso schön wie das vor einem Jahr. Mit dem Unterschied, dass es in mir drin nicht mehr so schön aussah wie damals. Trotzdem hatte ich es geschafft, mich im Urlaubsalltag einzurichten.

Die ersten Tage ging alles gut. Ich bin zwischen Bett, Sofa, Gartenliege und einem gelegentlichen Abstecher in die Bucht in der Nähe des Hauses gependelt. Irgendwie habe ich es sogar geschafft, Chest beim Kochen zu helfen.

Dann hat er wie erwartet Hummeln im Hintern gekriegt. Wir könnten doch mal einen Ausflug machen. Oder einen Restaurantbesuch. Was wäre, wenn wir uns ein kleines Boot mieten würden? Und der Markt im Nachbarort soll so schön sein. Ich habe ihm gesagt, dass er all das gern tun kann. Dass ich Verständnis dafür habe, dass er etwas unternehmen möchte – nur bitte ohne mich.

Daraufhin ging es wieder los in typischer Chest-Manier. Er würde all die schönen Dinge nicht ohne mich machen wollen. Wir sollten die wenigen gemeinsamen Urlaubstage, die wir im Jahr miteinander hätten, auch nutzen. Wenn wir uns erst mal aufgerafft hätten, würde es mir bestimmt gefallen. Es täte mir gut, mal aus meiner Gedankenspirale herauszukommen.

Ich hatte in der Nacht davor kaum geschlafen, war den ganzen Tag schon am Rand der Erschöpfung, und da ist es aus mir herausgeplatzt. Dass er ja immer gewusst hat, was für mich das Beste ist. Und dass ich mir wünschen würde, dass er meine Entscheidungen einfach mal respektiert. Warum wir denn immer alles zusammen machen müssten?

Im Nachhinein wünsche ich mir, ich hätte nichts gesagt. Denn jetzt begann die Diskussion. Chest wollte wissen, was genau ich denn mit dem ersten Satz meinte. Ob ich etwa all die Dinge, die wir uns gemeinsam aufgebaut haben, gar nicht gewollt hätte. Dass er sich ja alle erdenkliche Mühe gibt, alles nach meinen Wünschen zu gestalten.

So ging es eine Weile hin und her, bis ich erschöpft aufgab und er sich wütend in den Mietwagen setzte, um auf den Markt zu fahren. Oder sonst wohin. Danach habe ich geweint. Es lief förmlich aus mir heraus und hatte etwas Befreiendes. Denn mir wurde bewusst, dass ich das erste Mal etwas ausgesprochen hatte, was schon lange tief in mir versteckt gärte.

Dieses Gefühl hielt nicht lange. Nachdem Chest gegen Abend immer noch nicht zurückgekehrt war, überkam mich ein geradezu verzweifelt schlechtes Gewissen. Wie ich nur so undankbar sein konnte. Er tat ja wirklich alles Erdenkliche für mich. Und war er neben mir selbst nicht der größte Leidtragende meiner Krankheit? Da war sie wieder, die Scham.

Als Chest nach Einbruch der Dunkelheit zurückkehrte, haben wir miteinander geschlafen. Das erste Mal seit Monaten. Ich habe mich an ihn geklammert wie eine Ertrinkende, während er geradezu in mir explodiert ist. Danach haben wir den Streit nicht mehr thematisiert. Er hat gelegentliche Tagesausflüge unternommen, während ich die restlichen Urlaubstage im oder am Ferienhaus verbracht habe. Man kann nicht sagen, dass es eine glückliche Zeit war. Dafür eine harmonische.

Kapitel 22

Das kann nicht sein, beruhigt sich Marla. Es würde auch gar keinen Sinn ergeben. Wahrscheinlich hat sie seinen Gesichtsausdruck nur falsch interpretiert, zumal er durch die Scheibe kaum zu erkennen war. Sie schiebt das ungute Gefühl zur Seite und beschließt, Amal anzurufen.

„Du machst ja Sachen", hört sie die vertraute Stimme wenig später. „Einfach zu einer wildfremden Person zu fahren, um sie zur Rede zu stellen."

„Mir ist keine andere Lösung eingefallen."

„Und was hättest du getan, wenn er ein dunkles Geheimnis hütet?"

„Ach komm. Nach einem Meuchelmörder sah er nicht aus."

„Wahrscheinlich hast du recht. Ich hätte an deiner Stelle vermutlich genauso gehandelt."

„Normalerweise würde ich mich nicht so in das Privatleben anderer Menschen einmischen."

„Du hattest ja einen guten Grund dafür. Niemand hätte ahnen können, dass du auf einen Menschen triffst, den solche Schuldgefühle plagen."

„Und was stelle ich jetzt mit dieser Information an? Tinus darauf anzusprechen, würde ich nicht übers Herz bringen. Stell dir vor, er erfährt auf diesem Weg, dass seine Ex-Frau eine Affäre hatte."

„Wenn er es nicht sowieso schon weiß ..."

„Wie meinst du das?"

„Für wie wahrscheinlich hältst du es, dass er den Brief übersehen hat, wenn er ihn selbst in die Kiste gelegt hat?"

„Vielleicht war es Yamiras Box, in der sie persönliche Gegenstände aufbewahrt hat. Vielleicht hat Tinus sie gar nicht geöffnet, sondern so, wie sie war, ins Regal gestellt."

„Vielleicht. Wann sehen wir uns?", wechselt Amal das Thema.

Sie verabreden sich für Donnerstag, Tinus ist gegen Ende der Woche auf Dienstreise. Das schlechte Gewissen versucht Marla auszublenden. Jetzt steckt sie sowieso schon mittendrin.

Genauso wie in Yamiras Geheimnis. Was kann sie tun, um mehr darüber zu erfahren? Und inwiefern hilft es ihr letztendlich, mit diesem Wissen ihren Albtraum in den Griff zu kriegen? Es bleibt nur eine Person, die ihr in dieser Frage vermutlich weiterhelfen kann.

„Ein seltener Gast. Schön, dich zu sehen."

Kirsten reicht Marla die Hand und bietet ihr einen Platz auf dem bequemen Therapiesessel an.

„Tut mir leid, dass ich so lange nicht bei dir war. Auf der Arbeit war viel los, und irgendwie hatte ich das Gefühl, mit der Therapie festzustecken."

„Du musst dich nicht rechtfertigen. Es ist allein deine Entscheidung, ob du die Therapie fortführen möchtest oder nicht. Ich würde dich bloß bitten, in Zukunft die Termine nicht platzen zu lassen. Für uns bedeutet das jedes Mal einen Verdienstausfall."

„Du hast recht, entschuldige. Kommt nicht wieder vor. Ich war zeitweise ziemlich durch den Wind."

„Das heißt, dir geht es etwas besser?"

„Zumindest hat sich der Zustand, sagen wir mal, stabilisiert. Ich habe nach wie vor jede zweite oder dritte Nacht Albträume, aber nicht mehr so extreme Stimmungsschwankungen wie zwischenzeitlich."

Na ja, so richtig stimmt das nicht. Nur irgendetwas muss sie Kirsten ja erzählen.

„Wie hast du die Stimmungsschwankungen überwunden?"

„Ich habe mich, wie du empfohlen hast, intensiv mit der möglichen Ursache des Albtraums auseinandergesetzt."

„Das klingt gut. Erzähl mir mehr darüber."

Marla holt tief Luft und lässt die Bombe platzen. „Wusstest du, dass Yamira eine Affäre hatte?"

„Wie bitte?" Kirsten schaut Marla ungläubig an.

„Vielleicht erinnerst du dich, dass ich dir in einer Sitzung vor längerer Zeit von einem Brief von Yamira erzählt habe, den ich heimlich gelesen habe."

„Ich erinnere mich."

„Um es kurz zu machen, der Brief war gar nicht für Tinus bestimmt, sondern für ihren Geliebten. Er hat es mir persönlich bestätigt. Yamira war mit ihm ein knappes halbes Jahr in einer Liebesbeziehung, bevor sie sich von ihm getrennt hat. Wenige Wochen danach hat sie sich das Leben genommen." Eilig fügt sie hinzu: „Ich weiß, dass es mich eigentlich nichts angeht. Da sich alle in Yamiras Umfeld in Schweigen hüllen, habe ich am Ende bloß diesen Weg gesehen, um mehr zu erfahren."

Sprachlos mustert Kirsten Marla eine Weile, dann räuspert sie sich. „Yamira hat mir nichts davon erzählt. Bist du dir sicher?"

„Hundertprozentig. War sie in dem Zeitraum nicht mehr in Therapie bei dir?"

„Sie hat die Therapie vier Monate vor ihrem Suizid abgebrochen. Von der Affäre weiß ich nichts."

„Vielleicht hat sie dir nicht vertraut?"

„Wie meinst du das?"

„Vielleicht hatte sie die Befürchtung, dass du die Information an Tinus weitergibst."

„Entschuldige, aber das ist Blödsinn. Alles, was sich hier drin abspielt, unterliegt der ärztlichen Schweigepflicht. Auch gegenüber Freunden. Wenn ich dagegen verstoße, kann ich meine Siebensachen packen und die Praxis schließen."

„Ich persönlich glaube nicht, dass du das tun würdest", rudert Marla zurück. „Vielleicht hatte Yamira Angst davor."

Kirsten lehnt sich zurück und verschränkt die Arme. „Bist du hier, um deine Therapie weiterzuführen oder um Informationen über Yamira zu bekommen? Mit Letzterem kann ich nicht dienen."

„Ich habe das Gefühl, dass das eine unmittelbar mit dem anderen zusammenhängt."

„Du musst lernen, dich abzugrenzen, Marla. Du bist nicht Yamira, und niemand vergleicht dich mit ihr."

Sie sitzen sich schweigend gegenüber.

„Möchtest du, dass ich dir weiterhin helfe?", fragt Kirsten irgendwann.

Marla nickt zögerlich. Einerseits ist ihr die Situation peinlich, andererseits wundert sie sich über Kirstens schroffe Reaktion. Ist es nicht verständlich, dass sie sich Gedanken über die verstorbene Ex-Frau ihres zukünftigen Ehemanns macht? Hat Kirsten womöglich etwas zu verbergen? Oder sieht sie mittlerweile überall kleine grüne Männchen?

Marla fährt mit den Fingerkuppen die Konturen von Amals Schlüsselbein entlang. Ihre Haut fühlt sich samtig und immer noch etwas feucht an.

„Du bist schön", sagt sie.

„Du meinst die Schlupflider und die schiefe Nasenscheidewand? Sehr lieb von dir."

Marla lacht. „Die auch."

„Es ist schön, dass du hier bist", sagt Amal und küsst Marla auf die Stirn. „Wenn ich ehrlich sein müsste, würde ich sagen, dass ich dich in den letzten Tagen fast ein wenig vermisst habe. Aber nur ein wenig."

„Vorsicht, dass du es nicht übertreibst mit den Komplimenten."

Marla beißt Amal spielerisch in den Hals und drückt sie mit den Armen in die Laken. Amal kontert, und sie rollen küssend übers Bett.

„Wie geht es dir eigentlich mit deinem Traum?", fragt Amal später, als sie die letzten Stücke Sushi verdrücken, die sie bestellt haben. Eigentlich wollten sie gemeinsam kochen. Doch sie hatten weder die Zeit zum Einkaufen noch die Geduld für die Zubereitung.

„Leider keine Verbesserung. Er tritt im Schnitt vier- bis fünfmal pro Woche auf, manchmal mehrere Nächte hintereinander.

Unabhängig davon, wie stressig oder entspannt der jeweilige Tag verlaufen ist."

„Hast du mal darüber nachgedacht, dass er eventuell etwas mit deiner bevorstehenden Hochzeit zu tun haben könnte?"

„Natürlich. Ich sehe da keinen Zusammenhang. Tinus hat mir bereits vor mehr als anderthalb Jahren einen Antrag gemacht, der Albtraum hat erst vor circa sieben Monaten begonnen."

„Vielleicht war das Ganze zu Beginn noch nicht greifbar. Jetzt geht es in die heiße Phase."

Marla schweigt und trinkt einen Schluck Wasser. Soll sie Amal etwa sagen, dass sie Tinus – auch – liebt? Dass sie schon so viele Dinge erlebt haben, die zusammenschweißen und die Basis für ein gemeinsames Leben schaffen? Dass sie ihm viel verdankt und weiß, dass sie sich immer auf ihn verlassen kann? Dass sie es nicht übers Herz bringen würde, ihn zu verlassen? Ihr kommt in den Sinn, dass Yamira vermutlich ähnlich empfunden hat, sie verscheucht den Gedanken gleich wieder.

„Ich wollte dich mit der Bemerkung nicht unter Druck setzen oder deinen Verlobten schlechtreden", sagt Amal. „Ich weiß, worauf ich mich eingelassen habe, und werde versuchen, es zu akzeptieren."

Marla nickt. Sie betrachtet die Frau, die neben ihr auf dem Sofa sitzt und sie aus großen dunklen Augen mustert. Der feinsinnige Zug um ihren Mund, der wache Blick. Die Lippen, die einerseits so energisch und andererseits so zärtlich sein können. Jetzt verziehen sie sich zu einem Lächeln.

„Soll ich uns ein paar Kerzen anzünden? Langsam dämmert es."

„Oh, nee, bloß nicht", erwidert Marla spontan. „Ich meine, von mir aus musst du keine Kerzen anzünden. Irgendwie ist das kitschig, fand ich immer schon."

Amal lacht auf. „Ernsthaft? Du findest Kerzen kitschig? Das habe ich ja noch nie gehört."

Marla zuckt mit den Schultern und grinst entschuldigend. „In der Hinsicht hab ich's wohl nicht so mit der Romantik."

„Aber in anderer Hinsicht schon?"

„Ich denke, ja. Oder was meinst du? Hältst du mich für romantisch?"

„Hm, lass mich überlegen. Du machst Komplimente, das ist romantisch."

„Na, guck."

„Andererseits hast du die Rosen, die ich heute für dich auf den Tisch gestellt habe, einfach zur Seite geschoben."

„Da standen Rosen?"

„Siehst du."

„Okay, die waren wohl im Weg. Dabei habe ich gar nichts gegen Rosen. Außer am Valentinstag. Da finde ich die irgendwie …"

„… kitschig?"

„Na ja, sagen wir mal, unkreativ."

„Was wäre dir lieber?"

„Keine Ahnung. Mettbrötchen?"

Amal lacht erneut. „Gut, halten wir fest: Du hast keinen ausgeprägten Sinn für Romantik. Einverstanden?"

„Einverstanden. Krieg ich jetzt ein Mettbrötchen?"

„Igitt!"

Als Marla zu Hause die Tür aufschließt, fallen ihr die Augen zu. Noch schnell duschen und dann ab ins Bett. Eigentlich sollte sie noch die Wohnung aufräumen, bevor Tinus morgen von seiner Geschäftsreise zurückkommt. Dafür reicht die Energie nicht mehr. Ein kleines bisschen Chaos wird Tinus' Pedanterie schon nicht schaden.

Das Wasser auf der Haut tut gut. Marla dreht genüsslich das Gesicht in den warmen Strahl und spürt, wie die Lebensgeister zurückkehren. Sie stimmt einen Song an, den sie vorhin im Auto gehört hat. Eigentlich wäre es an der Zeit, müde zu werden, aber nun ja. Von so etwas wie einem normalen Schlafrhythmus hat sie sich längst verabschiedet.

Als sie wenig später wieder aus der Dusche steigt, hüllt sie sich bibbernd in ein großes Handtuch ein. Warum kann man nicht nahtlos vom nassen in den trockenen Zustand übergehen, um diesem mittelschweren Kälteschock zu entfliehen? Tinus lacht immer, wenn er sie so sieht, und rät ihr dazu, die Dusche nicht so heiß einzustellen. Der hat gut reden mit seiner Elefantenhaut, der selbst das Kaltwasserbecken in der Sauna nichts anhaben kann.

Ah, die Tür ist offen. Kein Wunder also, dass es ihr gerade besonders kühl im Bad erscheint. So warm sind die Sommernächte noch nicht, dass sich die Räume ganz von allein erwärmen. Auf Zehenspitzen läuft sie zur Tür und schließt sie. Warum war die überhaupt offen? Sie mag es eigentlich gar nicht, bei offener Tür zu duschen. Vielleicht in ihrer Müdigkeit vergessen?

Als sie sich umdreht, hätte sie beinahe laut aufgeschrien. Denn auf dem beschlagenen Spiegel steht in großen roten Buchstaben: *YAMIRA*.

Zitternd presst sich Marla mit dem Rücken an die geschlossene Badezimmertür. Der Schriftzug ist frisch, sonst hätte sie ihn vor dem Duschen sehen müssen. Oh Gott, das bedeutet ja … Das Herz schlägt ihr bis zum Hals. Langsam lässt sie den Blick durchs Bad gleiten. Der schmale Badezimmerschrank, die Waschmaschine, die Badewanne, die geöffnete Dusche – nein, es gibt keine Versteckmöglichkeiten.

Wer immer den Namen auf den Spiegel geschrieben hat, ist nicht mehr im Bad, aber vielleicht noch in der Wohnung. Kalter Schweiß bricht ihr am ganzen Körper aus und vermischt sich mit den Wassertropfen auf ihrer Haut. Obwohl sie von der Kälte nichts mehr spürt, schlottern ihr die Knie.

Könnte es sich um einen Einbrecher handeln? Nein, das ergibt keinen Sinn. Warum sollte der auf sich aufmerksam machen wollen? Ein Perverser, ein …? Krampfhaft versucht Marla, eine Panikattacke zu unterdrücken.

Ruhig, bleib ruhig! Wenn dir jemand etwas hätte antun wollen, hätte er das längst getan. Eine bessere Gelegenheit als ein nacktes und ahnungsloses Opfer in der Dusche kann es nicht geben.

Oder ist es Teil seines perversen Spiels, sie zunächst in Panik zu versetzen? Halb besinnungslos vor Angst, versucht Marla, einen klaren Gedanken zu fassen. *YAMIRA*, das bedeutet, es muss jemand sein, der sie kennt, und zwar ziemlich gut. Ob Tinus früher zurückgekehrt ist und sich einen schlechten Scherz erlaubt hat? Ausgeschlossen. Er würde sie niemals so in Panik versetzen und schon gar nicht mit dem Namen seiner Ex-Frau.

Was tun? Hier ausharren und hoffen, dass der Eindringling verschwindet? Aber was, wenn er zurückkommt? Vielleicht bereits hinter der Tür auf den richtigen Moment wartet? Diabolisch grinsend ihre Angst und seine sadistische Fantasie auskostet, während er minutiös die nächsten Schritte plant? Nicht einmal einen Schlüssel hat diese verfluchte Tür. Und ihr Handy? Liegt auf dem Wohnzimmertisch.

Marla möchte schreien, als ihr die Ausweglosigkeit ihrer Lage bewusst wird. Sie kann wohl kaum durch das Badezimmerfenster steigen. Beim Sprung aus dem zweiten Stock würde sie sich mehr als die Knöchel brechen, wobei sie dann vielleicht noch eine Chance hätte.

Sie hört ein Geräusch. War das etwa …? Oh ja, bitte, lass das die Wohnungstür gewesen sein! Marla lauscht angestrengt, die Angst schärft ihre Sinne. Vereinzelte Tropfen, die aus dem Duschkopf fallen, nächtliche Stadtgeräusche, die gedämpft durchs Fenster dringen, ansonsten – Stille.

Langsam, ganz langsam kriegt sie die schlotternden Glieder und den hyperventilierenden Atem unter Kontrolle. Wahrscheinlich, nein, bestimmt ist der Eindringling weg. Das Kondenswasser auf dem Spiegel ist getrocknet und lässt den Namen umso deutlicher hervorstechen. Rot wie Blut.

Geh raus! Was bleibt dir auch anderes übrig? Langsam löst sie sich von der Tür, an der sie die letzten fünf – oder waren es zehn? – Minuten gelehnt hat. Das Handtuch klebt nass und kalt an ihrem Rücken. Vorsichtig dreht sie sich um und drückt die Klinke im Zeitlupentempo herunter. Noch einmal lauscht sie angestrengt. Nichts zu hören. Langsam öffnet sie die Tür und späht durch den Spalt, bereit, diese sofort wieder zuzuschlagen, sollte sie etwas entdecken.

Alles wirkt vertraut. Der Flur, in den das warme Licht aus dem Wohnzimmer fällt. Die Schwarz-Weiß-Fotografien an den Wänden, die puristische Einrichtung. Keine ungewohnten Schatten, keine Bewegung, kein Geräusch. Marla scheint allein zu sein.

Okay, jetzt oder nie. Auf Zehenspitzen läuft sie zum Wohnzimmer, hält an der geöffneten Tür inne, um vorsichtig um die Ecke zu spähen, und huscht dann hinein. Dort auf dem Tisch, das Handy!

Sie will gerade danach greifen, als sie vor Schreck einen Satz rückwärts macht. Ein Geräusch geht ihr durch Mark und Bein. Beruhig dich, das ist nur das Telefon! Sie braucht einen Moment, um sich zu sammeln. Das Festnetztelefon, das in der Ladestation auf dem Sideboard steht, klingelt bereits zum fünften oder sechsten Mal. Ein seltenes Ereignis, da die meisten übers Handy anrufen. Geh dran, was soll schon passieren!

Mit zitternden Fingern nimmt sie das Gespräch entgegen. „Hallo?"

„Hallo? Marla, bist du das?"

Es ist Minou. Marla fällt ein Stein vom Herzen, als sie die vertraute Stimme hört.

„Ja."

„Was ist los? Du klingst so komisch."

„Es ist … es ist etwas passiert."

„Was? Was ist passiert?"

Marla versagt die Stimme, und sie flüstert nunmehr in den Hörer. „Hier ist jemand eingebrochen … während ich unter der Dusche war."

„Oh mein Gott. Wirklich? Bist du allein?"

„Ja."

„Bist du in Sicherheit?"

„Ich glaube, ja."

„Hör zu, bleib ganz ruhig. Ich mache mich sofort auf den Weg. Ich beeile mich."

„Okay."

„Wenn was ist, rufst du mich an. Auf dem Handy. Okay?"

„Okay."

„Bis gleich."

Wenig später klingelt es an der Tür. Marla hatte gerade genug Zeit, um sich anzuziehen und ein Handtuch um die nassen Haare zu wickeln. Allerdings erst nachdem sie sämtliche Räume in der Wohnung und den Balkon inspiziert hat. Keinerlei Spur eines Einbrechers. Es muss ein Profi gewesen sein.

Minou drückt sie fest, nachdem ihr Marla die Tür geöffnet hat. „Mein Gott, ich fasse es nicht. Ist in der Zwischenzeit noch irgendwas passiert?"

„Nein."

„Hast du die Polizei gerufen?"

Marla schüttelt den Kopf. „Ich habe überall nachgeschaut, der Einbrecher scheint weg zu sein."

„Puh, ein Glück. Ich bin sofort ins Auto gesprungen und hierhin gerast. Auf den Schreck muss ich erst mal kurz wohin. Danach erzählst du mir alles, ja?"

„Klar. Du weißt ja, wo die Gästetoilette ist."

Ein paar Minuten später sitzen sie auf dem Sofa, und Marla berichtet stockend. Jetzt, wo ihre beste Freundin da ist, erscheint ihr alles so unwirklich. Als sie fertig ist, springt Minou auf und streckt ihr die Hand entgegen. Marla blickt sie fragend an.

„Na komm, wir sehen nach! Was da genau auf dem Spiegel steht. Vielleicht hilft uns das weiter. Danach rufen wir die Polizei, wenn du möchtest."

„Hm, wahrscheinlich hast du recht."

„Na los, der Spiegel beißt nicht."

Marla folgt ihrer Freundin mit einem mulmigen Gefühl im Bauch. Sicher, was soll ihr der Name auf dem Spiegel schon anhaben? Trotzdem zögert sie an der Schwelle zum Bad. Minou ist bereits drin.

„Marla?"

„Ja?"

„Wo genau soll der Name stehen?"

„Na, auf dem Spiegel. In großen roten …"

Marla stockt, als sie das Bad betritt. Fassungslos sieht sie erst in den Spiegel und dann in das fragende Gesicht ihrer Freundin. Hastig geht sie auf den Spiegel zu und berührt ihn mit den Fingerspitzen. „Das kann nicht sein. Genau hier stand vorhin der Name. In Großbuchstaben. Blutrot."

Minou schweigt.

„Das gibt's nicht. Ich habe es ganz deutlich gesehen. *YAMIRA*, stand da."

Marla dreht sich zu ihrer Freundin um, die sie mit großen Augen anschaut. In ihren Blick mischt sich Besorgnis.

„Minou, ich bin doch nicht … Bin ich verrückt?"

Nachdem ich die letzten Nächte fast permanent wach gelegen habe, bin ich wieder zu meiner Therapeutin gegangen. Zunächst hat sie mich geradezu vorwurfsvoll ausgefragt, warum ich so lange nicht da war. Ich habe etwas von Urlaub, Erschöpfung und Beziehungsproblemen gestottert, Letzteres wollte sie wieder nicht hören. Kritik an Chest scheint für sie ein No-Go zu sein.

Ob es eine gute Idee war, zu einer Therapeutin zu gehen, die er für mich ausgesucht hat? Chest hat mir erzählt, dass sie zu Schulzeiten befreundet waren und danach bloß noch sporadisch Kontakt hatten. Ob da von ihrer Seite mehr ist oder war? Als Therapeutin muss sie eigentlich neutral und unvoreingenommen behandeln.

Vielleicht bilde ich mir das auch nur ein. Meine Gedanken drehen sich ständig im Kreis, und ich neige dazu, Kleinigkeiten eine zu große Bedeutung beizumessen. Oder jede negative Äußerung auf mich zu beziehen. Ja, wahrscheinlich ist es das.

Jedenfalls hat sie mir am Ende der Sitzung ziemlich krasse Schlaftabletten verschrieben. Mit der Anweisung, auf keinen Fall mehr einzunehmen, als in der Packungsbeilage empfohlen wird. Ähnliches meinte der Apotheker zu mir, der sie mir ausgehändigt hat.

Sehe ich aus, als könnte ich nicht mit Medikamenten umgehen? Andererseits ist es sehr verantwortungsvoll, dass sie explizit darauf hingewiesen haben. Vielleicht kommt es häufiger vor als gedacht, dass Menschen ihre Tabletten überdosieren. Versehentlich oder aus der Verzweiflung heraus, weil Schlaflo-

sigkeit zur Qual werden kann. Ich bin gespannt, was die Dinger können. Heute Nacht werde ich das erste Mal eine nehmen.

Die Tage nach unserem Urlaub waren schwierig. Chest musste sofort hundertzwanzig Prozent im Job geben, und ich habe versucht, mich wieder in den Alltag einzufinden. Gleichzeitig habe ich mich so nutzlos gefühlt. Andere stehen morgens um sechs oder sieben Uhr auf, arbeiten bis abends und managen nebenbei noch Haushalt und Familie. Ich schaffe es an manchen Tagen nicht einmal, mir Frühstück zu machen.

Lichtblicke sind die wöchentlichen Treffen meiner Therapiegruppe. Dort komme ich mir nicht vor wie der letzte Nichtsnutz, sondern treffe auf Menschen, denen es genauso oder ähnlich geht. Die Verständnis haben.

Denn mit Verständnis ist das so eine Sache. Alle sagen, sie hätten es. Viele haben es tatsächlich und zeigen es auch. Zumindest in den ersten Wochen. Dann tritt Gewöhnung ein, manchmal Ungeduld, das Gefühl, es müsste irgendwie weitergehen. So wie sie für ihre Probleme Lösungen finden, müsse es für meines ebenfalls eine geben. Vielleicht bräuchte ich eine Kur. Oder Medikamente, die richtig wirken. Da gibt es doch dieses Dopamin oder Serotonin oder wie das heißt. Was ist denn damit?

Irgendwann höre ich nur noch selten etwas von ihnen. Oder gar nichts mehr. Schließlich haben alle genug mit ihren täglichen Herausforderungen zu kämpfen. Und wüssten nicht, wie sie mir helfen könnten. Oder ob ich nicht viel eher meine Ruhe bräuchte. Ich verstehe das. Ich verstehe das sehr gut. Und ich wünschte, ich hätte eine Lösung.

Kapitel 23

Laufen. Ich muss laufen.

Die Schritte, die sich erbarmungslos in meinen Kopf hämmern.

Laufen. Ich muss laufen.

Der Luftzug, der mit Eisfingern nach mir greift.

Laufen. Ich muss laufen.

Der Atem, der geifernd nach meinem Nacken schnappt.

Laufen. Ich kann nicht laufen.

Wie im Leerlauf rotieren meine Beine über dem schlüpfrigen Untergrund. Je mehr ich mich bemühe, Halt zu finden, desto schneller scheint mir der Boden unter den Füßen zu entgleiten. Ich laufe, ich renne, ich rase – und komme dennoch nicht vom Fleck.

Ein Kichern fährt mir durch Mark und Bein. Boshaft, triumphierend, direkt hinter mir. Ich schreie, aber kein Laut dringt aus meinen zum Bersten gefüllten Lungen. Panik kriecht mir durch die Brust, schnürt die Kehle zu und malt blitzende Sterne auf die Netzhaut.

Ich will – muss hier weg! Und spüre zugleich, wie mein Geist erlahmt und meine Gliedmaßen erschlaffen. Ein schwarzes

Nichts öffnet sich vor meinen Augen und saugt mich in die Dunkelheit.

Ich falle nicht, sondern kann gerade noch das Gleichgewicht halten. Mit letzter Kraft drehe ich mich um und weiche einem Schlag aus. Reflexartig zuckt mein Körper weg von der Faust, die knapp an meinem Kopf vorbei ins Leere driftet. Irgendwie schaffe ich es, mich an ihm vorbeizuwinden.

Der Verfolger dreht sich zu mir um, und ich lange nach einem Stein, der direkt neben mir auf dem Boden liegt. Ich hebe ihn hoch und schlage ihm damit ins Gesicht. Knapp verfehlt. Der Verfolger weicht aus, gerät dabei ins Taumeln. Ich nutze die Gelegenheit, um zu fliehen.

Hinter mir ein lautes Fluchen, das in ein boshaftes Lachen übergeht. Aus den Augenwinkeln sehe ich in der Hand des Verfolgers etwas Metallisches aufblitzen. Ist das etwa …? Panisch versuche ich, auf dem glitschigen Untergrund weiterzukommen.

Was ist das? Vor mir hat sich eine riesige Felswand aufgebaut. Erneut dringt ein lautloser Schrei aus meiner Kehle, als ich das kalte, feuchte Gestein unter den Fingern spüre.

Es bleibt nur ein Ausweg. Klettern …

„Es tut mir leid, Frau Sternberg, heute ist leider kein Termin mehr frei."

„Es ist dringend."

„Das verstehe ich. Aber der nächste Patient kommt bereits in zehn Minuten, und Frau Selinger ist gerade im Gespräch."

„Ich kann warten."

„Sie haben doch in vier Tagen einen Termin. Reicht das nicht bis dahin?"

„Nein."

Die Sprechstundenhilfe seufzt und betrachtet Marla. Sie steht aufgewühlt im Empfangsbereich der Praxis.

„Na schön. Ich werde Frau Selinger fragen, ob ich Sie dazwischenschieben kann. Bitte nehmen Sie solange Platz."

Marla nickt dankbar, öffnet die Glastür des kleinen Wartezimmers und lässt sich auf einen Stuhl sinken. Das war zu viel. Erst die unselige Spiegelsache gestern Nacht. Ihr schießt immer noch die Schamesröte ins Gesicht, wenn sie an Minous mitleidige Miene denkt. Wie peinlich, ihre beste Freundin muss sie für verrückt halten. Dann der furchtbare Traum, kaum dass sie endlich in den Schlaf gefunden hatte. Schon wieder anders als vorher. Einerseits ist sie froh, den Verfolger mit dem Stein verfehlt zu haben. Andererseits scheint die Situation nun auswegloser denn je. Sie kann die Beklemmung in der Brust immer noch spüren.

Vielleicht – hoffentlich – kann ihr Kirsten helfen. Notfalls schluckt sie halt Psychopharmaka. Mittlerweile ist ihr alles egal. Hauptsache, sie wird wieder einigermaßen normal.

Marla wirft einen Blick durch die Glastür. Ein Mann ist aus dem Behandlungszimmer getreten. Dann hat sie hoffentlich die Chance auf ein Gespräch mit Kirsten, bevor der nächste Klient auftaucht.

Marla schaut auf die Uhr. Eigentlich müsste sie seit einer Stunde am Laptop sitzen. Sie arbeitet zwar heute offiziell aus dem Homeoffice, trotzdem wird es irgendwann auffallen, wenn sie nicht anwesend ist. Glücklicherweise ist erst am Nachmittag ein Meeting angesetzt.

Sie beobachtet den Patienten, der sich an der Garderobe neben dem Empfangsbereich ein Jackett überzieht. Obwohl sie ihn nur im Profil sieht, kommt er ihr irgendwie bekannt vor. Die schlaksige Statur, die ergrauten Schläfen. Ist das nicht …? In dem Moment dreht sich der Mann zu ihr um, und ihre Blicke treffen sich. Eindeutig, das ist Dennis Schneider!

Verblüfft starren sie sich an. Er dreht sich etwas zu hastig von ihr weg, geht auf die Eingangstür zu, verabschiedet sich mit einem Nicken von der Sprechstundenhilfe und verlässt die Praxis.

Wieso war er hier? Das ergibt keinen Sinn. Selbst wenn er in psychotherapeutischer Behandlung ist, warum so viele Kilometer von seinem Zuhause entfernt? Ausgerechnet bei der Ärztin, die auch seine Ex-Affäre behandelt hat? Oder vielleicht gerade deshalb?

Ohne nachzudenken, springt Marla auf und stürmt aus dem Wartezimmer.

„Vergessen Sie den Termin!", ruft Marla der Sprechstundenhilfe zu, bevor sie die Tür zur Praxis aufreißt. „Entschuldigung für die Umstände!" Und schon läuft sie die Treppe hinunter.

Atemlos schaut sie nach links und rechts, nachdem sie das Gebäude verlassen hat. Dahinten, das müsste er sein! Sie rennt auf den großen, schlanken Mann im Jackett zu, der gerade sein Auto aufschließt.

„Warten Sie!"

Erschrocken fährt Dennis Schneider herum. Seine Miene verfinstert sich, als er Marla sieht. „Verfolgen Sie mich?"

„Das Gleiche könnte ich Sie fragen. Was haben Sie bei Kirsten Selinger gemacht?"

„Was macht man wohl bei einer Psychotherapeutin? Abgesehen davon, dass Sie das überhaupt nichts angeht."

Marla bleibt stur. „Warum ausgerechnet diese Praxis? Gibt es keine in Ihrer Nähe?“

„Wie gesagt, das geht Sie nichts an. Und jetzt lassen Sie mich bitte einsteigen. Sie haben uns schon genug Scherereien bereitet.“

Marla wird wütend und stellt sich dem Mann, der mindestens einen Kopf größer ist als sie, in den Weg. „Was soll das heißen, Scherereien? Und erzählen Sie mir nicht, dass es Zufall ist, dass Sie ausgerechnet in der Praxis Patient sind, in der Yamira behandelt wurde. Das stinkt zum Himmel.“

„Was mir stinkt, ist Ihre unverschämte Art. Einfach bei uns aufzukreuzen und mich wegen dieser alten Geschichte verrückt zu machen. Das grenzt an Hausfriedensbruch.“

„Diese alte Geschichte scheint Sie ganz schön aufzuregen. Wenn Sie mich fragen, ist hier irgendetwas faul. Und Sie stecken ganz tief mit drin.“

Mittlerweile sind Passanten stehen geblieben und verfolgen das Schauspiel interessiert.

Übernächtigt und aufgewühlt steigert sich Marla immer weiter in ihre Wut hinein. „Ich glaube nicht, dass Sie so harmlos sind, wie Sie tun. Warum waren Sie wirklich bei Frau Selinger?“

„Hören Sie“, zischt er, „entweder lassen Sie mich jetzt in mein Auto und zur Arbeit fahren, oder ich rufe die Polizei.“

„Das würde zu Ihnen passen“, erwidert Marla. „Aber nicht Sie sind das Opfer, sondern Yamira.“

Trotzdem tritt sie zur Seite, damit er die Autotür öffnen und einsteigen kann. Bevor er sie mit einem lauten Knall zuschlägt, sagt er: „Fragen Sie Kirsten, wenn Ihnen das so wichtig ist.“

Er lenkt das Auto aus der Parklücke und fährt mit quietschenden Reifen davon. Verwirrt blickt Marla ihm nach. Wieso Kirsten? Und warum duzt er sie?

Es herrscht dichter Feierabendverkehr in der Stadt. Marla hat Mühe, sich durch die Autos zu schlängeln. Neben ihr auf dem Beifahrersitz erzählt Minou ihr lang und breit von ihrem neuesten Date. Obwohl Marla froh ist, dass sich ihre Freundin spontan bereit erklärt hat, mit ihr eine Pizza essen zu gehen, stresst sie die Situation. Doch sie muss unbedingt noch mal mit ihr reden, nach dem, was letzte Nacht passiert ist. Und heute Morgen vor der Praxis. Marla kann kaum glauben, wie sehr sich die Ereignisse gerade überschlagen.

„Ja, du Arschloch!“, schimpft sie, als hinter ihr jemand hupt.

„Alles klar bei dir?“

„Der soll halt nicht so blöd herumhupen mit seiner fetten, hässlichen Karre. Klarer Fall von Schwanzprothese.“

Minou wirft den Kopf in den Nacken und lacht. „Was sind das denn auf einmal für Töne?“

Marla grummelt bloß vor sich hin, und Minou fährt mit ihrer Erzählung fort. Plötzlich gibt Marla Gas und rast auf eine gelbe Ampel zu.

„Was tust du da?“, unterbricht Minou erschrocken ihren Redefluss.

„Ich will diesen Idioten hinter mir abhängen.“

„Oha.“

Tatsächlich schaffen sie es, die Kreuzung zu überqueren, bevor die Ampel auf Rot springt.

„Das ging aber gerade noch … Oh no!“

Kurz hinter der Kreuzung steht ein Verkehrspolizist und winkt sie mit der Kelle rechts ran.

„Mist", murmelt Marla.

„Ganz cool bleiben, Herzchen. Und immer schön nicken."

Marla hält in der Parkbucht und lässt das Fenster herunter.

„Sie wissen, warum ich Sie anhalte?", fragt der Polizist und zückt seinen Block.

„Nein, eigentlich nicht. Es war definitiv noch Gelb!"

„Marla!", zischt Minou neben ihr.

Der Polizist beugt sich etwas tiefer hinab und mustert sie beide. „Einmal Ihren Fahr- und Personalausweis, bitte!"

„Warum …?"

„Mach schon!", unterbricht Minou sie mit einem Stoß in die Rippen.

Widerwillig holt Marla ihr Portemonnaie hervor und reicht dem Polizisten die Dokumente.

„Sie sind laut Lasermessgerät nach Abzug der Toleranz siebzehn Stundenkilometer zu schnell gefahren", sagt er. „Wir schicken Ihnen in den nächsten Tagen einen Bußgeldbescheid."

„Siebzehn Stundenkilometer? Das kann gar nicht sein. Ich habe bloß ein bisschen aufs Gas gedrückt, weil der Fahrer hinter mir so gedrängelt hat. Wieso kümmern Sie sich nicht um solche Verkehrssünder?"

„Möchten Sie das ausdiskutieren, junge Dame?"

„Nein, möchte sie nicht", erwidert Minou schnell und lächelt den Beamten entschuldigend an. „Meine Freundin ist ein bisschen nervös, weil es ihrer Mutter schlecht geht. Schicken Sie den Bescheid, wir fahren jetzt ganz ruhig weiter."

Beschwörend blickt sie Marla an. Sie presst wütend die Lippen zusammen und nickt.

„Na schön", sagt der Polizist und reicht Marla die Papiere zurück. „Fahren Sie bitte vorsichtig!"

„Weil es meiner Mutter schlecht geht?", fragt Marla erzürnt, als sie wieder auf der Straße sind.

„Mir ist auf die Schnelle nichts anderes eingefallen. Mensch, Marla, du kannst doch mit dem nicht diskutieren! Am Ende hast du noch eine Anzeige wegen Beamtenbeleidigung am Hals."

„Junge Dame", murmelt Marla vor sich hin.

„Und du bist wirklich zu schnell gefahren. Sei froh, dass es Gelb war, sonst hättest du jetzt einen Punkt in Flensburg und deutlich mehr bezahlt."

Marla blickt stumm vor sich hin.

„Was ist denn mit dir los? Erst der Wutanfall, weil hinter dir irgendein Idiot hupt, und jetzt das. Ist das noch wegen der Sache heute Nacht? Oder hast du deine Tage?"

„Nicht alles im Leben hat mit Hormonen zu tun!", platzt es aus Marla heraus.

„Ist ja gut, blöder Kommentar. Lass uns gleich mal in Ruhe quatschen, wenn wir da sind, okay?"

Als sie in Minous italienischem Lieblingsrestaurant ankommen, hat sich Marla beruhigt. Sie bestellen zwei große Pizzen und Prosecco als Aperitif. Für Marla einen alkoholfreien.

„Was ist los?", fragt Minou, nachdem sie mit dem trockenen Perlwein angestoßen haben. „Liegt es an gestern Nacht?"

„Auch, ja. Ich verstehe nicht, was gerade mit mir los ist."

„Wenig Schlaf, eine Affäre und eine bevorstehende Hochzeit sind eine explosive Mischung."

„Das schon. Nur wie kann es sein, dass ich Dinge sehe, die gar nicht existieren?"

„Vielleicht die Erschöpfung. Henry hatte eine Phase, da ist er nachts zwei- bis dreimal wach geworden. Und da sich sein Vater um rein gar nichts gekümmert hat, bin ich immer zu ihm rüber. In der Zeit hatte ich manchmal das Gefühl, Sterne zu sehen und Stimmen zu hören."

„Aber du hast mich gestern Nacht erlebt. Ich könnte schwören, dass da *YAMIRA* auf dem Spiegel stand. Wie kann das sein?"

Minou seufzt. „Ich verstehe es auch nicht, Herzchen. Du bist nicht der Typ, der fliegende Untertassen sieht. Vielleicht eine Psychose? Nicht dass ich mich damit auskennen würde. Wolltest du heute nicht zu deiner Psychotherapeutin? Vielleicht weiß die Rat."

„Ja, da war ich. Und auch wieder nicht."

„Hä? Verstehe ich nicht."

Marla berichtet von der Begegnung mit Dennis Schneider. Und von der ganzen Vorgeschichte. Minou folgt ihren Ausführungen mit großen Augen.

„Herrje, Marla. Das ist Stalking. An der Stelle dieses Typen würde ich dein Verhalten auch als grenzwertig empfinden."

„Aber du musst zugeben, dass an der Sache etwas faul ist. Wieso ist er ausgerechnet bei Kirsten aufgekreuzt?"

„Vielleicht ist es purer Zufall. Laut dem, was du erzählst, hat deine Psychotherapeutin einen sehr guten Ruf und irgendeine Spezialisierung, die er benötigt."

„Wieso duzt er sie? Und gibt mir diesen seltsamen Tipp, bevor er davonfährt?"

„Wahrscheinlich wollte er dich – entschuldige – einfach loswerden."

Marla schweigt. Um sie herum klappert Geschirr, am Nebentisch lacht ein Gast auf, es herrscht reger Betrieb im Restaurant.

Minou legt ihr eine Hand auf den Arm. „Ich habe das Gefühl, dass du dich in diese Yamira-Sache zu sehr reinsteigerst. Von außen betrachtet, wirkt es geradezu obsessiv. Steckt vielleicht etwas anderes dahinter?"

„Wie meinst du das?"

„Diese sogenannte Traumoptimierung. Vielleicht hat sie dir nicht gutgetan."

„Ehrlich gesagt, ich weiß es nicht. Auffällig ist, dass es seitdem ständig zu irgendwelchen Vorfällen kommt, in denen ich unangemessen reagiere. Fast schon aggressiv."

„Ach, da war noch mehr?"

In Kurzfassung erzählt Marla von der Auseinandersetzung mit Lennart Voigt auf der Firmenfeier sowie ihrer waghalsigen Kletteraktion und der anschließenden Diskussion mit Tinus im Auto.

„Puh, langsam komme ich nicht mehr mit, wobei ich es sehr begrüße, dass du deinem Kollegen die Leviten gelesen hast. Und Tinus kann in meinen Augen auch ein bisschen Klartext gebrauchen."

„Das kann alles Zufall sein und mit der Müdigkeit und dem Stress zusammenhängen, den ich mir selber mache. Aber es ist schon seltsam, dass diese Reaktionen gehäuft auftreten, seit ich diese neue Technologie ausprobiert habe." Sie erzählt ihrer Freundin, wie ihr Traum nach dem Verfahren ein Eigenleben entwickelt hat. Nebst einem Verlauf, der ihr gar nicht gefällt.

„Krass. Ich habe ja vermutet, dass damit irgendwas nicht stimmt. Was sagt denn deine Lady dazu?"

„Sie war erstaunt und konnte sich die nachträgliche Veränderung des Traums nicht erklären. Angeblich ist so was bei anderen Testpersonen in dieser Form nie aufgetreten. Mittlerweile reden wir kaum noch darüber."

„Warum?"

„Ich weiß nicht. Vielleicht weil wir dann automatisch wieder in eine Therapeutin-Patientin-Beziehung rutschen. Es ist einfacher, wenn wir das Thema ausblenden."

„Vielleicht solltest du trotzdem noch mal mit ihr darüber reden, wenn sich diese Vorfälle häufen."

Marla wiegt unschlüssig den Kopf hin und her.

„Andererseits ist es sehr unterhaltsam. ‚Es war definitiv noch Gelb!'", ahmt sie Marlas erboste Stimme nach.

Sie müssen beide lachen. In dem Moment erscheint der Kellner und bringt die Pizzen. Für einen unbeschwerten Augenblick ist alles andere vergessen.

LIZ' TAGEBUCH, *22. Oktober 2017*

Es gibt etwas Neues, aber ich weiß nicht so richtig, wie ich darüber schreiben soll. Vielleicht habe ich dich deshalb in den letzten Wochen oft in die Hand genommen und dann wieder weggelegt, liebes Tagebuch.

Also gut, ich glaube, befürchte, dass ich für Ted Gefühle entwickelt habe. Den sympathischen Mann aus meiner Therapiegruppe. Mit dem Manko, dass ich ihn nicht mehr nur sympathisch finde.

Nach dem Urlaub habe ich ihn recht häufig getroffen. Erst während der Gruppensitzungen, schließlich zunehmend zu zweit. Anfangs habe ich mir nichts dabei gedacht. Wir haben uns gegenseitig gutgetan, konnten offen über alles reden und manchmal sogar herzhaft lachen. Das Leben fühlt sich leichter an, seit ich ihn kenne. Letzte Woche habe ich es sogar geschafft, das Grab meiner Oma zu besuchen, um ihr frische Blumen zu bringen. Das erste Mal seit der Beerdigung.

Als wir uns danach getroffen haben, hat er mich spontan in den Arm genommen. Und dabei ist es passiert, ich weiß selbst nicht, wie. Wir haben uns geküsst. Es hat sich so natürlich und selbstverständlich angefühlt, als hätten wir das nicht zum ersten Mal getan. Und zugleich so aufregend und schön, dass ich Herzklopfen bekommen habe. Er hat mich augenblicklich wieder losgelassen und sich entschuldigt. Er hätte nicht vorgehabt, die für mich emotional aufwühlende Situation nach dem Friedhofsbesuch auszunutzen. Ich habe erwidert, er soll sich keine Gedanken machen. Was Besseres ist mir nicht eingefallen.

Ich bin mir jedoch sicher, dass er sich viele Gedanken macht. Genauso wie ich. Es unterscheidet sich von dem dumpfen Grübeln, in das ich sonst verfalle. Das erste Mal seit langer Zeit habe ich einen regelrechten Energieschub. Ich war gestern joggen, sehr zur Verwunderung von Chest. Weiter als durch den halben Park habe ich es nicht geschafft, aber immerhin.

Chest, ja, das ist die offene Wunde. Ich weiß, dass ich ihm das nicht antun darf. Und ich habe es auch nicht vor. Doch ich merke, dass es mir lange nicht mehr so gut ging. Vielleicht finden Ted und ich ja eine Ebene, auf der wir uns nah sein können, ohne uns zu nah zu kommen. Ich hoffe es.

Wie gerne würde ich mit jemandem darüber reden. Selbst zu meiner besten Freundin aus Unizeiten habe ich kaum noch Kontakt. Und meine Therapeutin? Unmöglich. Stell dir vor, sie hat bei uns angerufen! Um zu fragen, warum ich so lange nicht mehr zu den Sitzungen erschienen bin. Ist das nicht übergriffig? Selbst Chest, der das Gespräch entgegengenommen hat, war einigermaßen erstaunt über ihr Verhalten. Das hat ihn natürlich nicht davon abgehalten, im Anschluss auf mich einzureden, dass ich die Therapie weiterführen muss.

Ich möchte nicht. Irgendetwas stört mich an ihr, obwohl ich nicht in Worte fassen kann, was es genau ist. Sicherlich die blinde Loyalität Chest gegenüber. Nur da ist noch etwas anderes. Ich habe das Gefühl, dass sie ein Geheimnis hat. Und das hat irgendetwas mit Chest und mir zu tun. Oder leide ich jetzt schon unter Verfolgungswahn? Manchmal weiß ich nicht mehr, was richtig und was falsch ist.

Kapitel 24

Marla ist nervös, als sie zum vereinbarten Termin Kirstens Praxis betritt. Sie ist zehn Minuten zu früh und rutscht unruhig auf dem Stuhl im Wartezimmer hin und her. Um die Zeit zu überbrücken, scrollt sie auf ihrem Handy herum. In ihrem Posteingang entdeckt sie eine neue E-Mail. Von Amal, heute Morgen verschickt.

Hallo Marla,
es war sehr schön mit dir am Wochenende. Ich wünschte, wir könnten noch mehr dieser innigen Momente erleben. Verstehe aber, dass es schwierig ist. Wie läuft deine Woche? Im Labor herrscht Hochbetrieb, über eine fehlende Nachfrage können wir nicht klagen.

Ich hoffe, dass es dir gut geht und du dich nicht so erschöpft fühlst. Wenn du mich sehen möchtest und Zeit dafür hast, am Sonntag bin ich zu Hause. Ich würde mich freuen.
Deine Amal

Mit gemischten Gefühlen liest Marla die E-Mail noch einmal. Einerseits erfüllt es sie mit einem wunderbar warmen

Gefühl. Ja, sie würde sich auch freuen. Amals weiche Haut unter den Fingerspitzen zu spüren, in ihr melodisches Lachen einzustimmen und mit den Lippen ihre Schläfe zu berühren.

Andererseits hat sich neben dem Glück und der Sehnsucht ein anderes Gefühl in ihrem Inneren eingenistet: Misstrauen. Wieso weiß sie so wenig über das Verfahren, dem sich Marla unterzogen hat? Hat ihr Amal wirklich alles Wichtige über die KI-Technologie erzählt? Stehen die unerklärlichen Vorfälle in der letzten Zeit im Zusammenhang damit? Und könnte es gar sein, dass ihre Gefühle und ihr Verhalten manipuliert wurden?

„Frau Sternberg?"

Marla schreckt aus ihren Gedanken hoch. „Ich komme."

Kirsten begrüßt sie freundlich und verhält sich so normal wie immer. Ob sie gar nicht mitgekriegt hat, dass Marla vor ein paar Tagen völlig aufgelöst in der Praxis aufgetaucht ist? Vielleicht hat es die Sprechstundenhilfe für hinfällig gehalten, sie darüber zu informieren, nachdem Marla Hals über Kopf verschwunden ist. Oder spricht Kirsten den Vorfall bewusst nicht an?

„Ich habe ihn gesehen", platzt sie heraus, als Kirsten gerade dabei ist, ihr die Wirkweise eines neuen Schlafmittels zu beschreiben.

„Wen hast du gesehen?", fragt Kirsten.

„Dennis Schneider. Am Montagmorgen, als er aus deinem Behandlungszimmer gekommen ist."

Kirsten wirkt sichtbar überrumpelt, fängt sich aber schnell wieder.

„Und was möchtest du mir damit sagen, Marla?"

Sie leugnet es also nicht und regt sich auch nicht auf. Dafür ist sie zu professionell. Die Sätze, die sich Marla vorher zurechtgelegt hat, sind wie weggeblasen.

„Wieso hast du behauptet, dass du von Yamiras Affäre mit Dennis Schneider nichts wusstest?“, redet sie drauflos. „Offenbar ist er Patient bei dir.“

„Das alles liegt Jahre zurück, Marla. Woher willst du wissen, dass ich ihn damals schon behandelt habe?“

„Ich glaube nicht, dass es ein Zufall ist. Warum sollte er ausgerechnet bei dir in Behandlung sein? Er braucht mindestens eine Stunde bis hierher. Und wieso duzt ihr euch? Dafür muss man jemanden schon sehr gut kennen.“

„Du bist gut informiert. Hast du ihm nachspioniert?“

„Wusstest du von der Affäre oder nicht?“, erwidert Marla, ohne auf Kirstens Frage einzugehen.

„Das unterliegt der ärztlichen Schweigepflicht.“

„Also ja. Wusste ich's doch.“

„Stopp, Marla, so läuft das nicht. Du kannst nicht hier aufkreuzen und mich wüst beschuldigen. Zu Dingen, die nichts mit dir zu tun haben und die dich nichts angehen.“

„Es hat etwas mit mir zu tun“, erwidert Marla ungewollt heftig. Sie spürt die altvertraute Wut wieder in sich aufsteigen. „Weil ich nicht weiß, ob ich dir vertrauen kann, wenn du mich belügst. Yamiras Tod liegt wie ein Schatten über allem. Und ich habe das Gefühl, nein, ich bin der Überzeugung, dass irgendetwas faul an der Sache ist. Warum redet niemand mit mir?“

Kirsten will etwas erwidern, besinnt sich jedoch. Sie seufzt. „Also gut. Bevor du dich weiter in deinen kruden Verdächtigungen verstrickst. Mein Mädchenname lautet Schneider, Dennis ist mein Bruder.“

Marla starrt sie ungläubig an und versucht, einen klaren Gedanken zu fassen. Das würde erklären, warum er ihr so bekannt vorkam. Die beiden sehen sich tatsächlich ähnlich.

„Mein jüngerer Bruder. Er leidet seit seiner Jugend an Depressionen, und ich versuche, ihm zu helfen. Es hatte sich deutlich gebessert, bis letzte Woche jemand vor der Tür stand und ihm einen Brief von Yamira unter die Nase gehalten hat. Deshalb war er am Montag hier. Wer dieser Jemand war, wissen wir beide sehr genau."

Marla senkt den Blick. Sollte sie sich so sehr geirrt haben?

„Als Yamira zu mir in Behandlung gekommen ist, kannten sich die beiden noch nicht. Sie sind sich auch hier nie begegnet. Ich habe ihr damals die Selbsthilfegruppe empfohlen, in der Dennis war. Er hat sich dort wohlgefühlt, und ich hatte die Hoffnung, dass es Yamira ebenso gehen würde. Dass sich die zwei verlieben würden, damit hatte ich nicht gerechnet." Kirsten reibt sich müde übers Gesicht. „Von ihrer Affäre habe ich erst erfahren, als Yamira längst nicht mehr zu den Sitzungen erschienen ist. Dennis hat es mir in seiner Verzweiflung erzählt. Ich denke, du kannst dir vorstellen, welche Vorwürfe ich mir gemacht habe. Eigentlich wollte ich allen etwas Gutes tun: Yamira, Dennis und Tinus. Stattdessen hat sie sich am Ende das Leben genommen und in gewisser Weise alle mitgerissen. Und du kannst mir glauben, dass es Suizid war, Marla. Eine Obduktion wurde vorgenommen."

Marla blickt zu Boden. Jegliche Wut ist verflogen und einem Gefühl der Scham gewichen. „Tut mir leid, Kirsten."

„Schon okay", erwidert sie. „Vielleicht verstehst du jetzt, warum ich Schwierigkeiten damit habe, wenn du dich mit ihr vergleichst."

*

Marla ist kleinlaut, als sie sich am Ende der Sitzung verabschiedet. Kirsten atmet auf, nachdem sich die Tür hinter ihrer Patientin geschlossen hat. Sie lässt sich zurück auf den Stuhl fallen und schließt die Augen.

Dass Marla irgendwann auf die Affäre zwischen Yamira und Dennis stoßen würde, hatte sie erwartet. Vielleicht ist es sogar gut, dass die Katze aus dem Sack ist und dass Marla so ein schlechtes Gewissen hat.

Denn dann wird sie hoffentlich nicht tiefer graben und auf das stoßen, was wirklich ein Problem wäre: welche Schuld sie, Kirsten, einst auf sich geladen hat. Wieder kommen die Bilder hoch. Der Junge in der Baustellengrube, reglos mit dem Gesicht nach unten. Der Junge aus den prekären Verhältnissen und der viel zu dünnen Jacke im Winter. Mit der alkoholkranken Mutter, die zu Wutausbrüchen neigte, wie man sich erzählte, hinter vorgehaltener Hand.

Nein, gemobbt hat ihn niemand, den armen Kerl. Doch in seinem Umfeld wollte ihn auch niemand haben. Er war ihnen suspekt mit seinem Ehrgeiz, mit dem er die Löcher in seinen Turnschuhen zu kompensieren versuchte. Er wurde gemieden.

Bis eines Tages die beliebteste Schülerin der Stufe im Unterricht neben ihm saß. Die Pausen mit ihm verbrachte und ihn zu Partys einlud. Sogar eine neue Jacke soll sie ihm geschenkt haben, munkelte man. Lief da was? Nein, das nicht. Aber sie hatte sich zum Erstaunen aller tatsächlich mit ihm angefreundet und verschaffte ihm damit einen sprunghaften Aufstieg in der Stufenhierarchie.

Sie hieß Kirsten Schneider und er Tinus Dahlmann. Das wussten alle. Was keiner wusste: Sie hatte ihn an einem kalten, nebligen Morgen hilflos und verletzt in einer Baustellengrube zurückgelassen, um pünktlich zu einer Matheklausur zu erscheinen. Die einzige Klausur in ihrer Schullaufbahn, durch die sie haushoch hindurchgerasselt ist und nach der sie sich auf der Schultoilette die Seele aus dem Leib gekotzt hat.

Tinus war tot, und sie hatte ihn auf dem Gewissen. Davon war sie drei furchtbare Schulstunden lang überzeugt, bis er in der vierten Stunde auftauchte. Humpelnd, schmutzig und mit einer Platzwunde am Kopf. Alle waren entsetzt, und sie wäre ihm am liebsten heulend um den Hals gefallen.

Danach ist sie nicht mehr von seiner Seite gewichen. Hat ihm jeden Wunsch von den Augen abgelesen und jeden mundtot gemacht, der sich das Maul über ihn zerreißen wollte. Hat sich gar von ihm herumkommandieren lassen. Denn Schuld wiegt schwer, Schuld muss getilgt werden.

Ob er es wusste, weiß sie bis heute nicht. Zumindest hat er ihre plötzliche Zuwendung nie hinterfragt. Und die wurde zu einer regelrechten Besessenheit. Alles, was sie für ihn tat, musste perfekt sein. Misslang ihr das, hasste sie sich dafür. Scheiterte er, gab sie sich die Schuld. Ging es ihm nicht gut, litt sie mehr als er.

Eigentlich hatte er bloß ihren fachlichen Rat gewollt, als die Probleme mit Yamira begannen. Doch sie hatte darauf bestanden, seine Frau in Behandlung zu nehmen. Sie durfte nicht zulassen, dass er unglücklich war oder dass seine Beziehung scheiterte. Als es Yamira nicht besser, sondern zusehends schlechter ging, erdrückte sie das förmlich. Sie begann, nicht nur sich selbst, sondern auch ihre Patientin zu hassen. Warum stellte sie sich so an? Warum bemühte sie sich nicht?

Natürlich wusste sie, dass es sich um eine Projektion ihrer eigenen Gefühle handelte. Trotzdem war sie ihnen hilflos ausgeliefert. Als sie dann auch noch von der Affäre mit ihrem Bruder erfuhr, drehte sie fast durch. Wenig später erreichte sie die Nachricht von Yamiras Tod. In dem Moment konnte sie nur eines fühlen – Erleichterung. So absurd es ihr selbst erschien, fühlte sie sich endlich befreit von der Bürde der Schuld.

Bis Marla in ihrer Sprechstunde saß. Nun ist sie wieder mittendrin, in ihrem persönlichen Albtraum. Sie muss etwas dagegen unternehmen.

*

Als Marla nach dem Essen nach Hause kommt, brennt im Wohnzimmer Licht. Sie streift sich die Schuhe ab, wäscht sich die Hände und läuft müde auf den beleuchteten Raum zu, um Tinus zu begrüßen. Da sie den Fernseher nicht hört, liest er vermutlich oder – noch wahrscheinlicher – scrollt durch die vielen geschäftlichen Nachrichten, die er morgen beantworten muss.

Doch Fehlanzeige. Tinus sitzt auf dem Sofa mit einem Glas Wein in der Hand und starrt sie stumm an. Marla will ihm gerade einen Kuss auf den Mund drücken, als ihr Blick auf den Couchtisch fällt.

Sie zuckt zusammen. Neben der halb geleerten Rotweinflasche liegt Yamiras Brief. Bogen und Umschlag sind so positioniert, dass man sie gar nicht übersehen kann.

„Wir müssen reden", sagt Tinus.

„Ich glaube auch." Marla lässt sich in den Sessel sinken. Sie hatte gehofft, dass dieser Tag irgendwie zu einem versöhnlichen Ende findet, davon muss sie sich jetzt wohl verabschieden. Hätte sie den Brief besser nie gefunden.

„Glaubst du, ich habe nicht gemerkt, dass du in Yamiras Sachen gewühlt hast?", kommt er sofort zur Sache. „Du hättest mich darauf ansprechen können. Weihnachtsschmuck, also ehrlich …"

„Tut mir leid. Ich wollte dich auf das Thema ansprechen. Aber du hast beim letzten Mal so abweisend reagiert."

„Wann?"

„Nach dem Klettern mit Erik und Jaron, als du am Straßenrand gehalten hast."

„Da hast du aus heiterem Himmel meine Ex-Frau in die Diskussion gebracht. Was hast du erwartet? Dass ich dir in drei Minuten von der schmerzhaftesten Erfahrung meines Lebens erzähle?"

„Ich habe damals vorgeschlagen, dass wir zu Hause darüber reden. Du wolltest es sofort ausdiskutieren und hast am Ende gar nichts mehr gesagt. Deshalb habe ich das Thema nicht mehr angeschnitten. Ich wollte dir nicht wehtun."

Tinus stellt das Glas auf den Tisch und reibt sich übers Gesicht. „Ich wollte mit der Vergangenheit abschließen und das eine vom anderen trennen. Vielleicht war das ein Fehler. Mir hätte klar sein müssen, dass irgendwann alles wieder hochkommt."

„Es ist schwierig, Geheimnisse vor jemandem zu haben, den man heiraten möchte."

„Da du eins und eins ja schon zusammengezählt hast, ich wusste, dass Yamira eine Affäre hatte. Nicht erst, seit mir zufällig der Brief in die Hände gefallen ist, den sie wegwerfen wollte und der aus irgendwelchen Gründen in dieser Kiste gelandet ist. Nach ihrem Tod stand ich total neben mir und habe ein paar Sachen hineingestopft."

„Woher wusstest du es?"

„Yamira hat es mir gesagt. Ich war wie vor den Kopf gestoßen. Sie hat beteuert, dass es nicht an mir liegt. Aber wenn dir der Mensch, der dir im Leben am meisten bedeutet, einen Seitensprung beichtet, suchst du den Fehler automatisch bei dir."

„Hast du sie gebeten, die Affäre zu beenden?"

„Nein. Vielleicht hätte ich das zu einem früheren Zeitpunkt getan. Damals wollte ich bloß, dass Yamira wieder gesund wird. Um jeden Preis. Sie sollte mich lieber verlassen und glücklich werden, als bei mir bleiben und … Sie entschied sich fürs Bleiben. Ein paar Wochen später hat sie sich mit einer Überdosis Schlaftabletten, die Kirsten ihr verschrieben hat, das Leben genommen. Statt die Tabletten wie empfohlen regelmäßig in kleinen Dosen einzunehmen, hatte Yamira sie aufbewahrt und alle auf einmal geschluckt. Als ich am nächsten Tag von der Geschäftsreise kam, war sie tot. Sie muss das lange im Voraus geplant haben. Du kannst dir nicht vorstellen, welche Vorwürfe ich mir gemacht habe."

Ein beißendes schlechtes Gewissen breitet sich in Marlas Magengrube aus. Wie konnte sie Tinus solch ein Misstrauen entgegenbringen? Hinter seinem Rücken in Yamiras Sachen wühlen, einen wildfremden Menschen belästigen und ihn obendrein betrügen? Weiß sie denn nicht, was sie an ihm hat?

Sie setzt sich neben ihn, schlingt die Arme um seinen Oberkörper und vergräbt das Gesicht in seiner Halsbeuge. „Es tut mir so leid."

LIZ' TAGEBUCH, *24. November 2017*

Es ist passiert. Ich konnte nicht anders. Ted berührt etwas in mir, das ich nicht in Worte fassen kann. Wochenlang haben wir versucht, so weiterzumachen wie vor dem Kuss, aber es war eine regelrechte Qual. Ständig hatte ich das Bedürfnis, ihn zu berühren, zu riechen und zu spüren. Mit allen Sinnen ganz und gar in mich aufzunehmen.

Unzählige Male habe ich mir das Untersagte in allen denkbaren Facetten ausgemalt. Wach gelegen, taggeträumt, abgetaucht. Als es dann aus einem tiefen inneren Bedürfnis heraus geschehen ist, war es genauso. Und doch ganz anders. Als hätte ich es zum ersten Mal erlebt. Und nie etwas anderes gewollt.

Noch heißer als die Sehnsucht brennt die Schuld in mir. Sie versengt mir die Flügel, wenn ich mich in neue Höhen hinaufwagen möchte. Was, wenn ich in meiner Hybris die Grenzen meiner Welt zum Einsturz bringe? Wenn der Himmel über uns zusammenfällt und unsere unerschütterlich geglaubte Existenz unter Scherben begräbt? Wie könnte ich Chest das antun?

Ted hat gesagt, dass er mich liebt. Dass er für diese Liebe allerdings nicht mein Glück und meine Gesundheit aufs Spiel setzen wird. Er würde kämpfen, wenn ich das wollte, oder verzichten, wenn ich das wünschte. Was ich will und wünsche, weiß ich genau. Wie ich damit leben soll, nicht.

Kapitel 25

Nach all den Vorfällen der letzten Tage beschließt Marla, die Schlaftabletten zu nehmen, die Kirsten ihr verschrieben hat. Bisher ist sie davor zurückgeschreckt, da es sich um deutlich stärkere Medikamente handelt als zuvor. Sie sollen zum einen sicherstellen, dass Marla ruhig durchschläft, und zum anderen, dass der Traum nicht ins Bewusstsein rückt. Eine andere Lösung fällt ihr nicht ein.

Und tatsächlich schläft sie wie betäubt acht Stunden durch. Als der Wecker klingelt, hat sie das Gefühl, aus einer Vollnarkose gerissen zu werden. Mühsam bewegt sie ihre schweren Glieder und versucht krampfhaft, nicht sofort wieder einzuschlafen. Erst als Tinus die Gardinen zur Seite schiebt, gewinnt sie den Kampf gegen die Schwerkraft.

In Zeitlupe schlägt Marla die Decke zurück, erhebt sich und torkelt ins Bad. Die morgendliche Dusche lässt die Lebensgeister zurückkehren. Ihr wird bewusst, dass sie keine einzige Erinnerung an die letzte Nacht hat. Die vergangenen Stunden sind wie von der Festplatte gelöscht. Zufall? Oder sollte das tatsächlich eine wirksame Lösung gegen den Albtraum sein?

Tinus wirkt hochzufrieden, als Marla in die Küche kommt, um ihren frisch gemahlenen Kaffee in Empfang zu nehmen.

„Das scheint ja richtig gut gewirkt zu haben, Sternchen."

„Erst mal schauen, wie es mir im Laufe des Tages geht. Momentan bin ich noch ganz schön platt."

„Das bist du nach einer Nacht mit Albtraum auch. Auf mich machst du einen frischeren Eindruck als sonst."

„Vielleicht hast du recht. Es wäre zu wünschen."

In der Tat fühlt sie sich auf dem Weg zur Arbeit ausgeschlafener als sonst, was auch mit dem Koffein zusammenhängt, das sie sich gerade eingeflößt hat. Normalerweise lässt die Kaffeewirkung sehr schnell nach. Diesmal scheint es anders zu sein. Sie stellt den Wagen auf dem Parkplatz ab und läuft beschwingt zum Haupteingang.

„Warte!", ruft eine Stimme hinter ihr, als sie den Aufzug betreten will. Anne läuft schnaufend auf sie zu und huscht neben ihr in die Kabine. „Du siehst ja richtig gut aus heute."

„Was für ein schmeichelhaftes Kompliment", erwidert Marla.

Anne lacht. „So war das nicht gemeint. Du wirkst nur irgendwie frischer als sonst. Gut geschlafen?"

„Kann man so sagen."

„Das ist gut so, wir haben nämlich heute ein außerplanmäßiges Meeting mit der ganzen Abteilung. Hat Kahlert gestern angekündigt, als du schon freihattest."

„Oh, gut, dass du es sagst."

Marla schluckt nervös. Ob das etwas mit Lennart Voigt zu tun hat? Seit dem Gespräch mit dem Seniorchef hat sie nichts mehr von der Angelegenheit gehört. Ihr Kollege ist während der gesamten Zeit nicht ein einziges Mal im Büro erschienen.

Darüber war sie froh, denn einer weiteren Konfrontation würde sie gern aus dem Weg gehen.

Wenig später stellt sich heraus, dass sie mit ihrer Vermutung richtiglag. Kahlert verkündet im Meeting, dass sich Lennart entschieden hat, aus dem Betrieb auszuscheiden. Eine sehr diplomatische Formulierung für das Offensichtliche – ihm wurde gekündigt. Wer würde schon kurz nach seiner Beförderung den Job hinschmeißen?

Kahlert bedankt sich förmlich bei Lennart, der mit versteinerter Miene an der Seite sitzt, freiwillig abgesondert von den anderen. Marla hat ihn länger nicht gesehen und mustert ihn mit gemischten Gefühlen. Er hat sich einen Bart stehen lassen und ist dünner als sonst. Die Kündigung muss ein heftiger Rückschlag für einen ehrgeizigen Karrieremenschen wie ihn gewesen sein. Einen, den er sich selbst zuzuschreiben hat.

Einen Nachfolger oder eine Nachfolgerin benennt Kahlert nicht. Man will besonnen vorgehen und sich mit der Wahl Zeit lassen. Marla wird flau im Magen, als ihr bewusst wird, dass diese auf sie fallen könnte. Würde sie diese Verantwortung tragen wollen? Könnte sie das überhaupt? Wenn sie doch nur das Selbstbewusstsein ihrer besten Freundin hätte.

Als das Meeting offiziell beendet ist, setzt allgemeines Raunen ein. Es war in den letzten Wochen viel über Lennarts Abwesenheit spekuliert worden. Wie zu erwarten war, hatte es irgendwo eine undichte Stelle gegeben. Inoffiziell wusste also die gesamte Belegschaft, dass Lennart aufgrund seines übergriffigen Verhaltens gekündigt worden ist. Da niemand genau informiert war, wurde die Sache ordentlich aufgebauscht.

Das hätte Marla selbst ihm nicht gewünscht. Sie hatte sich bewusst aus allem herausgehalten und selbst ihrer

Lieblingskollegin kein Sterbenswörtchen von dem Gespräch mit Kahlert erzählt. Trotzdem war sie immer wieder im Mittelpunkt des Flurfunks, da sie aus Sicht der anderen den offenen Aufstand gegen den cholerischen jungen Vorgesetzten gewagt hatte. Eine Rolle, in der sie sich unwohl fühlt.

Marla schlängelt sich durch die Menge hindurch und läuft gedankenversunken den Flur zu ihrem Büro entlang. Dann fällt ihr etwas ein, das sie Anne erzählen wollte, und sie dreht sich abrupt um.

„Hoppla!"

Unsanft stößt sie mit jemandem zusammen, der direkt hinter ihr gelaufen sein muss. Als sie den Kopf hebt, bekommt sie einen Schreck. Es ist Lennart.

„Oh, entschuldige, ich habe dich nicht bemerkt", sagt sie.

„Das wundert mich nicht", erwidert er kalt. „Du bist ja meistens im Wolkenkuckucksheim unterwegs."

Perplex schaut Marla ihren Ex-Kollegen an. „Was meinst du damit?"

„Dass du nicht ganz sauber tickst. Klarer Fall für die Klapse in meinen Augen. Leider bemerkt das hier keiner außer mir."

Es hat etwas Bedrohliches, wie er so nah vor ihr steht. Unwillkürlich geht Marla einen Schritt zurück. Im selben Moment tut Lennart einen Schritt vor. Oder hat sie sich das bloß eingebildet?

„Was willst du?", fragt sie mit unsicherer Stimme.

Lennart beugt sich zu ihr vor, bis sein Gesicht ganz nah vor ihrem ist. „Von dir? Nichts. Aber das könnte sich ändern."

Bevor sie etwas erwidern kann, tut Lennart einen Schritt an ihr vorbei und öffnet die Tür seines ehemaligen Büros. Wahrscheinlich, um seine Sachen zu holen. Kurz bevor er die Tür hinter sich schließt, wirft er ihr einen drohenden Blick zu.

„Sollte ich herausfinden, dass du mich beim Chef verleumdet hast, kriegen wir noch Stress miteinander, das verspreche ich dir, Marla."

Klack, die Tür ist zu. Fassungslos steht sie davor und sieht die Klinke an. Sie weiß, dass sie sofort hineingehen sollte, um ihn zur Rede zu stellen, oder auf dem Absatz kehrtmachen, um den Vorfall zu melden. Doch etwas zieht sich in ihr zusammen und setzt ihre spontanen Reaktionen außer Gefecht – Angst. Eine brustkorbhämmernde Angstattacke.

Erst als sie die schnatternde Meute auf sich zukommen hört, schafft sie es, sich aus der Schockstarre zu lösen. Marla zuckt zusammen, als ihr jemand die Hand auf die Schulter legt.

„Alles okay bei dir?", fragt Anne.

„Jaja, alles okay. War nur in Gedanken."

„Jetzt sind wir den Angeber los. So wie der sich immer aufgespielt hat, habe ich überhaupt kein Mitleid mit ihm."

Marla nickt stumm und folgt ihrer Kollegin ins Großraumbüro, um sich dort auf ihren Schreibtischstuhl fallen zu lassen. Einen Kaffee wird sie später holen. Erst mal zurücklehnen und den Puls beruhigen. Warum ihr der saudumme Kommentar von Lennart einen derartigen Schrecken eingejagt hat, ist ihr ein Rätsel.

„Der kann mir gar nichts", redet sie sich leise ein.

Trotzdem schafft sie es nicht, sich auf ihre Arbeit zu konzentrieren. Mit dem Ergebnis, dass sie ihr Pensum bis zum Ende des Tages nicht erfüllt hat. Dann müssen es wohl heute Überstunden sein, beschließt sie seufzend. Tinus wird sich freuen. Wie konnte sie sich nur so aus dem Konzept bringen lassen?

Noch eine andere Sache schiebt sich hartnäckig in ihr Bewusstsein, obwohl sie es fast den ganzen Tag geschafft hat, sie erfolgreich zu verdrängen: die E-Mail von Amal. Marla hat bisher nicht darauf geantwortet und weiß gerade auch nicht, wie. Einerseits sehnt sie sich mit jeder Faser ihres Körpers nach ihr. Andererseits fragt sie sich nach den Vorfällen in letzter Zeit, ob die neuronale Traumanalyse vielleicht gar nicht so harmlos ist, wie sie scheint. Kann sie Amal in jeder Hinsicht vertrauen?

Als sie zwei Stunden später als eine der Letzten das Büro verlässt, fallen ihr vor Müdigkeit die Augen zu. Hoffentlich wirken die Schlaftabletten heute Nacht wieder so gut. So viele Stunden hat sie lange nicht mehr am Stück gearbeitet. Es wäre wünschenswert, dass sie wieder ihre alte Leistungsfähigkeit zurückbekäme.

Marla verabschiedet sich von Anne, die immer noch am Computer sitzt, um eine Präsentation vorzubereiten. Eigentlich hätte *sie* die Beförderung verdient. Abgesehen von ihrem Hang zu Klatsch und Tratsch ist Anne die loyalste Mitarbeiterin, die man sich vorstellen kann.

Während Marla erschöpft den leeren Flur entlangläuft, geht das Licht aus.

„Was ist denn jetzt los?", murmelt sie. „Seit wann gibt es hier Stromausfälle?"

Vorsichtig tastet sie sich an der Wand entlang und wartet darauf, dass sich ihre Augen an die Dunkelheit gewöhnen. Auf einmal hört sie Schritte hinter sich. Leise, fast schleichend. Definitiv nicht wie jemand, der nur nach dem Rechten sehen will. Marla stehen die Haare zu Berge. Ihr fällt die Begegnung mit Lennart ein, und sie kriegt augenblicklich Herzklopfen. Er wird doch wohl nicht …?

Sie spürt einen Atemzug im Nacken. Ihr wird eiskalt. Plötzlich riecht es modrig, und die Perspektive vor ihren Augen verengt sich zu einem schummerigen Tunnel. Ist der Boden unter ihren Füßen glitschig? Das kann nicht sein.

Ein Kichern fährt ihr durch Mark und Bein. Boshaft, triumphierend, direkt hinter ihr.

„Marla", flüstert eine Stimme. „Maaarla!"

Marla rennt los. Sie schreit, aber kein Laut dringt aus ihren zum Bersten gefüllten Lungen. Panik kriecht ihr durch die Brust, schnürt die Kehle zu und malt blitzende Sterne auf die Netzhaut.

Das boshafte Kichern hat sich in ein hämisches Lachen verwandelt. Der Verfolger ist dicht hinter ihr und könnte jeden Moment angreifen. Doch er lässt sich Zeit. Das Spiel mit ihrer Angst scheint reizvoll, ihr keuchender Atem Musik in seinen Ohren. Berauscht jagt er sie den Gang entlang, wissend, dass sein Opfer ihm nicht entkommen kann. Er kann ihre Panik riechen, die sich langsam, aber sicher in Todesangst verwandelt. Noch zwei, drei Schritte, dann …

Marla spürt eine Berührung zwischen ihren Schulterblättern. Wie wild schlägt sie um sich, um ihren Verfolger abzuschütteln.

„Lass mich! Lass mich! B-i-t-t-e!"

„Marla! M-a-r-l-a!"

Das Licht geht an, und mit einem Schlag befindet sie sich wieder auf dem Teppichboden des Büroflurs. Zitternd und keuchend sieht sie in die aufgerissenen Augen ihrer Kollegin.

„Meine Güte, was ist denn mit dir los? Hast du Angst im Dunkeln? Du bist ja total aufgelöst."

„Ach, du bist es." Erleichtert lässt Marla die Hände sinken. „Wo ist Lennart?"

„Lennart, wieso Lennart?"

„Er hat mich verfolgt."

Entgeistert starrt Anne sie an. „Wie kommst du denn darauf?"

„Er war direkt hinter mir. Ich konnte seinen Atem spüren."

„Das kann nicht sein. Lennart ist heute Vormittag gefahren. Er hat seine Sachen geholt und ist direkt los."

„Aber …"

„Das kannst du mir ruhig glauben. Ich stand am Fenster der Teeküche und habe sein Auto wegfahren sehen. Ohne Schlüssel kommt er hier nicht mehr rein."

Langsam schafft Marla es, einen klaren Gedanken zu fassen. Hat sie sich das alles nur eingebildet? Es hat sich so real angefühlt. Genau wie in ihrem Traum. Sie hat doch wohl nicht etwa geträumt? Am Tag?

„Das Licht ist tatsächlich ausgegangen, oder?"

„Ja, es scheint einen kurzzeitigen Stromausfall gegeben zu haben. Da du gerade losgegangen warst, wollte ich nach dir sehen und dir Bescheid sagen. Und dann so was."

„Ich hatte wohl eine Panikattacke. Tut mir leid. Und danke, dass du nach mir geschaut hast."

„Kein Ding. Hast du Angst vor Lennart?"

„Nein, eigentlich nicht. Er hat heute einen blöden Kommentar abgelassen. Vielleicht hat das etwas in mir ausgelöst, als es stockduster war. Ich hoffe, du hältst mich nicht für gaga."

„Keine Sorge“, erwidert Anne und drückt Marla kurz und herzlich. „Bleibt unter uns. Vielleich schläfst du dich mal wieder richtig aus.“

„Das wäre wahrscheinlich nicht verkehrt.“

Auf dem Weg zu ihrem Auto überlegt Marla, was sie von der Sache halten soll. Keine Frage, sie hat sich auf einmal in ihren Traum versetzt gefühlt. Wie kann das sein? Halluzinationen als Nebenwirkungen der starken Medikamente? Oder dreht sie langsam vollkommen durch?

Eigentlich sollte sie mit Kirsten darüber reden. Aber ihre Therapeutin hat sicherlich wieder irgendeine harmlose Erklärung parat, die sie sich auch selbst zusammenreimen könnte. Und Tinus sollte sie damit so kurz vor dem Urlaub nicht mehr belasten. Am Ende stellt er noch ihre lang ersehnte Bergtour infrage.

Amal? Ja, das sollte sie wohl tun. Nur wie nach allem, was passiert ist?

Obwohl Marla weiß, dass es nicht sein kann, geht ihr ein Gedanke nicht mehr aus dem Sinn – dass sich der Traum einfach seinen Weg gesucht hat. Da er sich nachts nicht entfalten konnte, hat er sie tagsüber heimgesucht. Total verrückt. Oder, wie sich Lennart ausdrücken würde, klarer Fall für die Klapse.

Trotzdem beschließt sie, die Tabletten abzusetzen. Sicher ist sicher.

*

Als Amal Marla die Tür öffnet, ist ihr sofort klar, dass etwas nicht stimmt. „Du möchtest reden.“

„Ja, bitte."

„Gut. Am besten gehen wir in die Küche."

Obwohl Amal äußerlich ruhig bleibt, spürt sie eine Beklemmung in der Brust. Marlas Gesichtsausdruck lässt darauf schließen, dass es sich nicht nur um eine Kleinigkeit handelt. Sie hatte befürchtet, dass solch ein Gespräch kommen würde. Aber jetzt schon?

Kaum haben sie sich an den Küchentisch gesetzt, sprudelt es aus Marla heraus. Die Gestalt auf dem Balkon, der Zwischenfall im Straßenverkehr, die Gespräche mit Kirsten und Tinus, die ständige Wut und auch noch die Halluzinationen im Badezimmer und im Büro.

„Moment, Marla. Eins nach dem anderen. Du hattest was genau? Halluzinationen?"

„Ja, ich wüsste nicht, wie ich es sonst bezeichnen sollte." Und dann beschreibt sie detailliert, wie sie den vermeintlichen Schriftzug am Spiegel entdeckt hat und von ihrem nicht anwesenden Kollegen durch die Flure der Firma gejagt wurde.

„Das kann ich mir nicht erklären", sagt Amal, als Marla ihren Monolog beendet hat. „Könnte es an den Medikamenten liegen, die dir verschrieben wurden?"

„Die Schlaftabletten? Ausgeschlossen. Abgesehen davon, dass ich sie vor dem Vorfall im Badezimmer gar nicht genommen habe. Ich war vorher bei dir."

„Starke Müdigkeit und Erschöpfung können manchmal zu Wahrnehmungsstörungen führen."

„Das waren keine Wahrnehmungsstörungen, sondern Wahnvorstellungen. Ich könnte jetzt noch schwören, dass da tatsächlich *YAMIRA* auf dem Spiegel stand."

Für einen Augenblick herrscht Schweigen. Im Hintergrund rauscht leise die Spülmaschine, die sich mit ihrer mattsilbernen Front perfekt in die funktionale Arbeitszeile integriert. Wie die übrige Wohnung ist die Küche schlicht, modern und schnörkellos. Fotos und persönliche Gegenstände, die eine Geschichte erzählen könnten, hat Amal ins Schlaf- und Arbeitszimmer verbannt.

„Medizinisch kenne ich mich nicht so gut aus, Marla. Aber könnte es sein, dass du durch den ganzen Stress unter einer Psychose leidest? Ich … Es gibt Menschen, die hören nach dem Verlust eines Familienmitglieds immer noch dessen Stimme. Nur als Beispiel."

„Willst du mir sagen, dass ich verrückt bin?"

„Nein, natürlich nicht. Ich suche bloß nach möglichen Erklärungen."

„Ja, die suche ich auch. Und finde keine. Auffällig ist, dass diese Extremfälle erst auftreten, seit ich mich der Traumoptimierung unterzogen habe. Vielleicht ist die Technologie nicht so harmlos, wie du denkst."

„Ich kann einen Zusammenhang nicht gänzlich ausschließen. Vorstellen kann ich es mir allerdings nicht. Wissenschaftlich gibt es keine plausible Erklärung, warum die Traumoptimierung Sinnestäuschungen oder Verhaltensauffälligkeiten hervorrufen sollte."

„Du hast mir gesagt, dass das Verfahren noch nicht voll ausgereift ist. Gerade dann muss man besonders genau hinschauen. Auch bei Symptomen, die nur in Einzelfällen auftreten. Ich habe Angst, dass diese Technologie meine Persönlichkeit verändert hat."

„Das ist technisch gesehen nicht möglich."

„Weißt du das mit Sicherheit? Wenn die künstliche Intelligenz meine Träume beeinflussen kann, beeinflusst sie dann nicht automatisch mein Verhalten und meine Sinneswahrnehmungen?“

„Eine hundertprozentige Sicherheit gibt es bei neuen Entwicklungen nie. Ich denke, wie gesagt, dass diese Symptome eher mit deiner aktuellen Situation zusammenhängen.“

„Das ist genau das, was mir alle seit Monaten weismachen wollen. Wenn ich mich irgendwie ungewohnt verhalte, ist immer die Situation daran schuld. Als wäre ich eine pubertierende Vierzehnjährige, die hilflos ihren Hormonen ausgeliefert ist und ihre Impulse nicht im Griff hat. Ich habe mich sehr wohl unter Kontrolle. Und deshalb merke ich, dass etwas nicht stimmt.“

„Ich wollte dich nicht kritisieren oder bevormunden. Falls du das so aufgefasst hast, tut es mir leid. Ich kann mir bloß keinen Reim auf das machen, was du mir erzählst. Wir haben unsere Testpersonen danach befragt, ob sie die Traumoptimierung in irgendeiner Form in ihrem Verhalten oder im Alltag beeinflusst hat. Die meisten haben nichts dergleichen festgestellt. Abgesehen von den positiven Nebeneffekten, die ein verbesserter Schlaf mit sich bringt: Energie, Motivation, Selbstbewusstsein, Freude und Gelassenheit. Aber du hast recht, bei diesem sensiblen Thema muss man die Einzelfälle genau analysieren. Ich werde die Studie noch mal durchgehen und mit deinen Symptomen abgleichen. Ist das okay für dich?“

Marla nickt stumm und rückt die Obstschale zurecht.

„Du wirkst nicht überzeugt.“

„Hast du dich nie gefragt, wo das alles hinführen könnte? Ich meine, wie groß ist der Schritt von einer Traumsteuerung bis zur Gedankenmanipulation? Klein, nehme ich an."

„Die KI agiert eigenständig, wir können keinen Einfluss auf die Art der Optimierung nehmen. Ein Eingriff von außen ist in diesem System nicht vorgesehen."

„In diesem System nicht, vielleicht in einem sehr ähnlichen, das nicht dem Wohl der Gesundheit dient, sondern für wirtschaftliche oder sogar militärische Zwecke missbraucht werden könnte."

„Mit dieser Argumentation gerätst du ins Fahrwasser von Verschwörungsideologen."

„Du musst dir diese Frage doch auch gestellt haben! Letztendlich kann jede künstliche Intelligenz, egal wie autark sie agiert, nur so gut sein wie ihr Schöpfer. Jedenfalls in ethischer Hinsicht. Wenn die Traum-KI ihre Optimierungsstrategie auf Grundlage einer riesigen Datenbasis entwickelt, sind das immer noch menschengemachte Daten. Und die sind nicht per se gut. Vielleicht ist es effizient, jemanden mit einem Stein zu erschlagen, der einem Böses will. Deshalb ist es nicht zwangsläufig richtig."

„Würdest du es vorziehen, selbst umgebracht zu werden?"

„Zumindest möchte ich die Wahl haben."

„Du darfst die Metaphorik des Traums nicht mit der Realität verwechseln."

„Und du redest dich irgendwie immer heraus."

Sie schauen schweigend zu Boden, als könnten die hellgrauen Fliesen ihre Differenzen beilegen.

„Große Entwicklungen haben in der Geschichte der Menschheit immer Ängste hervorgerufen", sagt Amal schließlich langsam. „Man kann den Fortschritt nicht aufhalten. Besser, man gestaltet ihn mit und versucht, das im Sinne der Menschen und des Planeten zu tun. Was möglich ist, wird irgendwann gemacht. Auf die ein oder andere Weise."

„Was ist denn das für eine fatalistische Haltung? Hättest du auch die Atombombe mitentwickelt?"

„Natürlich nicht. Dass sie gebaut werden würde, war eine unausweichliche Konsequenz. Wenn all das in verantwortungsbewussteren Händen gelegen hätte, wäre es vielleicht nie zu solch furchtbaren Folgen wie in Hiroshima gekommen."

„Amal, man kann nicht auf verantwortungsvolle Weise Massenvernichtungswaffen erschaffen."

„Du hast dieses extreme Beispiel gewählt. Ich weiß beim besten Willen nicht, was ein Atomkrieg mit einer Traumoptimierung zu tun haben soll. Im Gegenteil, diese neuartige Therapieform kann auch Kriegsopfern bei der Bewältigung ihrer posttraumatischen Belastungsstörungen helfen."

„In dieser Form ihrer Anwendung, ja."

„Möchtest du wissen, was ich wirklich denke?"

„Ja, bitte."

„Ich denke, dass die Menschheit es von allein nicht schafft, eine langfristig stabile Zivilisation aufzubauen, die unser Überleben und das anderer Spezies sichert. Schau dir an, wie wir uns selbst und den Planeten zugrunde richten. Die Menschheitsgeschichte müsste eine Erfolgsgeschichte sein angesichts ihrer irrsinnig schnellen Entwicklung. Wir sind intelligent genug, um uns der Folgen unserer Taten bewusst zu sein. In der Theorie. Stattdessen quälen, verfolgen und töten wir, wie es bereits unsere Urahnen vor Hunderttausenden von Jahren getan haben. Nicht mehr mit Speer und Faustkeil, sondern effizienter, perfider und verheerender. Und nebenbei beuten wir unsere Umwelt auf derart zerstörerische Weise aus, dass es am Ende uns selbst zum Verhängnis wird. Die Spitze der Nahrungskette verdaut sich selbst."

„Und du meinst, eine künstliche Intelligenz könnte uns vor dem Super-GAU bewahren?"

„Sagen wir mal so, sie könnte uns im Idealfall vor uns selbst schützen. Stell dir eine neutrale, allwissende, ethisch handelnde Instanz vor, die die Geschicke der Menschheit beeinflusst, wenn nicht gar lenkt, und die vielleicht dem Menschen selbst zu einem neuen Evolutionsschub verhelfen könnte. Indem sie, nennen wir es mal, steinzeitliche Verhaltensweisen ausschaltet und positive verstärkt."

„Eine Diktatur der Maschinen. Du bist dir hoffentlich bewusst, wie sehr das nach Science-Fiction klingt. Und einer Dystopie. Nach welchen ethischen Grundsätzen soll die KI denn handeln? Und wer gibt sie vor? Wenn die Menschen so schlecht sind, wie du annimmst, taugen wir wohl kaum als Maßstab."

„Ich glaube nicht, dass Menschen per se schlecht sind. Aber die Geschichte und die Gegenwart zeigen, dass sie nicht in der Lage sind, zum Wohle aller zu handeln. Jede Spezies auf dem Planeten hat natürliche Feinde. Nur wir nicht. Vielleicht braucht es ein künstliches Korrektiv, das so intelligent ist, dass es bei allen Entscheidungen stets das große Ganze berücksichtigt."

„Und wenn es zu dem Schluss gelangt, dass wir dem großen Ganzen nicht zuträglich sind?"

„An eine Vernichtung der Menschheit durch künstliche Intelligenz glaube ich nicht, Marla. Doch ich gehe ziemlich sicher davon aus, dass kaum etwas so bleiben würde, wie es aktuell ist."

„Und das würdest du dir ernsthaft wünschen? Keine freien Entscheidungen mehr treffen zu können? Unser Schicksal einer Technologie anzuvertrauen, von der wir nicht wissen, wie sie tatsächlich funktioniert und sich entwickeln wird?"

„Letztendlich glaube ich nicht, dass es so weit kommen wird."

„Aber du würdest es gutheißen?"

„Weißt du, Marla, ich habe eine andere Geschichte als du. Ich bin Flüchtlingskind, Waise und habe in meinem Leben ziemlich viel Mist gesehen und erlebt. Da glaubt man irgendwann nicht mehr daran, dass alles schon irgendwie von allein gut werden wird."

„Du weichst mir aus."

„Ich denke, ich habe meinen Standpunkt klargemacht." Amal senkt müde den Blick.

„Es tut mir leid, dass du all diese schlimmen Dinge erleben musstest", sagt Marla, „von denen ich kaum etwas weiß, weil du nie etwas über dich erzählst. Wie kann ich Teil deiner Geschichte werden, wenn ich sie gar nicht kenne?"

Amal kann den Graben förmlich spüren, der sich zwischen ihr und Marla auftut. Mit jedem Wort, jedem Satz und jeder Geste scheint er größer, tiefer und bedrohlicher zu werden. Bis er all das Schöne in sich aufsaugt und nichts als Zweifel und Verzweiflung zurücklassen wird. Ein Gefühl, das ihr die Luft nimmt, weil sie es allzu gut kennt.

„Ich möchte jetzt allein sein", sagt Amal. „Bitte geh."

„Aber wir müssen doch miteinander reden können."
„Du möchtest nicht reden, sondern streiten. Und das kann ich nicht. Nicht auf diese Weise."

*

Als Marla kurze Zeit später heimfährt, laufen ihr die Tränen über die Wange. War's das jetzt, einfach so? Hätte sie die Diskussion besser nicht anfangen sollen? Nur wie kann sie Amal nah sein, wenn sie ihr nicht vollständig vertraut? Und wie kann sie mit ihr zusammen sein, wenn sie zu Hause einen Freund hat, der in weniger als drei Monaten ihr Mann sein wird? Vielleicht geschieht ihr das alles ja recht.

LIZ' TAGEBUCH, *30. November 2017*

Ich liebe ihn. Und ich habe es ihm gesagt. Wie könnte ich verschweigen, was so offensichtlich ist und sich so wahrhaftig anfühlt? Es ist, als hätte Ted einen Schleier gelüftet, unter dem sich seit Jahren alles taub und tot anfühlt. Er war froh über mein Geständnis und möchte mit mir glücklich sein. Wenn ich das will.

Ja, ich will. Ich möchte den Schleier zerreißen, der mich erdrückt und mir die Luft nimmt. Und gleichzeitig möchte ich ihn mir noch enger um die Brust knoten. Ich möchte ihn so fest- und zuziehen, dass ich ihn aus eigener Kraft nicht mehr lösen kann. Und damit nicht die Verantwortung tragen muss für den Schmerz eines Menschen, der mir doch immer der wichtigste war.

Kann ich nicht ohnmächtig und lebendig zugleich sein? Was für ein anmaßender Wunsch.

Kapitel 26

Laufen. Ich muss laufen.

Die Schritte, die sich erbarmungslos in meinen Kopf hämmern.

Laufen. Ich muss laufen.

Der Luftzug, der mit Eisfingern nach mir greift.

Laufen. Ich muss laufen.

Der Atem, der geifernd nach meinem Nacken schnappt.

Laufen. Ich kann nicht laufen.

Wie im Leerlauf rotieren meine Beine über dem schlüpfrigen Untergrund. Je mehr ich mich bemühe, Halt zu finden, desto schneller scheint mir der Boden unter den Füßen zu entgleiten. Ich laufe, ich renne, ich rase – und komme dennoch nicht vom Fleck.

Ein Kichern fährt mir durch Mark und Bein. Boshaft, triumphierend, direkt hinter mir. Ich schreie, aber kein Laut dringt aus meinen zum Bersten gefüllten Lungen. Panik kriecht mir durch die Brust, schnürt die Kehle zu und malt blitzende Sterne auf die Netzhaut.

Ich will – muss hier weg! Und spüre zugleich, wie mein Geist erlahmt und meine Gliedmaßen erschlaffen. Ein schwarzes

Nichts öffnet sich vor meinen Augen und saugt mich in die Dunkelheit.

Ich falle nicht, sondern kann gerade noch das Gleichgewicht halten. Mit letzter Kraft drehe ich mich um und weiche einem Schlag aus. Reflexartig zuckt mein Körper weg von der Faust, die knapp an meinem Kopf vorbei ins Leere driftet. Irgendwie schaffe ich es, mich an ihm vorbeizuwinden.

Der Verfolger dreht sich zu mir um, und ich lange nach einem Stein, der direkt neben mir auf dem Boden liegt. Ich hebe ihn hoch und schlage ihm damit ins Gesicht. Knapp verfehlt. Der Verfolger weicht aus, gerät dabei ins Taumeln. Ich nutze die Gelegenheit, um zu fliehen.

Hinter mir ein lautes Fluchen, das in ein hinterhältiges Lachen übergeht. Aus den Augenwinkeln sehe ich in der Hand des Verfolgers etwas Metallisches aufblitzen. Ist das etwa …? Panisch versuche ich, auf dem glitschigen Untergrund weiterzukommen.

Was ist das? Vor mir erhebt sich eine riesige Felswand. Ein tonloser Laut dringt aus meiner Kehle, als ich das kalte, feuchte Gestein unter den Fingern spüre.

Es bleibt nur ein Ausweg. Klettern. Atemlos erklimme ich den Felsen, greife blind in die Vorsprünge und versuche verzweifelt, mit den Füßen Halt zu finden.

Hinter mir erklingt ein wütender Schrei, danach ein raues, irres Lachen.

„Das schaffst du nie!“

Keuchender Atem, dicht unter mir. „Gleich hab ich dich!“

Klettern. Ich muss klettern. Der keuchende Atem schon bedrohlich nah.

„Gleich hol ich dich!“

Klettern. Ich muss klettern. Ein triumphierendes Geheul. Eine Klaue, die nach meinem Fuß schnappt.

„Jetzt hab ich dich!“

In dem Moment rutsche ich ab …

Schweißgebadet sitzt Marla im Bett. Mit klopfendem Herzen und bebender Brust ringt sie nach Luft. Wann hat dieser Albtraum bloß ein Ende? Wie ein Geschwür hat er ein Eigenleben entwickelt und frisst sich tiefer und tiefer in ihr Bewusstsein. Tränen der Verzweiflung laufen Marla über die Wange, als ihr klar wird, dass sie jegliche Kontrolle darüber verloren hat.

Sie dreht sich zu Tinus, der neben ihr liegt. Seine Atemzüge gehen ruhig und gleichmäßig. Entweder hat sie diesmal nicht im Schlaf geschrien, oder er hat sich mittlerweile so sehr daran gewöhnt, dass er gar nicht mehr wach wird.

Leise steht sie auf und schleicht mit zittrigen Beinen ins Bad, um sich zu waschen. Tiefe Augenringe zeichnen das Gesicht im Spiegel. Sie zieht sich einen frischen Pyjama an und läuft auf Zehenspitzen zurück ins Schlafzimmer.

Schlafen wird sie jetzt wahrscheinlich nicht mehr. Aber sie kann versuchen, ihren Körper zur Ruhe kommen zu lassen. Sanft kuschelt sie sich an Tinus' warmen Rücken. Er murmelt etwas im Schlaf und greift nach ihrer Hand, um sie auf seinen Brustkorb zu legen.

Auf diese Weise beruhigt sich Marla, bis sie nach und nach in einen Dämmerschlaf fällt.

„Mensch, ich find's so klasse, dass wir endlich mal wieder zusammen tanzen gehen!“

Minou umarmt Marla überschwänglich, als sie im Eingangsbereich des Clubs stehen. Sie hat es geschafft, Marla zu überreden, vorm Kletterurlaub noch mal auszugehen. „Wenn du eh nicht schlafen kannst, können wir genauso gut tanzen", lautete das überzeugende Argument.

Und tatsächlich findet Marla langsam Geschmack daran. Die Beats, die von der Tanzfläche herüberschallen, sind vielversprechend, und das Publikum wirkt angenehm entspannt.

Sie greift nach Minous Hand und zieht sie hinter sich her. „Lass uns was trinken, ich lad dich ein!"

„Das nenne ich die richtige Einstellung", erwidert Minou lachend.

Sie bestellen zwei Longdrinks und beobachten das Geschehen von der Bar aus. Da eine Unterhaltung bei der Lautstärke kaum möglich ist, trinken sie schnell aus und mischen sich unter die Tanzenden. Eigentlich ist Marla ganz froh darüber. Über Probleme geredet hat sie in letzter Zeit genug.

Sie lässt sich mitreißen vom Rhythmus der Musik und genießt die Bässe, die ihr durch Mark und Bein gehen. Schnell findet ihr Körper zu den fließenden Bewegungen, die sie immer so geliebt hat. Herrje, wieso war sie eigentlich so lange nicht mehr tanzen? Amal ist bestimmt eine großartige Tänzerin. Wie schön wäre es, wenn sie … Schnell verdrängt Marla den Gedanken.

Stattdessen fasst sie ihre beste Freundin spielerisch um die Hüften und bewegt sich mit ihr zu den Beats. Wie früher, als sie fast jedes Wochenende unterwegs waren. Minou lacht und legt ihre Arme um Marlas Hals.

„Das müssen wir öfter tun! Habe ganz vergessen, wie viel Spaß das macht." Sie rückt näher an Marlas Ohr. „Und der Typ da schräg hinter dir hat einen Wahnsinnsknackarsch."

„War klar“, lacht Marla. „Kaum eine halbe Stunde hier und schon den ersten Typen im Visier. Dass du aber auch immer so oberflächlich bist.“

„Hallo? Worauf soll ich denn sonst achten? Über seine inneren Werte kann ich hier wohl kaum etwas sagen.“

„Tu dir keinen Zwang an! Ich kann auch eine Weile mit mir selbst tanzen.“

„Nee, lass mal. Ich bin ja mit dir hier. Heute nur gucken, das reicht. Außerdem muss ich mal den Lippenstift nachziehen. Kommst du mit?“

„Na klar. Um sicherzugehen, dass du wieder zurückfindest.“

Sie nehmen sich an die Hand und bahnen sich den Weg zur Damentoilette. Die ist wider Erwarten leer und angenehm sauber.

„Kannst du kurz meine Handtasche halten?“

„Sicher“, erwidert Marla.

Minou verschwindet in einer der Kabinen.

Während Marla auf ihre Freundin wartet, betrachtet sie sich im Spiegel, der über den Waschbecken hängt.

„Kann ich deinen Lippenstift benutzen?“, fragt sie und hat ihn bereits aus der Handtasche genommen, bevor Minou etwas erwidern kann. „Der ist aber mitgenommen. Was hast du denn damit angestellt?“

Grinsend betrachtet sie die platt gequetschte Spitze des dunkelroten Lippenstifts. Der sieht aus, als ob … Schlagartig wird ihr eiskalt. Ein furchtbarer Verdacht schießt ihr durch den Kopf und verdrängt die Partylaune.

Warum hat Minou sie an jenem Abend auf dem Festnetz angerufen? Woher wusste sie, dass sie zu Hause und nicht bei Amal sein würde? Wie war es möglich, dass sie wenige

Minuten nach dem Anruf bereits bei ihr sein konnte? Und last but not least: Wer ist die Einzige, die neben Tinus und ihr einen Schlüssel zu ihrer Wohnung besitzt?

Wie von allein malen ihre zittrigen Finger ein großes Y auf den Spiegel. Mit aufgerissenen Augen starrt Marla den blutroten Buchstaben an. Und wenige Sekunden später in das Gesicht ihrer Freundin. Als sie sich umdreht, gibt es keinen Zweifel mehr.

Blass und stumm steht Minou vor ihr, nach Worten ringend. Es ist zu spät, um irgendetwas zu leugnen.

„Wie konntest du?“, zischt Marla und schmeißt ihr den Lippenstift samt Handtasche vor die Füße. Sie dreht sich um, reißt die Toilettentür auf und drängt, so schnell sie kann, nach draußen.

„Warte! Bitte warte!“, ruft Minou ihr hinterher. Erst als sie den Club verlassen haben, kann sie Marla einholen. „Bitte, Marla“, sagt sie atemlos und berührt Marla leicht am Arm.

Marla schüttelt ihre Hand ab, bleibt stehen und dreht sich abrupt zu ihr um. Tränen der Wut und Enttäuschung laufen ihr über die Wangen. „Warum, Minou? Sag mir einfach nur, warum.“

„Ich kann es dir erklären.“ Aufgewühlt schnappt sie nach Luft. „Shit, ich wünschte so sehr, es wäre nicht passiert.“

„Dafür ist es zu spät.“

„Es war an einem dieser Tage, als du dich mit Amal getroffen hast. Ich war gerade furchtbar wütend auf Henrys Vater, weil er uns mal wieder sitzen gelassen hat. Es hat zwei Stunden gedauert, bis ich den Kleinen endlich im Bett hatte. Und dann saß ich total k. o. auf dem Sofa und war mega frustriert, weil ich viel lieber ins Kino gegangen wäre oder sonst was unternommen hätte.“ Minou versucht, ihren Atem unter Kontrolle zu bringen. „Jedenfalls klingelt es an der Tür, und als ich sie geöffnet habe, steht da plötzlich Tinus vor mir."

„Tinus?"

„Ja. Er wollte dich sprechen. Ich war total überrumpelt und wusste erst gar nicht, was ich sagen sollte. Dann habe ich ihm erzählt, dass du schon schlafen würdest, weil du so erschöpft warst. Und dass es besser wäre, wenn wir dich nicht stören würden." Minou streicht sich mit den Händen übers Gesicht. „Und ob du es glaubst oder nicht, er fing an zu weinen. Weil er sich so um dich sorgt und nicht weiß, was er tun soll. In dem Moment habe ich mich so dermaßen schlecht gefühlt, dass ich ihn nicht länger anlügen konnte. Außerdem war ich wütend. Während sich der Vater meines Kindes um nichts kümmert, vergießt der Verlobte meiner besten Freundin Tränen, die sich wunderbar ohne ihn amüsiert. Und ich darf den ganzen Scheiß ausbaden."

„Also hast du es ihm erzählt."

„Ich habe ihm erzählt, dass du eine Affäre hast. Aber nicht, mit wem! Das weiß er bis heute nicht. Glaub mir, wenn ich es rückgängig machen könnte …"

„Wie hat er reagiert?"

„Schockiert. Am Boden zerstört, um genau zu sein. Also habe ich ihn reingelassen. Und weil wir beide total fertig waren, habe ich uns einen Schnaps eingeschenkt. Und noch einen und noch einen, bis die Flasche leer war. Und dann, wie soll ich sagen, haben wir uns geküsst. Und auf einmal war's passiert."

„Du hast mit Tinus geschlafen?", fragt Marla.

„Wir waren betrunken, auch wenn ich weiß, dass das keine Ausrede ist."

„Du magst ihn nicht einmal besonders."

„In dem Augenblick habe ich dich geradezu um ihn beneidet. Weil du ihm etwas bedeutest und er sich so um dich bemüht. Hinzu kamen der aufgestaute Frust und eine Lust, die kaum auszuhalten war. Ihm schien es ähnlich zu gehen."

„War es wenigstens gut?", fragt Marla mit beißender Ironie.

„Ja, es tat gut. Was nicht heißt, dass es schön war. Es war nur ein Ventil, um Luft abzulassen. Ich wünschte, ich hätte es nicht getan."

Sie mustern sich eine Weile schweigend. Minou wischt sich Tränen aus den Augen.

„Okay, vergessen wir mal, dass mich meine beste Freundin mit meinem Verlobten betrogen hat", sagt Marla schließlich. „Vielleicht habe ich es ja nicht anders verdient. Doch was ich beim besten Willen nicht verstehe, was hat das alles mit der Schmiererei auf unserem Badezimmerspiegel zu tun?"

„Kurz bevor er damals auf Geschäftsreise gefahren ist, haben Tinus und ich uns bei euch zu Hause verabredet, um uns auszusprechen. Du hattest nach der Arbeit einen Termin bei deiner Psychotherapeutin und wolltest danach direkt zu Amal. Die Aussprache war offen, ehrlich und ganz sachlich. Uns war beiden klar, dass es sich um einen Ausrutscher gehandelt hat, der sich nicht wiederholen würde. Während unserer Unterhaltung habe ich etwas in meiner Handtasche gesucht und dabei ein paar Sachen auf den Wohnzimmertisch gelegt. Später habe ich alles wieder eingepackt. Bis auf den Lippenstift, den ich übersehen habe. Das ist mir allerdings erst am nächsten Tag aufgefallen."

„Und damit ich keinen Verdacht schöpfe, bist du noch mal zurückgekehrt, um ihn zu holen."

„Genau. Ich dachte, dass du erst später nach Hause kommen würdest. Auf einmal habe ich die Wohnungstür gehört und mich in Windeseile in eurem Schlafzimmer versteckt."

Marla fragt sich, warum ihr nicht aufgefallen ist, dass die Tür nicht abgeschlossen war. Vielleicht war sie zu müde.

„Als du unter der Dusche warst, wollte ich mich hinausschleichen. Dann habe ich dich im Bad singen gehört. So glücklich und selbstzufrieden, während ich mir wochenlang Vorwürfe gemacht habe. Und da war sie wieder, diese Wut. Vielleicht war ich nur neidisch auf dein Glück. Dein doppeltes Glück. Also habe ich nicht lange nachgedacht, bin ins Bad geschlichen und habe mit dem Lippenstift *YAMIRA* auf den Spiegel geschrieben. Um dir einen Schreck einzujagen. Erst als ich im Auto saß und ein paar Hundert Meter gefahren bin, ist mir klar geworden, was ich damit angerichtet habe. In welcher Panik du dich befinden musst. Also habe ich dich angerufen und bin sofort zurück."

„Und dann bist du gar nicht auf die Gästetoilette gegangen, sondern auf direktem Weg ins Bad, um die Spuren zu verwischen."

Minou nickt beschämt.

Marla spürt eine lähmende Müdigkeit in sich aufsteigen. Sie sollte wütend und enttäuscht sein, aber alles, was sie fühlen kann, ist eine tiefe Erschöpfung.

„Ich fahre jetzt nach Hause", murmelt sie.

„Sollten wir uns nicht aussprechen?"

„Vielleicht ein andermal."

„Ich bereue es, Marla. Das musst du mir glauben."

„Gute Nacht, Minou."

LIZ' TAGEBUCH, *29. Dezember 2017*

Chest weiß es. Er war außer sich. Ich habe ihn noch nie so erlebt. Er hat mich als undankbar, krank und einen Fall für die Psychiatrie bezeichnet. Sogar „Schlampe" ist ihm über die Lippen gekommen. Ist das derselbe liebevolle Mensch, der mir morgens frisch gepressten Orangensaft ans Bett gebracht hat und aus tiefstem Herzen lachen konnte?

Ich weiß nicht, ob das Wort Schock ausreicht, um zu beschreiben, wie ich mich gefühlt habe. Ich war regelrecht gelähmt. Wie ein Kaninchen, das in der Falle sitzt und ins offene Maul seines Fressfeinds starrt. Es war furchtbar.

Danach ist Chest weggefahren und erst am nächsten Tag zurückgekehrt. Als er die Tür hinter sich zugeknallt hat, bin ich ins Bad gelaufen und musste mich übergeben. Die Übelkeit ist immer noch da. Sie schnürt mir den Hals zu und drückt meinen Magen zusammen. Heute Morgen habe ich versucht, etwas zu essen. Es war unmöglich. Selbst das Atmen fällt mir schwer.

Der Einzige, der mir helfen könnte, ist Ted. Und zugleich der Letzte, den ich sehen möchte. Ich werde den Kontakt abbrechen. Es zerreißt mich, aber was soll ich tun? Ich weiß nicht mehr weiter.

Kapitel 27

Fast zwei Wochen sind seit dem abrupt beendeten Gespräch vergangen. Zwei Wochen, in denen sie keinerlei Kontakt hatten. Gestern hat Amal endlich eingesehen, dass sie ihren Liebeskummer nicht weiter in sich hineinfressen kann. Also hat sie ihren besten Freund angerufen, der ihr sofort einen gemeinsamen Abend mit selbst gemachter Pasta verschrieben hat.

„Komm rein, Schatz", sagt er, als sie eintrifft, und hält ihr die Wohnungstür auf.

Im Flur riecht es nach Oregano und anderen mediterranen Kräutern. Wahrscheinlich hat Sam wieder eine seiner hervorragenden Saucen gezaubert.

Amal setzt sich auf den Hocker vor dem Tresen der offenen Wohnküche, den Sam meistens als Arbeitsfläche nutzt. Ihre Hilfe bietet sie gar nicht erst an, denn sie weiß, dass ihr bester Freund beim Kochen am liebsten alles allein macht. Sehr zu ihrer Erleichterung.

Er ist so routiniert, dass er es problemlos beherrscht, gleichzeitig ein aufwendiges Menü zu kochen und ein aufmerksames

Gespräch zu führen. Nur auf ein Glas Wein wartet man bei ihm vergeblich. Er mag schlicht keinen Alkohol und ist auch nicht der Meinung, dass dieser zu einem guten Essen dazugehört.

„Ich glaube, das war's", beginnt Amal das Gespräch.

„Mit Marla?"

„Ja."

„Das ist schade."

„Ich hätte es wissen müssen. Wie konnte ich mich auf eine Frau einlassen, die kurz vor ihrer Hochzeit steht?"

„Die Liebe fragt nicht nach dem Beziehungsstatus. Und ich hatte das Gefühl, dass es umgekehrt ebenfalls etwas Ernstes war."

„Ich glaube auch nicht, dass sie nur ein Abenteuer gesucht hat. Es hat sich so … richtig und echt angefühlt. Irgendwo in mir drin hatte ich die Hoffnung, dass sie sich für mich entscheiden würde."

„Wer hätte die nicht? Wenn große Gefühle nicht ein kleines bisschen irrational wären, hätten sie nichts Romantisches."

„Und ich weiß jetzt wieder, warum ich das Rationale der Romantik vorziehe."

„War ihre bevorstehende Hochzeit der einzige Grund, warum es nicht klappt?"

„Leider nein. Wir haben uns gestritten. Über grundsätzliche Dinge, die man nicht ignorieren kann. Es ging um das Traumoptimierungsprogramm und die ethischen Bedenken, die sie in diesem Zusammenhang hat."

„Das hat aber nichts mit dir persönlich zu tun."

„Irgendwie schon. Schließlich haben wir uns darüber kennengelernt. Ich wollte ihr helfen, als ich ihr die Behandlung vorgeschlagen habe. Leider hat sie nicht den gewünschten Erfolg gebracht. Im Gegenteil, es sind ungewöhnliche Symptome bei ihr aufgetreten, die sie auf die Optimierung zurückführt."

„Ist da was dran?"

„Ehrlich gesagt, weiß ich es nicht. Anfangs habe ich es komplett ausgeschlossen. Mittlerweile habe ich ein paar Nachforschungen angestellt und bin mir nicht mehr sicher, ob es in seltenen Fällen nicht doch so etwas wie Nebenwirkungen geben könnte. Das wäre fatal für das Programm. Und für mich. Mir war immer klar, dass solch ein hochinnovatives Verfahren ein heißes Eisen ist. Bislang habe ich nie an seinem grundsätzlichen Nutzen gezweifelt."

„Du durftest mir ja nie die genauen Details erzählen. Das, was ich über das Programm weiß, finde ich allerdings bedenklich. Andererseits ist es normal, dass neue Entwicklungen Ängste auslösen, gerade wenn man ihre Konsequenzen nicht genau vorhersehen kann."

„Das habe ich Marla auch gesagt."

„Wenn man das Berufliche mal ausklammert, meinst du nicht, dass noch mal etwas werden könnte aus euch beiden? Vielleicht solltet ihr euch aussprechen. Ich habe dich jedenfalls lange nicht mehr so glücklich erlebt wie in der letzten Zeit."

„Marla fährt morgen früh mit ihrem Zukünftigen für zwei Wochen in die Berge. Da sie vermutlich einen traumhaften Urlaub haben werden, glaube ich nicht, dass ich danach wieder etwas von ihr höre. Wahrscheinlich ist es für sie eine willkommene Gelegenheit, einen Schlussstrich unter unsere Affäre zu ziehen. Ich kann es ihr nicht einmal verübeln."

„Und wir ziehen jetzt mal kurz einen Strich unter dieses Thema. Denn, tatatataaa, die Pasta ist fertig!"

Sam trägt die Teller zum Esstisch in der Mitte des Raums, und Amal lässt sich dankbar auf einen der bequemen Stühle nieder, die sich perfekt in das geschmackvolle Ambiente der Wohnung integrieren. Sie hat wenig gegessen in letzter Zeit. Zum einen, weil ihr die Arbeit, in der sie sich vergraben hat, kaum Zeit dafür gelassen hat. Zum anderen, weil ihr die Sehnsucht jeden Appetit nimmt. Sosehr sie versucht hat, sich abzulenken, sie vermisst Marla. Schmerzlich. Genau das, was sie um jeden Preis vermeiden wollte.

Trotzdem wird der Abend bei Sam angenehm. Er ist nicht nur ein guter Koch, sondern auch ein einfühlsamer Zuhörer. Anfangs noch etwas zögerlich, erzählt Amal nach und nach immer offener über ihre Gefühle, ihre Zweifel und ihre Sehnsüchte. Sie merkt, wie gut es tut, sich zu öffnen.

Irgendwann nimmt Sam ihre Hand. „Du weißt, dass ich gern Sprüche klopfe und ein bisschen pushy sein kann. Aber ich finde, dass du noch mal mit ihr reden solltest. Sag ihr, was du empfindest. Sich verletzlich zu zeigen, ist keine Schwäche. Dann hast du wenigstens alles versucht."

Amal legt die andere Hand über Sams. Vielleicht hat er recht. Sie möchte nicht, dass eine so schöne Sache, die sich nicht einmal richtig entwickeln konnte, auf diese Weise endet. Sie sollte sich mit Marla aussprechen.

Nachdem sie sich ein paar Stunden später von ihrem Freund verabschiedet hat, biegt sie mit ihrem Auto aus dem Vorort, in dem Sam wohnt, auf die Landstraße ab.

Es ist bereits nach elf Uhr und dunkel. Die Straße, auf der sich zu Stoßzeiten die Autos stauen, ist leer und spärlich beleuchtet.

Amal fährt gern nachts, weil ihr die reizarme Umgebung die Möglichkeit gibt, zur Ruhe zu kommen. Während im Hintergrund leise das Radio läuft, lenkt sie den Wagen durch die Dunkelheit und versinkt in monotoner Melancholie.

Ihr fällt das letzte gemeinsame Treffen vor dem besagten Abend ein. Wie Marla über einen furchtbar schlechten Witz Tränen lachte. Sie legte den Kopf in den Nacken und schnappte japsend nach Luft, während sich auf ihren geröteten Wangen salzige Rinnsale bildeten. Beinahe hätte Amal in diesem Moment die drei magischen Worte ausgesprochen.

Ihre Augen füllen sich mit Tränen. Vielleicht ist das der Grund, warum sie den dunklen Wagen hinter sich erst so spät bemerkt. Als sie in den Rückspiegel sieht, nimmt sie zunächst nur verschwommen ein Paar Scheinwerfer wahr. Keine drei Sekunden später schließt sie geblendet die Augen und kippt den Innenspiegel in die Abblendposition.

Wahrscheinlich einer dieser Pseudogeländewagen, deren Scheinwerfer grundsätzlich zu hoch eingestellt sind. Warum fährt er um die späte Uhrzeit bloß so schnell?

„Zieh vorbei, du Idiot!", murmelt sie.

Tatsächlich beginnt das panzerartige Gefährt ein Überholmanöver. Statt an ihr vorbeizufahren, reduziert es das Tempo und bleibt auf gleicher Höhe. Amal geht vom Gas und wirft nervös einen Blick nach links. Die schwarze Karosserie ist immer noch da und viel zu nah an ihrem Fenster. Sie kriegt Herzklopfen und feuchte Handflächen. Verdrängte, tief vergrabene Bilder einer lang zurückliegenden Fahrt in den Sommerurlaub kommen hoch.

Der fröhliche Gesang ihrer Eltern, das lachende Gesicht ihres Bruders und die Hand, die sie ihm entgegenstreckt – und ins Leere greift.

„Bitte nicht!“, flüstert sie.

Dann geht alles ganz schnell. Amal spürt einen heftigen Aufprall und einen schmerzhaften Schlag gegen die Brust, als sich der Airbag öffnet. Reflexartig versucht sie, ihr Gesicht zu schützen, und verliert dabei die Kontrolle über ihr Auto. Wie ein Spielball wird es von der Fahrbahn geschleudert. Sie möchte schreien, doch es ist bereits zu spät. Als sich ihr Wagen überschlägt, verliert sie das Bewusstsein.

LIZ' TAGEBUCH, *15. Februar 2018*

Vergib mir. Ich kann nicht mehr.

Kapitel 28

Wo bleibt er denn? Unruhig läuft Marla in der Wohnung auf und ab, verstaut noch ein paar Kleinigkeiten im Rucksack und kontrolliert zum dritten Mal, ob das Material vollständig ist. Um 5:30 Uhr müssen sie wieder aufstehen, weil ihr Zug Richtung Süden geht. Zweimal umsteigen und dann mit der Gondel aus dem Tiroler Dorf in die Berge fahren. Sie haben sich gegen einen Aufstieg direkt nach der Anreise entschieden, um Kräfte für die anspruchsvolle alpine Tour zu sparen.

Hat sie die Hüttenschlafsäcke eingepackt? Ja, alles da. Bis auf Tinus. Er hat gesagt, dass es etwas später werden könnte, aber ausgerechnet heute? Die Uhr zeigt 23:41 Uhr an, und Marla spürt, wie ihr die Müdigkeit in die Glieder kriecht. Immerhin kann sie morgen auf der Zugfahrt schlafen, wenn der Traum sie diese Nacht wieder quält.

Sie lässt sich aufs Sofa fallen und greift zum Handy. Die letzte Nachricht ist von Minou.

Liebe Marla, ich wünsche euch beiden einen schönen Urlaub. Passt bitte auf euch auf. Wenn etwas sein sollte, kannst du mich jederzeit anrufen. Vielleicht können wir danach reden? Es tut mir alles so leid.

Die erste Nachricht seit ihrem Geständnis an dem verkorksten Abend im Club. Marla legt das Handy zur Seite, lehnt sich zurück und schließt die Augen. Sie hat lange darüber nachgedacht. Seltsamerweise macht ihr Minous Vertrauensbruch viel mehr zu schaffen als Tinus' Untreue an jenem Abend. Abgesehen davon, dass sie sich kaum anmaßen dürfte, seinen Seitensprung zu verurteilen. Vermutlich hätte er das niemals getan, wenn es nicht zu dieser Ausnahmesituation gekommen wäre.

Was sie beunruhigt, ist, dass er sich ihr gegenüber vollkommen normal verhält, obwohl er weiß, dass sie ein Verhältnis hat. Beziehungsweise hatte – schmerzhaft durchzuckt sie die Erinnerung an das letzte Gespräch mit Amal. Müsste es ihn nicht rasend machen? Zumal er laut Minous Aussage gar nicht weiß, um wen es sich handelt?

Vielleicht glaubt er, dass die Affäre von allein ihren Reiz verlieren wird, oder schiebt es auf ihren gesundheitlichen Zustand. Trotzdem passt es überhaupt nicht zu ihm, den Dingen ihren Lauf zu lassen. Tinus, der immer und überall die Kontrolle haben möchte.

Sie muss unbedingt mit ihm reden, selbst wenn er, aus welchen Gründen auch immer, es vorzieht, die Sache totzuschweigen. Wie können sie heiraten, wenn diese Lüge zwischen ihnen steht? Überhaupt, diese Heirat …

Als Tinus ihr den Antrag gemacht hat, war klar, dass sie ihn annehmen würde. Schließlich passte alles perfekt, und sie waren glücklich miteinander. Warum ihre Beziehung nicht mit einem Ring besiegeln? Sie sind sich schnell einig geworden, dass sie in kleiner Runde feiern wollten. Fünfzehn Leute, mehr nicht. Die Unterlagen waren rasch beisammen, der Termin beim Standesamt festgelegt und ein Tisch für den Abend reserviert.

Marla hat das alles nie infrage gestellt. Bis jetzt. Liebt sie ihn wirklich so sehr, dass es für ein ganzes Leben reicht? Oder ist es nicht zu einer Selbstverständlichkeit geworden, wenn nicht gar Gewohnheit? Der Komfort, die Vertrautheit, die eingespielten Abläufe. Irgendwie hat sie das Gefühl, ihm das Eheversprechen schuldig zu sein. Kann das die Basis für die Zukunft sein? Die Zweifel und das schlechte Gewissen nagen hartnäckig an ihr.

Sie hört den Schlüssel im Schloss der Wohnungstür und atmet auf.

„Da bist du ja, Tinus. Wo warst du so lange?"

„Entschuldige bitte, Sternchen. Es gab einen kleinen Notfall in der Firma, der dringend behoben werden musste. Dafür haben wir die nächsten zwei Wochen unsere Ruhe."

Als ob dich auf dreitausend Metern Höhe deine Kollegen anrufen würden, um mit dir Finanzierungspläne zu besprechen, denkt Marla. Der Handyempfang wird sich, wenn überhaupt vorhanden, auf die Hütten beschränken. Sie sagt nichts, sondern küsst ihren Verlobten. Er ist verschwitzt.

„Alles klar bei dir? Geht's dir gut?", fragt sie.

„Jaja. Ich habe mich nur so beeilt, um nach Hause zu kommen. Lass mich kurz unter die Dusche springen, danach kümmere ich mich um den Rest des Gepäcks. Wenn du möchtest, kannst du schon mal ins Bett gehen und schlafen. Ich bin ganz leise."

„Okay, ich versuch's. Falls ich heute Nacht wieder wach werde, bleib einfach liegen. Ich kann mich ja morgen im Zug ausruhen."

Es passiert wie prophezeit. Der Traum reißt Marla bereits zwei Stunden später wieder aus dem Schlaf und hält sie für den Rest der kurzen Nacht wach. Dafür verschläft sie die halbe Zugfahrt, die Fahrkartenkontrolle und hätte wohl auch den Umstieg verpasst, wenn Tinus sie nicht geweckt hätte. Die bleierne Erschöpfung fordert ihren Tribut.

Erst als sie ein paar Stunden später frische Bergluft schnuppern, kehren die Lebensgeister zurück. Es ist sonnig, aber angenehm frisch – perfekte Konditionen für eine Bergtour. Sie wissen natürlich allzu gut, dass sich das Wetter in den Bergen von einer Sekunde zur nächsten komplett ändern kann, und sind auf alles vorbereitet. In ihren Rucksäcken befindet sich vom kurzärmeligen Funktionsshirt bis zur regendichten Daunenjacke Kleidung für jede Witterung.

Marla genießt die Fahrt mit der Gondel. Die sanfte Beschleunigung und das wiederkehrende Rattern an den hohen Stützpfeilern haben eine entspannende Wirkung auf sie. Mit halb geschlossenen Lidern lehnt sie sich zurück und lässt den Blick über die vorbeiziehenden Tannenwipfel gleiten. Immer wieder blitzt der Fels durch das Grün. Marla kann seine raue Oberfläche förmlich auf den Fingerkuppen spüren.

Sie lächelt. Das sind die Momente, in denen für einen winzigen Augenblick die Zeit stillzustehen scheint. Ein Vakuum zwischen den Anstrengungen des Alltags und den Herausforderungen der anstehenden Tour. Eigentlich könnte sie ewig so weiterschweben in dieser Nicht- und Niemandszeit. Irgendwo zwischen oben und unten, jetzt und gleich, wach und schlafend.

Dann fährt die Gondel auch schon mit Schwung in die Bergstation ein. Die Türen öffnen sich, ein kühler Luftstrom und Stimmen dringen herein. Es ist viel los hier oben. Das sollte sich spätestens nach zwei bis drei Tagestouren gegeben haben. Die meisten Wandernden wählen die vielbegangenen, weniger anspruchsvollen Routen in der Nähe.

Marla steigt aus der Seilbahn und ignoriert die Hand, die Tinus ihr hinhält. Wenn sie nicht einmal allein den Ausstieg schafft, wie soll es erst mit dem Aufstieg zum Gipfel werden? Dafür drückt sie ihm einen Kuss auf den Mund, als sie im Freien stehen und einen ersten Blick auf das herrliche Bergpanorama werfen können.

„Auf einen tollen Urlaub!“, ruft sie.

„Oh ja, mein Schatz.“

Die kommenden Tage werden anstrengend, aber schön. Nach kleinen Anlaufschwierigkeiten und einer wach gelegenen Nacht gewöhnt sich Marla allmählich an die körperlichen Strapazen. Die Übernachtungen auf den Hütten sind eine Herausforderung für alle Gäste mit leichtem Schlaf und gewissem Komfortbedarf. Ab der dritten Nacht ist Marla allerdings so müde, dass sie selbst das Schnarchkonzert nicht mehr stört.

Viel körperliche Nähe mit Tinus ist unter diesen Umständen nicht möglich. Darüber ist Marla insgeheim ganz froh. Zu groß sind die Verwirrung und Sehnsucht, die sie nach fast drei Wochen Trennung von Amal immer noch verspürt.

Die Bergtour hat etwas Heilsames. Wer zehn Stunden am Tag mit einem Rucksack auf dem Rücken etliche Höhenmeter zurücklegt, hat nicht viel Zeit, über andere Dinge nachzudenken. Die Kulisse ist atemberaubend, und sie haben Glück mit dem Wetter. Es ist überwiegend sonnig, nur gelegentlich müssen sie sich einen Regenschutz überziehen.

Am Abend des siebten Tages treffen Marla und Tinus auf einer kleinen Berghütte ein. Neben einem anderen Paar sind sie die einzigen Gäste, bis hierhin dringen selbst in der Hochsaison bloß wenige vor. Morgen haben sie die schwierigste Etappe der Tour vor sich. Eine nicht ungefährliche Gratwanderung mit Kletterpassagen, für die sie alle Sinne und Kräfte beieinanderhaben müssen.

Deshalb essen sie früh zu Abend, sie sind ohnehin geschafft von den Strapazen der vergangenen Woche. Marla verspeist im Handumdrehen einen riesigen Teller Käsespätzle.

Tinus grinst. „Wenn du zu Hause auch so viel isst, sind wir bald pleite."

„Sei froh, dass dort keine hohen Berge in der Nähe sind."

Nach dem Essen geht Tinus direkt in die Koje, während Marla den Tag noch ein wenig ausklingen lässt. Eigentlich hatte sie sich vorgenommen, das Handy auszulassen, und das in den letzten Tagen durchgezogen. Heute kann sie nicht anders, zumal sie in der Hütte ausnahmsweise halbwegs guten Empfang haben.

Sie holt ihr Smartphone aus der Tasche und schaltet es ein. Es dauert einen Moment, bis das Gerät das Signal gefunden hat. Wie erwartet prasseln unzählige Nachrichten herein. Außerdem drei verpasste Anrufe, davon einer von einer unbekannten Nummer.

Marla seufzt. Abgeschiedenheit ist eine Illusion, der Informationstechnologie kann man sich nirgendwo entziehen. Doch sie hat es ja auch nicht anders gewollt. Sie scrollt durch die Mitteilungen und bleibt an einer hängen. Dieselbe unbekannte Nummer, von der aus angerufen wurde.

Mit einem unbestimmten Gefühl des Unwohlseins öffnet sie die Nachricht.

Hallo Marla, hier schreibt Sam. Es tut mir leid, dass ich dich in eurem Urlaub störe. Amal würde es vielleicht gar nicht wollen, aber ich finde, du solltest es wissen. Sie hatte vor fünf Tagen einen schweren Autounfall und liegt immer noch im Krankenhaus. Zum Glück außer Lebensgefahr. Ein SUV hat sie von der Straße gedrängt, die Polizei tappt im Dunkeln. Ich weiß, dass ihr keinen Kontakt mehr habt, und ich weiß auch, wie schwer das für Amal ist. Vielleicht findest du die Zeit, sie anzurufen. Sie hatte eine starke Gehirnerschütterung und einen Rippenbruch, ist jedoch wieder auf dem Weg der Besserung. Ich denke, dass sie in zwei bis drei Tagen aus dem Krankenhaus entlassen wird. Vielleicht könnt ihr noch mal reden? Ich weiß ja auch nicht. Viele Grüße jedenfalls, Sam

Marlas Augen füllen sich mit Tränen. Sie hat das Gefühl, den Käsenudelteigbrocken in ihrem Magen augenblicklich ausspucken zu müssen. Die Nachricht ist von vorgestern, danach ist keine weitere von Sam gekommen. Hätte sie das Handy bloß früher wieder eingeschaltet. Sie widersteht dem Impuls, Amal sofort anzurufen. Die Wände sind dünn, und Tinus hätte sie vermutlich gehört.

Sie springt auf und läuft vor die Tür. Das Signal ist weg, nichts zu machen.

Sie zwingt sich, ruhig zu bleiben. Was immer sich vor einer Woche abgespielt hat, das Wichtigste ist, dass Amal nicht in Lebensgefahr schwebt. Vielleicht wurde sie sogar schon aus dem Krankenhaus entlassen. Ausgerechnet ein Autounfall! Nach dem schlimmen Trauma mit ihrer Familie wird sie das psychisch enorm belasten.

Wer tut so etwas? Oder war es „nur" ein Unfall mit Fahrerflucht? Wird Amal bleibende Schäden behalten? Kann sie ihr Projekt weiterführen? Tausend Fragen rasen Marla durch den Kopf.

Was soll sie jetzt machen? Weiterwandern, bis der Urlaub in vier Tagen zu Ende ist? So unvorstellbar es klingt, ihr wird kaum etwas anderes übrig bleiben. Der nächste Abstieg liegt zwei Tagesmärsche vor ihnen, früher kommen sie von dem Berg nicht unbeschadet hinunter. Zurückwandern würde weitaus mehr Zeit kosten.

„Scheiße, scheiße, scheiße."

Sie presst die Hände gegen die Schläfen und versucht nachzudenken. Hatte sie wirklich geglaubt, aus der Sache einfach so herauszukommen und Amal vergessen zu können? Falls ja, wird ihr spätestens jetzt klar, dass das unmöglich ist. Sie wird mit Tinus sprechen müssen, es geht nicht anders. Nach der nie verheilten Wunde, die der Tod von Yamira verursacht hat, wird sie ihm auch noch diese Verletzung zufügen müssen. Warum tut sie den Menschen, die ihr am wichtigsten sind, ständig weh?

Sie unterdrückt das dringende Bedürfnis, ihn zu wecken. Er braucht seinen Schlaf, damit sie morgen die schwierigste Etappe der Route sicher bewältigen. Es wäre unverantwortlich, wenn sie ihn und sich selbst mit ihrem Geständnis in Gefahr brächte. Wenn sie schon nicht in der Lage sein wird, den Grat ausgeschlafen in Angriff zu nehmen, muss er es wenigstens sein. Danach wird sie es ihm sagen. Sofort.

„Alles okay bei dir? Du siehst mitgenommen aus."

„Ich habe schlecht geschlafen."

„Hast du Angst vor der heutigen Tour?“

„Nein … vielleicht. Ich weiß nicht.“

„Wir haben uns ja lange darauf vorbereitet, das kriegen wir hin.“

„Auf jeden Fall.“

„Möchtest du ein paar Sachen in meinen Rucksack tun? Dann musst du nicht so viel schleppen.“

„Danke, es geht schon.“

Marla fällt es schwer, die Tränen zu unterdrücken. Tinus ist so aufmerksam und feinfühlig. Ausgerechnet so einen Menschen wird sie vor den Kopf stoßen müssen. Aber ihre Gefühle für Amal weiterhin verschweigen – unmöglich. Die Sorge um ihre Geliebte hat sie die halbe Nacht wach gehalten.

Nach dem Frühstück brechen sie auf. Sie sind früh dran, das andere Paar lässt sich etwas länger Zeit. Die Morgensonne steht rötlich am Horizont und taucht die Bergkulisse in ein verheißungsvolles Leuchten. Tinus strahlt übers ganze Gesicht. Dieser Tag hat zweifellos die Chance, ein unvergesslicher zu werden.

Marla schließt die Augen und atmet tief die frische Luft ein. Konzentrier dich auf die nächsten Schritte, sagt sie sich. Alles andere muss warten.

Rund zwei Stunden sind vergangen, als sich vor ihnen eine zerklüftete Felswand erhebt. Der Einstieg zum schwierigsten Abschnitt der Route. Ab hier erwartet sie eine lange, exponierte Kletterpassage. Ein Teil der Strecke ist mit einem Drahtseil gesichert, die meiste Zeit jedoch werden sie sich auf ihre Trittsicherheit verlassen müssen.

Normalerweise würde Marla diesen Moment mit allen Sinnen genießen. Ein Feuerwerk der Endorphine würde ihr durch die Adern schießen, gepaart mit einer fiebrigen Anspannung, die der Reiz des Risikos mit sich bringt. Aber nichts ist normal. Sie hofft, diesen Part so schnell wie möglich hinter sich zu bringen.

Nach einer kurzen Stärkung beginnen sie mit dem Aufstieg. Der harte Fels unter Marlas Fingern fühlt sich gut an, und nach und nach kommt sie in ihren Rhythmus. Wie von allein finden ihre Hände und Füße den richtigen Vorsprung, den festen Halt, den sicheren Tritt. Fokussiert gleiten ihre Augen über die Beschaffenheit des Gesteins, potenzielle Griffe und Gefahrenquellen stets im Blick.

Sie spürt, wie sich ihre Lungen voll Luft saugen, sich ihre Sinne schärfen und sich ihr Herzschlag beschleunigt. Trotz der Anstrengung werden ihre Glieder leichter und ihre Bewegungen geschmeidiger. Für einen Moment ist sie wieder in diesem zeitlosen Zwischenzustand, ein Aggregat, in dem ihr Körper mit der Umgebung verschmilzt. Für einen Moment ist alles perfekt.

Dann schlägt das Wetter um. Von jetzt auf gleich zieht sich ein dichter Wolkenvorhang zusammen und erstickt die Sonne in einer dunklen Masse. Voluminöse Gewitterwolken entleeren sich sturzbachartig, begleitet von einem Sturm, der in den Ohren braust. Ausgerechnet jetzt.

„Da vorn können wir Schutz suchen!", brüllt Tinus. Er ist etwa zehn Meter voraus.

Tatsächlich, sie haben Glück. In einer Senke befindet sich ein Felsvorsprung, der über ein kleines Plateau ragt. Dort werden sie zwar trotzdem nass, sind dem heftigen Gewitter jedoch nicht schutzlos ausgeliefert.

Marla folgt ihm zügig und schmiegt sich keuchend an das Gestein. In Windeseile ziehen sie ihre Regensachen aus den

Rucksäcken und steigen hinein. Klatschnass, aber wenigstens halbwegs gewärmt.

„Scheiße!", flucht Tinus. „So ein Pech! Doch hier sind wir erst mal sicher. Und das Gewitter zieht hoffentlich schnell vorüber."

Das kann man tatsächlich nur hoffen, denn mit dem prasselnden Tropfenmeer verwandelt sich der Pfad zusehends in einen schlüpfrigen und gefährlichen Bach. Sie können weder vor noch zurück, eingekesselt von Luft- und Wassermassen, die immer dunkler, dicker und undurchdringlicher werden.

Eine tiefe Verzweiflung überfällt Marla. Amal, der Autounfall, die Zerreißprobe der letzten Monate, die Gefahr, in der sie sich augenblicklich befinden. Wie der Regen bricht es unkontrolliert aus ihr heraus.

„Ich habe eine Affäre."

Tinus, der gerade noch in den Himmel gesehen hat, fährt herum. „Wie bitte?"

„Und ich weiß, dass du es weißt. Minou hat mir alles erzählt."

Schweigend mustert Tinus sie, bis er schließlich sagt: „Dann ist ja alles geklärt."

„Nein, nichts ist geklärt. Wie kommst du darauf?"

„Du hattest eine Affäre, ich hatte einen One-Night-Stand. Damit hat sich die Sache erledigt."

„Wie kann dir das so gleichgültig sein?"

„Es ist mir nicht gleichgültig, es ist schlichtweg nicht mehr zu ändern. Was soll es bringen, darüber zu reden?"

„Wir wollen in wenigen Wochen heiraten. Selbstverständlich müssen wir darüber reden. Willst du, dass unsere Ehe mit einer Lüge beginnt?"

„Okay, Marla, dann mal nichts als die Wahrheit. Wie hat es sich denn angefühlt, den Mann, der dich seit Jahren liebt und für dich da ist, zu betrügen? Hattest du Spaß?"

„Hör auf, so sarkastisch zu sein."

„Was wäre dir denn lieber? Dass ich durchdrehe? Dir eine Szene mache? Hier auf dem Berg?"

„Ich wollte es dir schon früher sagen."

„Ich will es aber nicht hören. Die Sache hat sich erledigt und fertig."

„Und wenn sie sich für mich noch nicht erledigt hat?"

Es blitzt und lässt Tinus' Augen hell aufleuchten. Es verleiht ihm etwas Diabolisches.

„Glaub mir, Marla, das hat es."

Sie starrt ihn an. Was meint er damit? Fröstelnd zieht sie die Regenjacke enger. Wieso will Tinus nicht wissen, mit wem sie eine Affäre hatte? Oder weiß er es längst? Selbst wenn Minou nichts erzählt hat, es wäre nicht sonderlich schwer gewesen herauszufinden, mit wem sie sich getroffen hat. Nicht für jemanden, der so intelligent ist wie Tinus.

Marla betrachtet ihren Verlobten, der mit verschränkten Armen und zusammengezogenen Brauen im Regen steht. In dem Moment fällt ihr etwas ein. Ein irritierendes Detail bei ihrer Abreise, dem sie kaum Aufmerksamkeit geschenkt hat. Der kurze Blick unter das Carport, bevor sie zum Zug geeilt sind. Sie war zu müde, um sich darüber Gedanken zu machen.

Seit wann hat Tinus' Dienstwagen eine andere Farbe? Anders gefragt, seit wann hat Tinus einen anderen Dienstwagen? Statt seines schwarzen SUVs stand dort ein dunkelgrauer. Normalerweise werden die frühestens nach zwei oder drei Jahren ausgetauscht. Diesen hatte er erst Anfang des Jahres erhalten.

Ein Verdacht schleicht sich in ihre Gedanken, der so entsetzlich ist, dass er ihr die Tränen in die Augen treibt.

Ein SUV hat sie von der Straße gedrängt, hat Sam geschrieben. Nein, das kann nicht sein. Niemals würde Tinus so etwas tun. Wie kann sie so etwas überhaupt denken? Wahrscheinlich wieder eine ihrer Wahnvorstellungen.

Trotzdem sprudelt die Frage aus ihr heraus. „Was ist eigentlich mit deinem Dienstwagen?"

„Was soll damit sein?"

„Als wir gefahren sind, stand unter dem Carport ein anderer."

„Ach so. Ich musste ihn kurzfristig austauschen, weil ich in der Tiefgarage der Firma einen Pfeiler touchiert habe. Ganz schön dämlich … Wieso fragst du mich das ausgerechnet jetzt??"

„Ich … ich weiß auch nicht", stottert Marla. „Irgendwie ist mir das gerade eingefallen."

Er mustert sie eine Weile, bevor er wieder schweigend in den Regen sieht. Marla könnte sich ohrfeigen, dass sie diese unbedachte Frage gestellt hat. Wie kommt sie bloß auf die Idee, dass Tinus etwas mit dem Unfall zu tun haben könnte?

Langsam lichtet sich der Himmel. So schnell, wie das Unwetter aufgezogen ist, zieht es auch wieder ab.

„Wir können weiter", sagt Tinus. „Aber Vorsicht, es ist sehr glitschig."

Marla nickt und folgt ihm. Sie ist froh, sich wieder auf den Weg fokussieren zu können, auch wenn die Tour jetzt alles andere als ein Sonntagsspaziergang ist. Die schwerste Passage liegt noch vor ihnen, sie muss konzentriert bleiben und ihre Kräfte beisammenhalten.

Dennoch hämmert sich ihr ein Gedanke unerbittlich ins Gehirn: Was, wenn doch? Warum ist er vor ihrer Abreise so spät nach Hause gekommen? Wieso tut er die Affäre ab, als hätte sie keine Bedeutung für ihn? Was meint er mit der Aussage, dass sich die Sache erledigt hat? Ob er sie bewusst verdrängt? Oder steckt etwas anderes dahinter?

Marla versucht, ihren Gedankenstrom unter Kontrolle zu bringen, indem sie ihre Aufmerksamkeit nach außen lenkt. Da kann sie sich festhalten! Dort ist ein sicherer Tritt! Und nebenbei einen Blick auf das großartige Bergpanorama werfen, das sie gar nicht richtig genießen kann.

Wie es Amal wohl geht? Ob sie Marla überhaupt noch sehen wollen würde? Hätte sie bloß am Abend ihres letzten Gesprächs schon gewusst, dass der Name am Spiegel gar keine Einbildung war. Vielleicht wäre sie weniger misstrauisch gewesen und hätte ruhiger mit ihr über alles reden können. Vielleicht hätte Amal das Gespräch nicht abgebrochen, vielleicht wäre alles ganz anders gekommen. Vielleicht, vielleicht, vielleicht …

Marla schießen die Tränen in die Augen. In dem Moment verfehlt sie mit dem linken Fuß einen Felsvorsprung und wäre beinahe abgerutscht.

Shit! Konzentrier dich gefälligst!

Durch gleichmäßiges Atmen versucht sie, ihren Puls zu beruhigen, der schlagartig in die Höhe geschossen ist.

Tinus bleibt stehen. „Verdammt!“

„Was ist los?“

„Siehst du die Wolkenwand da drüben? Gleich geht's schon wieder los. So ein verfluchter Mist aber auch!"

„Was machen wir jetzt? Zurückklettern?"

„Keine Chance. Wir müssen uns einen Standplatz bauen, sofern das irgendwie möglich ist."

Fieberhaft suchen Marla und Tinus den Felsen nach möglichen Fixpunkten ab, an denen sie ihre Schlingen und Karabiner befestigen können, um sich zu sichern.

„Hier!", ruft Marla und zeigt auf einen v-förmigen Riss. Sie steckt eine mobile Sicherung in den schmalen Spalt und zieht ruckartig daran. Hält.

Tinus hat ebenfalls eine Befestigungsmöglichkeit gefunden. Gemeinsam verbinden sie die Fixpunkte notdürftig zu einem halbwegs sicheren Stand. Keine Sekunde zu früh.

Der einsetzende Regen prasselt auf sie herunter und verwandelt den schmalen, exponierten Pfad, auf dem sie stehen, in eine glitschige Rinne. Selbst im Stehen hat Marla Mühe, nicht den Halt zu verlieren und nicht abzurutschen.

Resigniert und verängstigt lässt sie das Unwetter über sich ergehen, während ihre Gedanken rasen. Falls sie, was ihr gerade gar nicht selbstverständlich erscheint, heil aus dem Ganzen herauskommen sollten: Ist das wirklich das Leben, das sie führen möchte? Ist das der Job, der sie erfüllt? Ist das der Partner, mit dem sie bis an ihr Ende glücklich sein wird?

Sie spürt Tinus' Präsenz dicht neben ihr. Seinen vertrauten Körper, seine Wärme, die Sicherheit, die er trotz der Gefahrensituation ausstrahlt. Und dennoch: Mehr fühlt sie nicht. Außer Gewissensbisse und einem diffusen Kummer. Ist sie undankbar? Bestimmt. Kann sie etwas daran ändern, ohne sich selbst zu verleugnen? Nein.

„Ich kann dich nicht heiraten."

Tinus fährt herum. „Wie bitte?"

„Ich … ich kann dich einfach nicht heiraten. Es tut mir leid. Du bist der beste Mensch, den man sich wünschen kann, aber ich kann nicht. Ich habe mich in jemand anders verliebt. Die Person, mit der ich die Affäre hatte."

„Was?"

„Es war nicht geplant. Wir zwei waren glücklich. Dann habe ich Gefühle für diese Person entwickelt, wie ich sie noch nie gespürt habe. Ich wollte die Sache beenden, glaube mir. Doch in den letzten Tagen ist mir klar geworden, dass ich das nicht kann."

Eindringlich schaut Tinus sie an.

„Warum ausgerechnet jetzt, Marla?", fragt er schließlich, um Fassung bemüht. „Lass uns darüber bitte nach unserem Urlaub reden. Tu mir den Gefallen."

„Ich halte diese Lüge nicht aus."

„Wie gesagt, manche Dinge erledigen sich von allein!", herrscht er sie an.

Marla zuckt erschrocken zurück. „Wie meinst du das?"

„Ich meine nur", er atmet tief durch und senkt die Stimme, „ich meine nur, dass man den Dingen Zeit geben muss. Verliebtheit kommt und geht. So ein Strohfeuer hat jeder schon mal erlebt. Dafür sollte man nicht eine Beziehung wegwerfen, die jahrelang gewachsen ist."

„Ich glaube nicht, dass es ein Strohfeuer ist."

„Woher willst du das wissen? Du kennst sie erst seit ein paar Monaten."

„Woher weißt du …?"

„Von dir und dieser dubiosen Traumtänzerin? Hältst du mich für so blind?"

„Aber …"

„Es ist okay, Schatz, wir stehen das durch. Wir haben schon ganz andere Sachen durchgestanden."

Er versucht ein krampfhaftes Lächeln, während Marla ihn entgeistert anstarrt.

„Sie hatte einen Unfall, Tinus. Einen schlimmen Autounfall. Ich kann sie nicht allein lassen. Sie liegt im Krankenhaus, ihr bester Freund hat mir geschrieben."

Tinus' Gesichtsausdruck ändert sich schlagartig.

„Diese Schlampe", zischt er wutentbrannt, jede Beherrschung verlierend.

„Was hast du gesagt?"

„Dieses verdammte Luder soll aus unserem Leben verschwinden."

Da ist er wieder, der entsetzliche Verdacht.

„Tinus, du hast doch nicht …? Nein, das darf nicht sein … Bitte sag, dass das nicht wahr ist."

Tinus reißt den Mund auf, ringt nach Worten, bringt jedoch keinen Laut heraus.

„Oh mein Gott", flüstert Marla und bricht in Tränen aus.

Tinus versucht, sie zu umarmen, sie stößt ihn weg.

„Ihr seid alle gleich! Verdammte Schlampen!", brüllt er mit dem Donner um die Wette.

Marla weiß nicht, was schlimmer ist, das Unwetter um sie herum oder ihr Verlobter, der sich wie ein Wall vor ihr aufgebaut hat. Mehr noch, der durch Karabiner und Schlingen mit ihr verbunden ist.

„Man reißt sich den Arsch auf für euch, kümmert sich liebevoll um eure kleinen, lächerlichen Weiberprobleme, und was ist der Dank? Ihr betrügt einen bei der nächstbesten Gelegenheit."

„Ich wollte nicht ..."

„Natürlich wolltest du nicht. Ihr wollt ja nie so etwas tun. Habt ihr aber."

Ein weiterer furchtbarer Gedanke schießt Marla durch den Kopf. Trotz ihrer Angst bringt sie die Frage über die Lippen. „Was hast du mit Yamira gemacht?"

„Da musste ich nicht viel machen. Nur ein bisschen auf sie einreden." Tinus lacht heiser. „Sie wollte mich verlassen für diesen Hanswurst. Nach allem, was ich für sie getan habe. Und schreibt das auch noch in ihr Tagebuch, das sie ausgerechnet unter der Matratze versteckt hat. Unter den Pseudonymen Liz und Chest. Oder auch Bonnie Elizabeth Parker und Clyde Chestnut Barrow, kurz Bonnie und Clyde. Das Gesprächsthema unserer ersten Unterhaltung. Für wie blöd haltet ihr mich eigentlich? Ich habe ihr erklärt, wie erbärmlich sie ist. Nach ein paar Worten ist sie eingeknickt wie ein Streichholz. Natürlich wusste ich, was sie mit den Tabletten vorhatte. Und ich wusste auch, wann. Es war ihre freie Entscheidung."

Marla hat das hasserfüllte Gesicht eines Fremden vor sich. Keine Spur des humorvollen, empathischen, zärtlichen Mannes, den sie einmal geliebt hat. Wie konnte sie sich bloß so irren?

Ihre Kehle schnürt sich zusammen. Kein Mensch wird Fragen stellen. Wie viele sind bereits bei schlechtem Wetter in den Bergen verunglückt? Ein Opfer mehr, welch tragischer Unfall. Der junge Bergsteiger trauert um seine Verlobte, das Unglück ereignete sich ausgerechnet zwei Monate vor ihrer Hochzeit. Der Leichnam war nach dem Sturz in die Tiefe so entstellt, dass er kaum identifiziert werden konnte. Eine Randnotiz in der Presse.

Marla blickt an Tinus vorbei in die dunkle Gewitterwand. Der Pfad ist kaum zu erkennen.

„Vergiss es", sagt er mit einem zynischen Unterton. „Das ist Selbstmord."

Wahrscheinlich ist es das. Aber Marla denkt nicht mehr in Wahrscheinlichkeiten. Sie will nur noch weg. Von diesem Mann, der ihre Zukunft werden sollte und sich nun als Verbrecher entpuppt.

Mit einer hastigen Bewegung öffnet sie den Karabiner und klinkt sich aus. Dann schafft sie es mit mehr Glück als Verstand, an Tinus vorbeizuschlüpfen.

Er lacht höhnisch, wird aggressiv. „Was soll der Scheiß? Bleib hier!"

Er schnappt nach Marlas Arm und will sie rabiat an sich reißen. Sie wehrt sich heftig und kann sich dank ihrer nassen Regenjacke aus seinem Klammergriff befreien. Mit einem wütenden Knurren klinkt er sich ebenfalls aus der Sicherung.

„Na warte, ich bringe dich um!"

Marlas Herz schlägt wild, und sie weiß, dass ihr nur eine Chance bleibt – die Flucht nach vorne.

Laufen. Ich muss laufen.

Die Schritte, die sich erbarmungslos in meinen Kopf hämmern.

Laufen. Ich muss laufen.

Der Luftzug, der mit Eisfingern nach mir greift.

Laufen. Ich muss laufen.

Der Atem, der geifernd nach meinem Nacken schnappt.

Laufen. Ich kann nicht laufen.

Wie im Leerlauf rotieren meine Beine über dem schlüpfrigen Untergrund. Je mehr ich mich bemühe, Halt zu finden, desto schneller scheint mir der Boden unter den Füßen zu entgleiten. Ich laufe, ich renne, ich rase – und komme dennoch nicht vom Fleck.

Ein Kichern fährt mir durch Mark und Bein. Boshaft, triumphierend, direkt hinter mir. Ich schreie, aber kein Laut dringt aus meinen zum Bersten gefüllten Lungen. Panik kriecht mir durch die Brust, schnürt die Kehle zu und malt blitzende Sterne auf die Netzhaut.

Ich will – muss hier weg! Und spüre zugleich, wie mein Geist erlahmt und meine Gliedmaßen erschlaffen. Ein schwarzes Nichts öffnet sich vor meinen Augen und saugt mich in die Dunkelheit.

Ich falle nicht, sondern kann gerade noch das Gleichgewicht halten. Mit letzter Kraft drehe ich mich um und weiche einem Schlag aus. Reflexartig zuckt mein Körper weg von der Faust, die knapp an meinem Kopf vorbei ins Leere driftet. Irgendwie schaffe ich es, mich an ihm vorbeizuwinden.

Tinus dreht sich zu mir um, und ich lange nach einem Stein, der direkt neben mir auf dem Boden liegt. Ich hebe ihn hoch und schlage ihm damit ins Gesicht. Knapp verfehlt. Tinus weicht aus, gerät dabei ins Taumeln. Los, fliehen!

Hinter mir ein lautes Fluchen, das in ein hinterhältiges Lachen übergeht. Aus den Augenwinkeln sehe ich in Tinus' Hand etwas Metallisches aufblitzen. Das Outdoormesser, das er aus Sicherheitsgründen manchmal mitnimmt. Panisch versuche ich, auf dem glitschigen Untergrund weiterzukommen.

Was ist das? Vor mir erhebt sich eine riesige Felswand. Ein tonloser Laut dringt aus meiner Kehle, als ich das kalte, feuchte Gestein unter den Fingern spüre.

Es bleibt nur ein Ausweg. Klettern. Atemlos erklimme ich den Felsen, greife blind in die Vorsprünge und versuche verzweifelt, mit den Füßen Halt zu finden.

Hinter mir erklingt ein wütender Schrei, danach ein raues, irres Lachen.

„Das schaffst du nie!" Keuchender Atem, dicht unter mir. „Gleich hab ich dich!"

Klettern. Ich muss klettern. Der keuchende Atem schon bedrohlich nah.

„Gleich hol ich dich!"

Klettern. Ich muss klettern. Ein triumphierendes Geheul. Eine Klaue, die nach meinem Fuß schnappt.

„Jetzt bist du dran!"

In dem Moment rutsche ich ab. Tinus heult auf vor Schmerz und Wut. Die Sohle meines Bergschuhs hat seine Hand eingequetscht. Ein ruckartiges Zerren an meinem anderen Bein, das bereits haltlos in der Luft baumelt. Mit letzter Kraft klammere ich mich an dem schuppigen Gestein fest, das sich unbarmherzig in meine Haut frisst.

„Ich schwöre, ich bringe dich um!"

Meine Arme beginnen zu zittern, die Muskeln erschlaffen. Warum nicht das? Augen schließen, loslassen und in die Tiefe fallen. Ein langer Fall, ein heftiger Aufprall, vielleicht Schmerzen, danach wäre alles vorbei. Ruhe und Frieden. Ein verlockender Gedanke.

Doch irgendetwas in mir wehrt sich dagegen aufzugeben. Das eigene Schicksal einem Scheusal zu überlassen. Mit schier übermenschlichen Kräften schüttle ich Tinus' Hand von meinem Fuß. Da, dort oben! Mit tauben Fingern greife ich nach einer Felskante über meinem Kopf. Verfehle und schnappe noch einmal danach. Erwischt!

Zentimeter für Zentimeter hieve ich mich über die Kante, erst den Oberkörper, dann das rechte Bein. Es ist so schwer und glitschig, ich schaffe es ni… ich schaffe das, ich schaffe das! Und schließlich das linke.

Was für ein Glück, ein kleines Plateau, groß genug für mich. Keuchend drehe ich mich auf den Rücken. Beruhig dich, beruhig dich! Du hast es geschafft … Ich habe es wirklich geschafft. Tränen der Erleichterung und Erschöpfung laufen mir über die Wangen.

Plötzlich eine Hand neben mir auf der Felskante. Aufgerissen und blutverschmiert. Mir bleibt das Herz stehen. Dazu ein Ächzen und Fluchen direkt unter mir. Tinus ist da. Gleich wird sich die zweite Hand mit der spitzen Klinge in mein Blickfeld schieben und dann sein Kopf und dann … Soll ich? Es wäre so einfach. Die Faust heben, zuschlagen und ein für alle Mal frei sein. Es wäre Notwehr, es wäre legitim, es wäre … Nein. Das wäre nicht ich. Zitternd lasse ich die Faust sinken.

Ein markerschütternder Schrei erfolgt. Die Finger der blutigen Hand klammern sich in das scharfe Gestein und hinterlassen eine rote Spur, als sie langsam, aber unaufhaltsam abrutschen. Begleitet von einem unmenschlichen Geheul. Leiser und leiser und leiser … Stille. Tinus ist gefallen.

Danach nichts als das Prasseln des Regens.

Kapitel 29

„Bist du noch dran?"

„Ja, ich war nur kurz … Es war so furchtbar."

„Das glaube ich dir."

„Zuerst habe ich tatsächlich gedacht, ich träume. Der Albtraum in irgendeiner neuen perfiden Form. Dann habe ich gemerkt, dass ich auf diesem Felsvorsprung lag und klatschnass war – ganz real. Ich habe in den Himmel gestarrt und konnte es nicht fassen. Irgendwann habe ich mich getraut, über die Kante zu schauen. Da ist mir erst bewusst geworden, wie tief das da runtergeht. Und keine Spur von Tinus. Dann hat der Regen mit einem Schlag aufgehört. Die Wolkenwand ist aufgerissen, und die Sonne war zurück, als wäre nichts passiert. Wie konnte sie einfach so weiterscheinen?" Marla schluchzt und braucht einen Moment, bevor sie mit brüchiger Stimme fortfährt. „Irgendwann haben mich die anderen Bergsteiger gefunden. Ich wäre nicht in der Lage gewesen, mich vom Fleck zu rühren."

„Schatz, das ist so furchtbar. Es tut mir wahnsinnig leid, dass du so etwas durchmachen musstest … Wurden unangenehme Fragen gestellt?"

„Nicht viele. Es sah zu offensichtlich nach einem Unfall aus. Ich habe die Bergrettung und die Polizei in dem Glauben gelassen. Tinus hat die Wahrheit mit ins Grab genommen. Seine und meine. Ich weiß noch nicht, wie, aber ich werde damit leben müssen."

„Es war richtig, dass du nichts gesagt hast. Er wollte dich umbringen. Genau wie Amal. Und seine Ex-Frau hat er in den Suizid getrieben. Er hat kein Mitleid verdient."

„Das sagt sich so leicht."

„Du hast recht. Das ist es bestimmt nicht."

„Wieso habe ich davon geträumt, Minou? Monatelang. War es eine Vorahnung? Oder eine selbsterfüllende Prophezeiung? Habe ich davon geträumt, weil es passieren würde? Oder ist es passiert, weil ich davon geträumt habe? Und welche Rolle spielt die Traumoptimierung dabei? Ich verstehe das nicht. Nur von einer Sache bin ich überzeugt: Ohne diesen Traum wäre ich jetzt tot. Endlich ergibt es Sinn, warum ich die immergleiche Szene Nacht für Nacht durchleben musste. Als es darauf ankam, wusste mein Körper genau, was er zu tun hatte. Selbst der Stein lag an der richtigen Stelle. Wie ist das möglich?"

Sie schweigen. Im Hintergrund sind die Geräusche der Bergbahn zu hören. Marla hat die vergangene Nacht in einem Gasthaus an der Talstation verbracht. Morgen wird sie zurückfahren.

„Es ist unbegreiflich", sagt ihre Freundin. „Hast du schon mit Amal geredet?"

„Wir haben uns geschrieben und alles erzählt, was in letzter Zeit passiert ist. Ich glaube, wir haben uns beide nicht getraut anzurufen. Aber sie weiß jetzt, dass es Tinus war, der sie von der Straße gedrängt hat. Sobald ich zurück bin, wollen wir uns treffen. Persönlich ist es vielleicht einfacher."

„Ist sie noch im Krankenhaus?"

„Sie wurde vor zwei Tagen entlassen, es geht ihr verhältnismäßig gut."

„Da bin ich froh. Ich hoffe, dass wir uns dann auch bald sehen. Ich helfe dir mit den ganzen Formalitäten, wenn du möchtest. Die Beerdigung, der Schreibkram, Tinus' Sachen, das wird sicherlich nicht einfach. Du kannst gern bei Henry und mir wohnen, wenn du es zu Hause nicht aushältst."

„Das ist lieb von dir. Vielleicht komme ich darauf zurück. Wobei es wahrscheinlich gut wäre, wenn ich mich meinen Ängsten stelle. Immerhin sind die Albträume jetzt weg."

„Und, Marla, was ich dir noch sagen wollte wegen der Sache mit Tinus und dem Spiegel …"

„Lass gut sein. Ich bin dir nicht mehr böse. Vielleicht hat alles so kommen müssen. So furchtbar es auch ist."

„Trotzdem, es tut mir wahnsinnig leid. Entschuldige bitte, dass ich mich so unmöglich verhalten habe. Ich schäme mich."

Marla atmet tief durch und versucht, die Situation aufzulockern. „Okay, Entschuldigung akzeptiert. Im Übrigen: Mit wem soll ich denn sonst die nächste Familienpizza essen?"

Minou lacht befreit auf. „Geht klar. Aber nur, wenn du vorher sämtliche Verkehrspolizisten der Stadt zur Sau machst. Sonst wird's echt langweilig."

Drei Tage später treffen sich Marla und Amal im Park. Es ist sonnig und nicht allzu heiß. Ein sanfter Wind streift durch die Bäume. Es riecht nach frisch gemähtem Gras und der Süße des Spätsommers. Marla spürt, wie sich ihr Puls beschleunigt, als Amal auf sie zusteuert. Ein warmes Gefühl, gepaart mit Nervosität und Freude, breitet sich in ihrer Brust aus. Sie umarmen sich unbeholfen.

„Schön, dass du da bist, Amal."

„Ich freue mich auch."

„Bist du dir sicher, dass wir spazieren gehen können?"

„Meine Beine haben ja zum Glück nichts abgekriegt. Die Halskrause muss ich auch nicht mehr tragen, und der Rest meines Körpers soll sich nicht so anstellen."

Marla lacht. „Für mich wäre es okay, wenn wir uns auf eine Bank setzen."

„Das können wir ja immer noch tun. Ein bisschen Bewegung schadet nicht."

Langsam laufen sie den Weg entlang, nach wie vor etwas befangen. Dann beginnen sie zu erzählen. Amal von den letzten Wochen, dem Unfall und der Zeit danach. Marla von der schicksalhaften Klettertour.

„Es gibt eine Sache, die ich niemandem erzählt habe. Sie beschäftigt mich immer noch."

„Rede darüber, wenn du möchtest."

Marla holt kurz Luft. „Als ich da oben lag, auf diesem Felsen, hätte ich Tinus beinahe … umgebracht. Ich hätte nur einmal fest mit der Faust auf seine Hand schlagen müssen, und er wäre gestürzt. Und irgendetwas in mir wollte genau das."

„Das ist ja auch durchaus verständlich. Schließlich hätte er dir Gewalt antun können, wenn er es hinaufgeschafft hätte. Vielleicht hätte er dich sogar hinuntergestoßen."

„Ja, es wäre verständlich gewesen. Aber, wie soll ich das sagen, dieser Wunsch kam nicht von mir. Ich habe mich wie fremdgesteuert gefühlt. Als würde jemand anders meine Hand zur Faust ballen. Ich musste bewusst gegensteuern, um diesen Impuls zu unterdrücken."

„Ich glaube, ich weiß, worauf du hinausmöchtest."

„Ist es irgendwie möglich, dass die Traumoptimierung, wie auch immer, mein Verhalten beeinflusst hat? Klar, der Traum hat mich auf die bevorstehende Gefahrensituation vorbereitet. Mein Körper war regelrecht konditioniert. Das allein ist unheimlich genug. Doch in diesem einen Moment hatte ich das Gefühl, dass es auch meinen Willen steuert."

Amal schweigt einen Augenblick, bleibt stehen und dreht sich zu Marla. „Vor zwei Monaten hätte ich noch gesagt: Auf keinen Fall! Das ist unmöglich. Heute bin ich mir nicht mehr so sicher. Ich habe mir deine Worte aus unserer Diskussion zu Herzen genommen und nachgeforscht. Und tatsächlich gab es neben all den außergewöhnlichen Erfolgen des Projekts auch Ungereimtheiten. Unerklärliche Details, über die hinweggegangen wurde, weil sie unwichtig erschienen. Nicht so extrem wie bei dir, aber ebenfalls bedenklich. Da war zum Beispiel der Mann, der in seinem Albtraum unterdrückte Gewalterfahrungen aus der Kindheit verarbeitet hat. Irgendwann hat er die bis dahin erfolgreiche Therapie abgebrochen. In den Gesprächsprotokollen, die ich noch mal durchgegangen bin, ist mir ein Satz aufgefallen. Darin hat er erwähnt, dass er Fantasien hat, seinem alten und gebrechlichen Vater, der ihn damals geschlagen hat, Gewalt anzutun. Das hat ihn geängstigt."

„Das würde zu meinen Erfahrungen passen: die Aggressivität, die Konfliktbereitschaft, letztendlich sogar eine gewisse Angst vor mir selbst."

„Ich habe keine wissenschaftlich valide Erklärung dafür, es würde jedoch zur Logik der Technologie passen. Die Traumoptimierung hat das Ziel, den Albtraum in etwas Positives umzuschreiben. Also den Träumenden um jeden Preis zu schützen. In letzter Konsequenz könnte das bedeuten, die Ursache des Traums zu beseitigen, was unter Umständen auch Gewalt als Mittel zum Zweck rechtfertigen würde."

„Die Technologie hat keine ethischen Maßstäbe oder Vorgaben, die das verhindern?"

„Selbstverständlich wurde das beim Training der KI berücksichtigt, aber vielleicht nicht weitreichend genug. Bislang sind wir immer davon ausgegangen, dass Traumveränderungen metaphorischer Art sind, die sich nur im Schlaf abspielen. Wenn sie tatsächlich unkontrollierbare Verhaltensveränderungen hervorrufen könnten, wäre das ein großes Problem."

„Was wirst du tun?"

„Ich werde es melden."

„Gefährdest du damit nicht das Projekt, Amal? Deine Forschung?"

„Vielleicht. Doch es wäre unverantwortlich, es nicht zu tun. Ich war immer fest davon überzeugt, dass diese Art der künstlichen Intelligenz eine Wohltat für die Menschheit bedeuten würde. Dass der kalkulierte Kontrollverlust, den wir in Kauf nehmen, kein Risiko darstellt. Heute habe ich Zweifel. Letzten Endes ist es eine Blackbox, und wir wissen nicht genau, was eigentlich passiert."

„Was tust du, wenn sie dir das Projekt entziehen?"

Amal zuckt mit den Schultern. „Dann ist das halt so. Ich habe in den letzten Tagen viel nachgedacht. Der Unfall hat mir gezeigt, dass man nicht vor seiner Vergangenheit fliehen kann. Ich kann mich noch so sehr in Arbeit vergraben – die Leere, die der Tod meiner Familie hinterlassen hat, kann sie nicht füllen."

Marla unterdrückt den Impuls, nach Amals Hand zu greifen.

„Deshalb habe ich beschlossen zu pausieren. Ein Sabbatical zu nehmen oder so was in der Art. Auf die Gefahr hin, dass ich danach raus bin. Ich brauche Zeit. Etwas, was ich mir nie genommen habe. Ich möchte reisen, nachdenken, vielleicht etwas Neues anfangen und mich endlich meiner Vergangenheit stellen. Vielleicht besuche ich die Heimat meiner Eltern. Dort war ich das letzte Mal vor sechzehn oder siebzehn Jahren. Und du?"

„Erst einmal muss ich hier alles regeln. Die Beerdigung, die Wohnung und die ganzen Formalitäten drum herum. Eigentlich sind Tinus' Angehörige dafür zuständig, wir waren ja noch nicht verheiratet. Da sie kein gutes Verhältnis hatten, wird wohl fast alles an mir hängen bleiben. Versteh mich nicht falsch, ich möchte mich darum kümmern. Wenn es nur nicht so verdammt traurig wäre. Bei jedem Teil von Tinus, das ich in eine Kiste packe, könnte ich heulen. Die Gefühle und schönen Erinnerungen sind ja nicht auf einmal weg, auch wenn er sich im Nachhinein als Verbrecher herausgestellt hat."

Amal tut, was sich Marla nicht getraut hat. Sie greift nach ihrer Hand. So gehen sie eine Weile schweigsam nebeneinanderher.

Irgendwann räuspert sie sich. „Wenn ich verreise, würdest du … Könntest du dir vorstellen mitzukommen? Für eine

Weile? Natürlich erst, wenn das alles überstanden ist. Ich will dich auf keinen Fall unter Druck setzen oder dich in deinen eigenen Plänen einschränken. Ich dachte nur, vielleicht könnten wir uns besser kennenlernen. Ohne den ganzen Ballast, der uns an den Fersen klebt. Ich könnte verstehen, wenn dir das zu schnell geht nach der ganzen Sache. Es wäre auch frühestens in zwei Monaten. Oder in drei. Oder …"

Marla bleibt stehen und nimmt Amals andere Hand. Dann nickt sie. „Okay."

„Okay?"

„Ja, okay. Unter einer Bedingung."

„Welche?"

„Ich möchte, dass unsere Beziehung niemals zum Albtraum wird."

„Einverstanden."

„Und noch etwas."

„Noch was?"

„Du musst jetzt sofort mit mir ein Eis essen gehen."

Amal lacht. „Jetzt wirst du aber unverschämt."

„Einen extragroßen Eisbecher mit viel Sahne."

„Sahne? Also, das geht auf keinen Fall. Da müssen wir unsere Reise wohl abblasen."

„Das ist echt gemein."

„Tut mir leid. Dabei hatte der Traum mit uns gerade erst begonnen."

„Woher hast du denn die kitschige Formulierung?"

„Du hast eben keinen Sinn für Romantik."

„Sagt die Frau, die nie eine Beziehung wollte."

„Wer sagt denn, dass ich eine Beziehung will? Eigentlich suche ich bloß ein bisschen Unterhaltung für die lange Fahrt."

Lachend und neckend laufen Marla und Amal durch den Park. Ein sanfter Wind streift durch die Bäume, wirft tanzende Schatten auf den sonnigen Weg und lässt die dunklen Wolken der letzten Zeit für einen Moment verfliegen. Schritt für Schritt fühlt sich das Leben wieder leichter an.

Vielleicht hat Amal recht, denkt Marla, während sie ihre warme Hand in ihrer spürt. Ihr gemeinsamer Traum hat gerade erst begonnen. Und der kann eigentlich nur gut werden. Oder?

Kapitel 30

Amal lässt die Hand über die glatte Oberfläche des fMRT gleiten. Der glasfaserverstärkte Kunststoff strahlt eine Souveränität aus, die sie immer beruhigt hat, wenn es mal wieder turbulent zuging oder etwas nicht nach Plan lief. Jetzt ist alles mucksmäuschenstill, sie ist allein. Amy und Maurice sind im Urlaub, da das Labor seinen Betrieb für zwei Wochen eingestellt hat. Eine Sommerpause, die Amal dazu nutzen will, alle Forschungsergebnisse auf Herz und Nieren zu prüfen.

Bereits jetzt hat sie genug Auffälligkeiten und Ungereimtheiten gefunden, um die Unbedenklichkeit und Legitimität des Projekts infrage zu stellen. Keine ist so extrem wie die Erfahrung, die Marla gemacht hat, doch vieles deutet in eine ähnliche Richtung – dass die Technologie nicht nur die Träume, sondern auch das Verhalten der Probanden beeinflussen kann. Erkenntnisse von großer Sprengkraft, die dazu führen könnten, dass Forschungsgelder gestrichen und Zulassungen zurückgezogen werden.

Amal muss an die letzten gemeinsamen Wochen mit Marla denken. Die zarte Bande zwischen ihnen, die trotz – oder wegen? – der Aufarbeitung der traumatischen Erlebnisse zu einem starken Band geworden ist. Flatterhafte, schüchterne Emotionen, die sich in tiefe Gefühle verwandelt haben. Ist sie glücklich? Wahrscheinlich mehr als jemals zuvor nach dem Unfall mit dem Lastkraftwagen. Die Lücke, die der Tod ihrer Familie hinterlassen hat, füllt sich wieder mit Wärme und Fröhlichkeit.

Und dennoch bedeutet es auch das Ende einer anderen Leidenschaft, wenn nicht gar Liebe. Eine Vision, die sie maßgeblich mitgestaltet und der sie ihre berufliche Karriere gewidmet hat. Träume zu gestalten, im wahrsten Sinne des Wortes. Ja, sie kennt die ethischen Bedenken, all die Wenns und Abers, die mit künstlicher Intelligenz einhergehen. Sie weiß, dass die Technologie missbraucht werden kann. Und sie ist sich im Klaren darüber, dass niemand genau vorhersagen kann, welche langfristigen Auswirkungen diese Art von Entwicklungen auf die Menschheit haben werden.

Aber wäre es nicht auch ein großer Verlust für die Menschheit, wenn ihr solch eine revolutionäre Errungenschaft vorenthalten würde, aus Sorge, Autonomie und Kontrolle zu verlieren? Kontrollverlust, das war nach dem tödlichen Unfall ihre größte Angst. Vielleicht der Hauptgrund, warum sie die Traumoptimierung niemals selbst ausprobiert hat. Albträume hat sie genug gehabt, keine Frage. Nur den Mut hatte sie nicht, und nun ist es zu spät.

Ist es das? Amal schaut sich um. Alles ist ihr vertraut, sie könnte jedes Gerät im Schlaf bedienen. Und sich selbst auf der Liege des fMRT zu fixieren, dürfte kein Problem sein. Wäre es nicht großartig, die Optimierung hautnah zu erleben? Selbst zu erfahren, was es heißt, wenn sich

Träume, Gedanken und internalisierte Verhaltensweisen ändern, nein, verbessern? Eine optimierte Version ihrer selbst zu werden? Ein rotes Warnlämpchen leuchtet in ihrem Hinterkopf auf.

Marla und der Stein, weißt du nicht mehr?

Dann erlischt es wieder.

Eine Weile steht sie da und lauscht in die Stille. Sie ist allein mit ihrer Entscheidung, sie kennt es nicht anders. Zielstrebig geht sie in den Nachbarraum und schaltet die Geräte ein. Wenige Minuten später steht sie erneut vor dem Tomografen. Atmet tief durch, legt sich auf die Liege, streift sich die Gurte über und schließt die Augen.

Alles oder nichts.

*

Marla seufzt, als sie die Sommerdecke bis zur Brust zieht. Endlich schlafen.

Heute nach der Arbeit hat sie sich überwunden und Tinus' Schreibtisch ausgeräumt. Irgendwann musste sie ja damit beginnen, seine persönlichen Unterlagen zu sichten und zu entscheiden, was aufgehoben und was entsorgt werden soll. Seine pedantische Ordnungsliebe hat es ihr leichter gemacht als erwartet.

Die Kaminuhr im Wohnzimmer schlägt zur vollen Stunde. Es ist ein Uhr in der Nacht. Das antike Stück aus geschwungenem Eichenholz und mit dem vergoldeten Ziffernblatt ist eine von Tinus' Errungenschaften. Vielleicht wird sie die Uhr verschenken. Seine Leidenschaft für ausgefallene Vintage-Accessoires hat sie nie geteilt.

Trotzdem hat der nachhallende warme Glockenschlag eine beruhigende Wirkung auf Marla. Sie legt die Hände auf die dünne Decke über ihrem Bauch und spürt, wie er sich im Rhythmus ihres Atems hebt und senkt. Ihre Gesichtszüge entspannen sich, als sie die Lider schließt. Niemand wird je erfahren, wie es wirklich gewesen ist.

Alles wird gut. Mit dem Gedanken schläft sie ein.

Laufen. Ich muss laufen.

Die Schritte, die sich erbarmungslos in meinen Kopf hämmern.

Laufen. Ich muss laufen.

Der Luftzug, der mit Eisfingern nach mir greift.

Laufen. Ich muss laufen.

Der Atem, der geifernd nach meinem Nacken schnappt.

Laufen. Ich kann nicht laufen.

Wie im Leerlauf rotieren meine Beine über dem schlüpfrigen Untergrund. Je mehr ich mich bemühe, Halt zu finden, desto schneller scheint mir der Boden unter den Füßen zu entgleiten. Ich laufe, ich renne, ich rase – und komme dennoch nicht vom Fleck.

Ein Kichern fährt mir durch Mark und Bein. Boshaft, triumphierend, direkt hinter mir. Ich schreie, aber kein Laut dringt aus meinen zum Bersten gefüllten Lungen. Panik kriecht mir durch die Brust, schnürt die Kehle zu und malt blitzende Sterne auf die Netzhaut.

Ich will – muss hier weg! Und spüre zugleich, wie mein Geist erlahmt und meine Gliedmaßen erschlaffen. Ein schwarzes Nichts öffnet sich vor meinen Augen und saugt mich in die Dunkelheit.

Ich falle nicht, sondern kann gerade noch das Gleichgewicht halten. Mit letzter Kraft drehe ich mich um und weiche einem Schlag aus. Reflexartig zuckt mein Körper weg von der Faust, die knapp an meinem Kopf vorbei ins Leere driftet. Irgendwie schaffe ich es, mich an ihm vorbeizuwinden.

Tinus dreht sich zu mir um, und ich lange nach einem Stein, der direkt neben mir auf dem Boden liegt. Ich hebe ihn hoch und schlage ihm damit ins Gesicht. Knapp verfehlt. Tinus weicht aus, gerät dabei ins Taumeln. Los, fliehen!

Hinter mir ein lautes Fluchen, das in ein hinterhältiges Lachen übergeht. Aus den Augenwinkeln sehe ich in Tinus' Hand etwas Metallisches aufblitzen. Das Outdoormesser, das er aus Sicherheitsgründen manchmal mitnimmt. Panisch versuche ich, auf dem glitschigen Untergrund weiterzukommen.

Was ist das? Vor mir erhebt sich eine riesige Felswand. Ein tonloser Laut dringt aus meiner Kehle, als ich das kalte, feuchte Gestein unter den Fingern spüre.

Es bleibt nur ein Ausweg. Klettern. Atemlos erklimme ich den Felsen, greife blind in die Vorsprünge und versuche verzweifelt, mit den Füßen Halt zu finden.

Hinter mir erklingt ein wütender Schrei, danach ein raues, irres Lachen.

„Das schaffst du nie!“ Keuchender Atem, dicht unter mir. „Gleich hab ich dich!“

Klettern. Ich muss klettern. Der keuchende Atem schon bedrohlich nah.

„Gleich hol ich dich!“

Klettern. Ich muss klettern. Ein triumphierendes Gebrüll. Eine Klaue, die nach meinem Fuß schnappt.

„Jetzt bist du dran!“

In dem Moment rutsche ich ab. Tinus heult auf vor Schmerz und Wut. Die Sohle meines Bergschuhs hat seine Hand eingequetscht. Ein ruckartiges Zerren an meinem anderen Bein, das bereits haltlos in der Luft baumelt. Mit letzter Kraft klammere ich mich an dem schuppigen Gestein fest, das sich unbarmherzig in meine Haut frisst.

„Ich schwöre, ich bringe dich um!“

Meine Arme beginnen zu zittern, die Muskeln erschlaffen. Warum nicht das? Augen schließen, loslassen und in die Tiefe fallen. Ein langer Fall, ein heftiger Aufprall, vielleicht Schmerzen, danach wäre alles vorbei. Ruhe und Frieden. Ein verlockender Gedanke.

Doch irgendetwas in mir wehrt sich dagegen aufzugeben. Das eigene Schicksal einem Scheusal zu überlassen. Mit schier übermenschlichen Kräften schüttle ich Tinus' Hand von meinem Fuß. Da, dort oben! Mit tauben Fingern greife ich nach einer Felskante über meinem Kopf. Verfehle und schnappe noch einmal danach. Erwischt!

Zentimeter für Zentimeter hieve ich mich über die Kante, erst den Oberkörper, dann das rechte Bein. Es ist so schwer und glitschig, ich schaffe es ni… ich schaffe das, ich schaffe das! Und schließlich das linke.

Was für ein Glück, ein kleines Plateau, groß genug für mich. Keuchend drehe ich mich auf den Rücken. Beruhig dich, beruhig dich! Du hast es geschafft … Ich habe es wirklich geschafft. Tränen der Erleichterung und Erschöpfung laufen mir über die Wangen.

Plötzlich eine Hand neben mir auf der Felskante. Aufgerissen und blutverschmiert. Mir bleibt das Herz stehen. Dazu ein Ächzen und Fluchen direkt unter mir. Tinus ist da. Gleich wird sich die zweite Hand mit der spitzen Klinge in mein Sichtfeld schieben und dann sein Kopf und dann …

Soll ich? Es wäre so einfach. Die Faust heben, zuschlagen und ein für alle Mal frei sein. Es wäre Notwehr, es wäre legitim, es wäre … Nein. Das wäre nicht ich. Zitternd lasse ich die Faust sinken. Da dringt ein klägliches Flehen an mein Ohr.

„Marla … Marla, hilf mir."

Mein Blick haftet an der blutigen Hand, die sich in das scharfe Gestein klammert.

„Bitte gib mir deine Hand … Ich schaffe es nicht allein." Tinus keucht vor Anstrengung und Angst, seine Stimme klingt seltsam dünn und verzerrt.

Wie gelähmt betrachte ich seine Finger, die langsam, aber unaufhaltsam abrutschen, wobei sie eine dunkelrote Spur auf dem Fels hinterlassen.

„Marla, bitte, bitte, biiiiitteeeee!"

Mit einem markerschütternden Schrei stürzt Tinus in die Tiefe. Erst als der unmenschliche Laut verstummt ist, erwache ich aus meiner Reglosigkeit. Zitternd drehe ich mich auf den Bauch und schaue über die Felskante.

Ist das etwa …? Nein, unmöglich, die Entfernung ist viel zu groß, und durch die Nebelschwaden ist kaum etwas zu erkennen. Und dennoch bilde ich mir ein, Tinus' zerschellten Körper auf dem Grund zu sehen. Ich möchte mich abwenden, schaffe es jedoch nicht, sosehr ich mich auch bemühe.

Gebannt starre ich hinab und spüre gleichzeitig einen Sog, der an meinen Gliedern zerrt. Was ist das? Entsetzt versuche ich, mich dagegenzustemmen, und werde trotzdem wie von unsichtbarer Hand zur Felskante gezogen. Ich strample, schreie, suche nach Halt und greife ins Leere.

Dann saugt es mich auf, und ich falle – in ein tiefes dunkles Nichts.

Schweißgebadet schlägt Marla die Augen auf.